hesaplaşma
yüzyılı İBRAHİM KARAGÜL

Mezhepler Çatışması, Suikastlar, Taktikler

hesaplaşma
yüzyılı

İBRAHİM KARAGÜL

Mezhepler Çatışması, Suikastlar, Taktikler

Bu kitap
***Emine Eroğlu'nun** yayın yönetmenliğinde*
Neval Akbıyık** ve **Selman Kayabaşı'nın
editörlüğünde yayına hazırlandı.
*Kapak tasarımı **Ravza Kızıltuğ**,*
*iç tasarımı **Sibel Yalçın***
tarafından yapıldı.
2. baskı olarak 2007 Mart ayında yayımlandı.
Kitabın Uluslararası Seri Numarası
(ISBN) : 978-975-263-524-1

Baskı ve cilt:
Sistem Matbaacılık
Yılanlı Ayazma Sok. No: 8
Davutpaşa-Topkapı/İstanbul
Tel: (0212) 482 11 01

İrtibat : Alayköşkü Cad. No: 11
Cağaloğlu / İstanbul
***Telefon** : (0212) 511 24 24*
***Faks** : (0212) 512 40 00*

www.timas.com.tr
timas@timas.com.tr

T İ M A Ş   Y A Y I N L A R I

TİMAŞ

TİMAŞ YAYINLARI/1604
PERDE ARKASI DİZİSİ/30

hesaplaşma
yüzyılı

İBRAHİM KARAGÜL

Mezhepler Çatışması, Suikastlar, Taktikler

TİMAŞ YAYINLARI
İSTANBUL 2007

İBRAHİM KARAGÜL

*1969 yılında Trabzon'da doğdu. Dokuz Eylül Üniversitesi
Hukuk Fakültesi mezunu. 1995 yılında çalışmaya başladığı
Yeni Şafak gazetesinde, uluslararası ilişkiler ve dış politika
konularında yazılar yazıyor.
ABD'nin Afganistan ve Irak işgalini yakından takip eden, Orta
Afrika'dan Orta Asya'ya uzanan kuşaktaki enerji savaşlarını ve
jeopolitik mücadeleyi dikkatle izleyen Karagül, Küresel İstila olarak
tanımladığı süreç hakkında kaleme aldığı yazılarla birçok çevrenin sert
eleştirilerine maruz kaldı, tartışmalara konu oldu. CIA'nın işkence
uçakları kullandığını ilk kez yazan ve insan ticareti konusunda verdiği
bilgiler yabancı basın kuruluşları tarafından referans olarak kullanılan
Karagül; mezhep çatışmaları, Ortadoğu'daki suikastlar ve Kuzey
Irak'taki gelişmeler hakkında yazdıkları nedeniyle bazı çevrelerin
hedefi haline geldi. Öngörüleri ilk bakışta şaşırtıcı gibi gelse de,
gelişmeler onu haklı çıkardı.
Türkiye Yazarlar Birliği tarafından 2005 Basın-Fikir Ödülü'ne layık
görülen Karagül'ün, 11 Eylül saldırılarından sonraki küresel gelişmeleri
sorguladığı Yüzyıllık Kuşatma adında bir kitabı var.*

İçindekiler

Önsöz

Yirmi birinci yüzyıl, insanlığın beklentilerinin tam tersine, küresel ölçekte büyük ve sarsıcı bunalımlarla başladı. Öyle görünüyor ki, bunalımların daha ilk dönemini yaşıyoruz. Medeniyetler krizi, terörle mücadele, rejim değişikliği, enerji savaşları, silahsızlandırma, jeopolitik hâkimiyet tezleri, küresel iktidar ve pazar kavgaları, kimlikler üzerinden ayrıştırma ve çatıştırma senaryoları dünyayı ve insanlığı karanlık bir geleceğe, bilinmezliğe doğru sürüklüyor. Kriz yayılıp şiddetini artırırken, krizi önlemeye, etkisini azaltmaya yönelik girişimler ve mekanizmalar ne yazık ki giderek güç kaybediyor.

Kuzey Amerika, Batı Avrupa ve bu çevreye bağlı ülkeler dışında yeryüzünün büyük bölümünde istikrasızlık ve huzursuzluk hâkim. Bu nasıl bir savaş, nasıl bir kaos? İşgallerin, iç savaşların, etnik çatışmaların, din/mezhep eksenli krizlerin kontrol edilemez hale geldiği, yeryüzünün zenginliklerinin belli ülkelerin kontrolüne girdiği, mutlu ve müreffeh bir azınlık yüzünden dünyanın büyük bölümünün yoksulluğa terk edildiği, insanlığın ezici çoğunluğunun ellerindeki her şey alınarak özgürlük, güvenlik ve refah dairesinin dışına itildiği bir dünya mı kuruluyor?

Afganistan'ın işgali, Irak'ın işgali, Lübnan krizi, Somali'deki çatışmalar, Suriye ve İran'a yönelik istikrarsızlık politikaları, Latin Amerika'daki tepkisel dalga, Orta Asya ve Hazar çevresinde belki de bu yüzyılın en büyük çatışmalarına neden olabilecek stres birikimi... Doğu Asya'nın yeni güç merkezi olarak var olma çabası, Amerika-İngiltere-İsrail ekseni ile dünyanın diğer merkez güçleri arasındaki hegemonik mücadelenin doğurduğu krizlerden başka bir şey değil. Her ne kadar yerel krizler gibi görünüyorlarsa da, bütün bunlar, aslında bir dünya savaşının cepheleri.

Orta Afrika, Ortadoğu, Orta Asya ve Güney Asya gibi, yeryüzünün orta kuşağını oluşturan ve yoğun olarak Müslümanların yaşadığı, enerji kaynaklarını barındıran, enerji koridorlarını kontrol eden, kara ve deniz ticaret yolları üzerinde bulunan, küresel hâkimiyet teorilerini şekillendiren bölge; işte bu büyük savaşın merkezi durumunda. Bu kuşaktaki ülkeler, milletler, adım adım istikrarsızlığa, iç savaşlara, işgallere, bölünmelere sürükleniyor. Bu bölgelerin kaynakları talan ediliyor, değerleri aşağılanıyor. Bölgenin insanları, onlarca yıl sürecek intikam duygularıyla birbirlerine karşı kışkırtılıyor.

Bu kitapta, tam merkezinde bulunduğumuz coğrafyada yaşanan savaşın sebebini, niteliğini ve hedefini sorguladık. Genel değerlendirmenin yanı sıra, özel konulara geniş biçimde yer verdik. Afganistan işgalinden hemen önce başlayan bir suikastın aslında bu büyük senaryo içinde nereye oturduğunu, son beş yıldan bu yana suikasta uğrayanların hangi oyunun kurbanları olduğunu belirterek geniş bir suikastlar dosyası hazırladık. Birbirinden bağımsız gibi duran cinayetlerin aslında nasıl bağlantılı olduğunu, ABD'nin güvenlik politikaları çerçevesinde işlendiğini, yeni Ortadoğu dizaynının unsurları olduğunu göstermeye çalıştık.

El Kaide ve terörle mücadele adı altında işlenen cinayetleri, devlet terörünü, esir ticaretini, gizli işkence merkezlerini ayrı bir başlık altında topladık. Avrupa Birliği ülkeleri dâhil, Doğu Asya'dan Afrika çöllerine, Orta Asya'dan Ortadoğu'nun baskıcı rejimlerine kadar, demokrasi ve temel insan haklarını baş tacı eden ülkelerle, hukuksuzluk ve adaletsizlikle ün salmış ülkelerin Amerika'nın örtülü operasyonlarına destek vermede nasıl aynı rolü üslendiklerini gösterdik.

CIA'nin gizli cezaevleri, esir kampları, işkence merkezleri ve gizli uçuşları ile ilgili ilk ve en detaylı bilgileri aktaran biri olarak, birçok dünya televizyonunun bu bilgilerden hareketle programlar yaptığını görmekten mutluyum. Türkiye'nin ve dünyanın dikkatlerini 2001 yılından bu yana bu korkunç olaya çektiğim için, insanlık adına onurlu bir iş yaptığıma inanıyorum. İşte bu bilgilerin önemli bir bölümünü şimdi bu kitapta bulacaksınız.

Kitaba, suikastlar ve işkence uçakları gibi çok önemli bir konu daha ekledik: Mezhepler çatışması.

ABD ve müttefiklerinin, geleceğin Ortadoğu/İslam dünyası için en büyük keşifleri olan Şii-Sünni çatışması, Irak sınırını aşarak bütün bölgeye yayılma eğilimi gösteriyor. Yıllardır siyasi proje olarak hazırlanan mezhep savaşı senaryosu, maalesef Irak'ta başlatıldı. İşgalden önce ve sonra ısrarla bu tehlikeye dikkat çekmeye çalıştık. Ama bölge ülkeleri, bu vahim gelişmeyi maalesef yeterince önemsemedi. Şimdi Pakistan'dan Lübnan'a uzanan kuşak boyunca, İslam dünyasını derin bir hesaplaşmanın içine sürüklüyorlar. Irak'ta önlenemez hale gelen mezhep üzerinden iktidar savaşının; Pakistan'a, Körfez ülkelerine, Suudi Arabistan'a ve Lübnan'a yayılma riski oldukça fazla. Bu yeni savaş yöntemi, ABD ve müttefikleri için işgallerden çok daha masrafsız. Eğer korkulan olursa, bölge ülkeleri bütün enerjilerini bu çatışmalara yönlendirmek zorunda kalacak, bugün sokaklarda gözlenen çatışma yarın devletler düzeyinde kendini gösterecek. *"İslam kendi içinde çatışacak"*, *"Şii Hilali"*, *"Sünni Blok"* gibi siyasi kavramlarla zihinlere yerleştirilen derin bölünme, Müslüman coğrafyada büyük trajedilere yol açacak. Bu kitapta, mezhep savaşı kışkırtmalarına ve senaryonun nasıl geliştirildiğine ilişkin bilgiler bulabileceğiniz gibi, bölge ülkelerinin neler yapması gerektiğine dair önerilerle de karşılaşacaksınız.

Haçlı Savaşları, Moğol İstilası ve Birinci Dünya Savaşı gibi çok büyük bunalımlar atlatan bu coğrafyanın, yeni şok dalgasını da atlatmayı bileceğine ilişkin inancımız, kendi geleceğini belirleyeceğine dair güvenimiz tam. En büyük yıkımları yaşayan Müslüman coğrafya, kaostan çıkış yolunu kesinlikle bulacaktır. Bu umudumuzu hep koruyacağız ve bu yönde mücadele edeceğiz.

Kitabın hazırlanmasında gösterdiği özveriden dolayı Selman Kayabaşı'ya ve kitabı yayınlayan Timaş Yayınları'na teşekkür ederim.

İbrahim Karagül
Şubat 2007-Üsküdar

Senaryolar - Raporlar
HESAPLAŞMA YÜZYILI

Ortadoğu'da Küresel İstila Programı

CIA Raporu ve Hilafet

CIA'nın think-tankı "The National Intelligence Center" tarafından hazırlanan, dünyanın geleceğine dair öngörülerin yer aldığı "Mapping the Global Future" (Küresel Geleceği Haritalamak) başlıklı rapor, ABD'nin küresel hegemonya savaşının hangi gerekçelerle yürütüldüğünü, Irak'ın neden işgal edildiğini, "terörle savaş" adı altında Müslümanlara yönelik derin dönüştürme operasyonlarının ne amaçla yapıldığını ortaya koyan ve ABD'nin nasıl bir gelecek kurguladığını gösteren çarpıcı bir çalışma.

"2020 Dünya"sına bakışı içeren çalışma, Türkiye'de sıradan bir haber olarak geçiştirildi. Oysa rapor ABD'nin, dünyanın ve özellikle İslam dünyasının geleceğine ilişkin çarpıcı öngörüler içermenin yanında 21. yüzyılın haritasını da çiziyor. Raporda, teknolojik gelişmelerden küresel ekonomiye, enerjiden kitle imha silahlarına, İslam dünyası ve Asya'nın geleceğinden "siyasal İslam"a, Amerika'nın siyasi, askeri ve ekonomik liderliğinden yeni süper güçlere, muhtemel çatışma alanlarından gelir dağılımındaki dengesizliklere, 21. yüzyıla damgasını vuracak olan dinlerin yükselişinden siber savaşlara kadar dünyanın siyasi, askeri, ekonomik ve kültürel geleceği hakkındaki eğilimlere yer veriliyor. Rapor, 15 yıl içinde ortaya çıkacak dört temel senaryo üzerinde duruyor:

Pax Americana: Amerika'nın radikal değişimlere rağmen üstünlüğünü koruyacağı, yeni ve kapsayıcı bir dünya düzeni kurabileceği.

Yeni Hilafet: İslam'ın, yeni bir dünya sistemi amacıyla batılı değer ve normlara meydan okuyacağı, yeniden Hilafet gücüne erişerek küresel denklemi bozacağı.

Korku Çemberi: Kitle imha silahlarının hızla artmasının, büyük saldırıların önlenmesi amacıyla geniş çaplı güvenlik önlemlerine zemin hazırlayacağı, bunun da insanlığı Orwellian dünya sistemi ile tanıştıracağı.

Davos Dünyası: Ekonomik gelişme ile Çin ve Hindistan'ın, ABD'nin küresel gücünü aşındıracak birer süper güç olarak öne çıkacağı ve küreselleşmeyi yeniden şekillendirip Asyalı karakterini güçlendireceği. Çin ve Hindistan'ın, 19. yüzyıldaki Avrupa veya 20. yüzyıldaki Amerika gibi, jeopolitik haritayı değiştirecek birer küresel aktör olacağı belirtilerek, Avrupa Birliği, Rusya, Brezilya ve Endonezya'nın geleceği tartışılıyor.

Çalışmanın üzerinde durduğu alanlar şöyle: Küresel ekonominin entegrasyonu. Yükselen güçler: Asya'nın yükselişi, tek kutupluluk, Pax Americana. Yeni meydan okumalar: demokratikleşmenin duraksaması, kimlik politikaları ve Yeni Hilafet. Güvensizlik: uluslararası terörizm, iç anlaşmazlıklar, kitle imha silahları ve korku çemberi. Ayrıca, savunma harcamaları, fosil yakıtlar, Avrupa Birliği'nin genişlemesi, dini bağlılığın artması, radikal İslami hareketler, Avrupa'daki Müslüman nüfusun artışı ve Batı'nın yaşlı nüfus sorunu, kadının statüsü, biyo-teknoloji, Çin'in ekonomik tehdidi, Hindistan-Çin karşıtlığı, gazın jeopolitiği, Avrupa'nın süper güç olup olamayacağı, Latin Amerika'nın geleceği, uluslararası kurumlar krizi ve dünyanın ABD'yi nasıl gördüğü...

Raporda; 2020'ye kadar hiçbir ülkenin yalnız başına ABD ile rekabete girişemeyeceği, ona meydan okuyamayacağı, İslam'ın yükselişinin ABD, Rusya, Çin ve Avrupa ülkeleri arasındaki çıkar işbirliğini ortadan kaldırabileceği, dolayısıyla bu tehdide karşı birlikte hareket etme imkânının zorlaşabileceği belirtiliyor. Ortadoğu ve İslam tehdidinin ABD için kritik öneminin devam edeceği, ABD'ye yönelik saldırının komşu ülkelerden gelebileceği, ABD-Avrupa ayrışmasının uluslararası sistemi çökertebileceği, Çin'in yükselişinin ABD-Avrupa ayrışmasını besleyebileceği, terörist grupların kitle imha silahlarına sahip olmasıyla Asya'nın yükselişinin ABD için en kritik mücadele alanlarını oluşturacağı, El Kaide'nin gücünü kaybedeceği ancak yerine çok sayıda küçük ölçekli örgütün ortaya çıkacağı, siber saldırıların küresel endüstriye büyük zarar vereceği, yeni güçlerin ortaya çıkmasıyla çatışma alanlarının da artacağı, İslam'ın diğer dinlere göre daha hızla yayıldığı gibi daha pek çok konu anlatılıyor.

Raporun en çarpıcı yönü; Batı ile özellikle de Amerika ile hesaplaşmacı bir çizgiye gelen, ABD işgal ve saldırılarıyla daha da güç kazanan İslami yönelişin, 15 yıla kadar bir hilafet örgütlenmesini başarabileceği, böylece küresel sistemi kökünden sarsacak bir gelişmenin ortaya çıkabileceğine dair öngörü. Farklı bölgelerde yaklaşık bin uzmanın katıldığı otuz konferans sonucu elde edilen bulgular, böyle bir durumun ortaya çıkmasının İslam'ın yeni bir aktör olarak küresel sistemde belirgin bir rol üslenmesine yol açacağını gösteriyor.

Bu öngörü, CIA raporunun dışında da Batılı çevrelerde yoğun olarak tartışılıyor. Hz. Muhammed'in vefatından hemen sonra başlayan ve Endülüs'e kadar uzanan genişlemeyi "Birinci Cihad Dalgası", Osmanlı liderliğindeki genişlemeyi "İkinci Cihad Dalgası" olarak gören bazı çevreler, şu anki pozisyonu "Üçüncü Cihad Dalgası" olarak niteliyor ve Yeni bir Hilafet'in Mısır, Türkiye, Pakistan, Endonezya, Körfez ülkeleri, Sudan, Tunus, Cezayir, Fas, Yemen, Suriye, Libya, Lübnan ve İsrail işgali altındaki Filistin topraklarını etkileyebileceğine dikkat çekiyor.

RAND'in hazırladığı "US Strategy in the Muslim World after 9/11" (11 Eylül Sonrası ABD'nin İslam Dünyası'ndaki Stratejisi) başlıklı çalışmada ise, ABD'nin İslam dünyasında iki derin değişimi hedeflediği belirtilmişti: "Şiiler'le siyasi ittifak ve Sünni İslam'ın ağırlık merkezinin Arap dünyasının dışına taşınması."

21. yüzyıla dönük bütün hesapların merkezinde İslam ve Müslüman dünya var. İslam'ın meydan okuyuşunun engellenmesi, İslam coğrafyasının kontrol altına alınması ve Müslümanların dönüştürülmesi öncelikli hedef. İslam dünyasındaki dini ve siyasi meşruiyet krizi, küresel aktörlerin de dikkatini çekiyor. Bütün hesapları bozacak böyle bir senaryo, aynı zamanda ABD'nin bu coğrafyayı denetim altına almasına imkân verecek bir kontrol mekanizması olabilir.

Soru şu: ABD gerçekten yeni bir hilafet ihtimalinden mi korkuyor, yoksa yeni bir kontrol stratejisi olarak hilafetin zeminini mi oluşturuyor?

Diyanet İşleri ve BOP

Sadece işgalleri, terörü, adaletsizlikleri değil; ABD'nin İslam coğrafyasında titizlikle uyguladığı kapsamlı projeleri de dikkatle izleyen ve bunları yansıtan biriyim. Bu amaçla Diyanet İşleri Başkanlığı ile BOP arasındaki ilişkiyi de takip ediyorum. BOP kapsamında Türkiye'ye yönelik İslam, demokratikleşme, reform çalışmalarını izlediğim gibi, Endonezya gibi başka ülkelerde de aynı programların yürütüldüğünü biliyorum, izliyorum.

Diyanet İşleri Başkan Yardımcısı Doç. Dr. Mehmet Görmez, ABD Dışişleri Bakan Yardımcılarından Matt Bryza ile görüşmesine yönelik spekülasyonlara verdiği cevapta, Diyanet'in devletlerin uluslararası projelerine din adına destek vermediğini vurgulayarak, "Diyanet ABD'ye çalışmıyor" dedi. Görmez'e göre görüşmede sadece imamların nasıl yetiştirildiği konuşulmuştu.

Hemen belirtelim; din adamlarının yetiştirilmesi ve eğitim müfredatı ABD'nin "yeni din inşası" olarak tanımlanan çalışmalarının en temel unsurlarından biri. Görüşmede neler konuşulduğunu elbette bilmiyorum ama imamların eğitiminin aslında Büyük Ortadoğu Projesi'yle bağlantılı olduğunu biliyorum. Bu, bütün Müslüman ülkelerde böyle. Çünkü BOP, sadece siyasi ve askeri bir proje değil; dini, kültürel ve sosyal alanda derin dönüşümleri zorlayan bir proje.

Diyanet İşleri Başkanı Prof. Dr. Ali Bardakoğlu'nun bundan üç yıl önce, 26 Şubat 2004 tarihinde ABD'de yaptığı görüşmeler, sivil toplum örgütlerinin yanı sıra Diyanet İşleri'nin de aslında projenin hiç de dışında olmadığını ortaya koydu. Dışişleri Bakanlığı ve ABD Ulusal Güvenlik Konseyi (NSC) yetkilileriyle bir araya gelen Bardakoğlu'nun temas ettiği kurumların niteliği ve görüşülen konuların özellikleri hiç de din hizmetleriyle sınırlı değildi.

Mesela, kimse bir Diyanet İşleri Başkanı'nın ABD Ulusal Güvenlik Konseyi ile hangi gerekçeyle, hangi yetkiyle ve hangi amaçla görüştüğünü sormadı. Bu Konsey'in özelliğini bilmeyen yok. O zaman Konsey'in Türkiye Diyanet İşleri Bakanlığı ile ne amaçla temaslarda bulunduğu da ayrı bir soru. Konsey'in İslam'la, Diyanet'in de güvenlikle ne işi olabilir? Bu ülkede ABD Ulusal Güvenlik Konseyi ile görüşecek başka bir kurum yok mu?

Bardakoğlu, NSC'nin "Ilımlı İslam" ve bu projenin bütün Ortadoğu'da uygulanması için kendilerinden proje istediğini söyledi. Böyle bir proje verildi mi bilmiyoruz. Ancak bu alanda yakın çalışma içinde olunduğunu tahmin ediyoruz. Türkiye'de üniversitelerden medyaya ve sivil toplum örgütlerine kadar geniş bir yelpaze, İslam'ın ABD küresel denetiminin önünü açacak şekilde yumuşatılması, bölgesel direnç merkezlerini tasfiye edecek şekilde denetlenebilir hale getirilmesi için oldukça kapsamlı bir işbirliği yürütüyor.

Bütün bunlar, güya terör-İslam yakıştırmasının önünü almak amacıyla yapılıyor. Ama çalışmaların niteliği hiç de böyle değil. Müslüman çevre ve kuruluşların peşine takıldığı projenin, İslam'ın belirleyici rolünü yok etme, ABD hegemonyasının, yeni sömürge dalgasının önünü açma çalışması olduğunu bilmeyen kalmadı. "Sivil toplum örgütü" ve "küreselleşme" dışındaki bütün kavramları hafızalarından silen muhafazakâr çevrelerin ve kişilerin, Osmanlı'nın son dönemindeki İngiliz himayesini talep etmelerine benzer şekilde bugün ABD'ye yanaşmaları ne kadar da hazin bir durum.

Mısır'dan Endonezya'ya kadar Müslüman ülkelerde demokrasi ve özgürlük kavramları arasına sıkıştırılmış yakıcı tartışmalar, sorgulamalar yaşanıyor, projeler uygulanıyor. Liberal İslam, Ilımlı İslam ve başka ifadeler altında bambaşka bir gündem uygulanıyor. Endonezya'daki en yüksek dini otorite olan Endonezya Ulema Konseyi (MUI), "Liberal İslam"ı hedef alan tam 11 fetva yayınladı. Dünyanın en kalabalık Müslüman nüfusunu barındıran ülkede, "Müslümanların Batı'nın kurduğu sivil toplum örgütleri üzerinden kontrol altına alınmaya çalışıldığı"nı ifade eden kararlarda, Hıristiyan Evangelist mezheplerin Endonezya'da oynadığı oyunlara savaş açılıyor.

Yabancıların finanse ettiği STK'ları öncelikli hedef ilan eden Konsey, Müslümanlara yönelik tehdidin sadece radikal Hıristiyanlardan değil, Batı destekli STK'lardan geldiğini; bu örgütlerin İslam'ı kendi amaçları için kullandıklarını belirterek, demokrasinin yaygınlaştırılması amacıyla, yabancıların finansmanıyla kurulan "Liberal İslami Ağ" gibi birçok STK'yı suçlu ilan ediyor.

Yemen'de aynı tartışmalar, Pakistan'da ve Bangladeş'te aynı tartışmalar, Malezya'da, Mısır'da, Orta Afrika ülkelerinde aynı tartışmalar. Türkiye, BOP kapsamında İslam'ın liberalleştirilmesi ve Müslümanların dönüştürülmesi için belirgin bir rol üstleniyor. Çünkü Türkiye, bu projeye modellik yapmak istiyor. Peki sonuç ne olacak? Batı müdahalesinin önünü açacak belki ama bu müdahaleye karşı gelişecek direnci kıramayacak. Tam tersine, giderek bu direncin herkesin hesaplarını bozduğunu daha belirgin biçimde göreceğiz. 'İslam kendi içinde çatışacak' tezi işte bu yolla gerçekleştirilmeye çalışılıyor. Diyanet ve STK'ların BOP'un dışında olup olmadığı değil, neresinde ne kadar olduğu tartışılmalı.

İslam dünyası aktör olabilir mi?

İslam, Müslümanlar ve yeryüzünün orta kuşağı; Avrupa Birliği'nin Türkiye ve Ortadoğu planlarından Rusya'nın Suriye ve İran'a yönelik askeri teknoloji desteğine ve Ortadoğu'ya müdahil olma çabalarına, Çin'in Müslüman ülkelerle yakınlaşmasından Rusya'nın İKÖ'ye gözlemci üyelik başvurusuna, küresel ölçekli İslam-güvenlik tartışmalarından Müslümanların dini dönüşüm yoluyla sisteme entegre edilmesine yönelik çok boyutlu politikalara kadar bütün stratejilerin ve politikaların merkezinde yer alıyor.

Gerçekten bir "İslam dünyası" olup olmadığı ve Müslümanların yaşadığı coğrafyadaki baskıcı rejimler, geri kalmışlık, fakirlik, adaletsizlik, özgürlük sorunları elbette çok ciddi tartışma konuları. Bu çerçevede bir "güç"ten söz edilip edilemeyeceği de... Ancak, 21. yüzyılı şekillendirmeye aday büyük güçlerin, hatta bu şekillenmede pay isteyen bölgesel güçlerin, geleceğe dönük bütün planlamalarında İslam'ı, Müslümanları ve İslam coğrafyasını merkeze almaları nasıl açıklanabilir? Bu durumu, Batı'nın yeni bir düşmana ihtiyaç duymasıyla ya da söz konusu bölgenin dünyaya güvensizlik yaymasıyla açıklamak yeterli mi? Yine bölgenin, enerji kaynakları üzerinde olması, ticaret yollarını barındırması, ya da merkez güçler arasındaki rekabet için taşıdığı stratejik değer, durumu açıklamada eksik kalmıyor mu?

Tehdit, tasfiye, denetim ya da işbirliği yoluyla kontrol altına alınmaya çalışılan bölgenin geleceği hakkında nasıl bir öngöride bulunulabilir? 21. yüzyılda bir İslam dünyasından söz edilebilecek mi? Yoksa, bir yüzyıl önceki gibi bölge, büyük güçlerin arasında paylaşılıp kamplara mı ayrılacak? Türkiye ile Endonezya, İran, Mısır ya da Kuzey Afrika ülkeleri arasında, farklı eksenler içinde yer almanın doğurduğu uzaklık ve soğukluk, bir düşmanlık şeklinde yeniden mi formatlanacak? Amerika ve Avrupa'nın Ortadoğu'daki varlığı ile Rusya, Çin ve Hindistan'ın Asya'daki güç gösterisi, söz konusu coğrafyada ne tür ayrışmalara zemin hazırlayacak? Yoksa yeni bir güç mü ortaya çıkacak?

Şüphesiz projelerin en önemli hedefi, aslında hiçbir zaman etkisini kaybetmeyen, son yıllarda daha da güçlenen ortak dil. Bölgenin gücü de bu ortak dilden kaynaklanıyor. Endonezya'da yaşayanlar ile Kuzey Afrika'da yaşayanların bakışları, refleksleri, arayışları giderek aynılaşıyor. Bölgeye yönelik stratejilerin ayrışmayı öngörmesine rağmen, tam tersi sonuçların ortaya çıkması, aslında kitlelerin nasıl bir gelecek arzuladığına da ışık tutuyor.

Ancak yerel güçlerin arayışları bu yönde değil. ABD ve İngiltere'nin yoğun müdahalelerinden endişe eden Müslüman ülkeler, şimdilerde farklı güçlerle işbirliğini derinleştirmeye, böylece hem kendi geleceklerini korumaya hem de bir denge oluşturmaya çalışıyorlar. Türkiye'nin Avrupa Birliği arayışı bu çerçevede hızlandı. Arap dünyasının AB ile yakın diyaloğa geçmesinin, çok farklı alanlarda işbirliği tesis etmeye çalışmasının nedeni de bu. Yine Türkiye'nin Rusya ve Çin'le yakın işbirliği arayışları da bu çerçevede gelişti. Aynı şekilde Arap dünyası ve Asya ülkeleri de bu iki güçle, hatta Hindistan'la yakınlaşmaya çalışıyor. Şüphesiz bu arayışlar hem Avrupa Birliği'nde, hem Rusya'da, hem Çin'de, hatta Hindistan'da karşılık buluyor. Çünkü bu güçlerin bölgeye bakışı ile Amerikan-İngiliz ekseninin bölgeye bakışı arasında nitelik farkı yok. Bütün güçler bölgede bir şekilde varlık oluşturarak küresel ölçekli nüfuzlarını artırmaya çalışıyorlar. Son olarak Çin ve Hindistan arasındaki "stratejik ortaklık" anlaşmalarıyla aynı dönemde Arap Birliği'ne bağlı 22 ülke, Pekin'le ticari ve ekonomik işbirliği atağına geçti. Bu ülkelerin farklı güçlerle yakınlaşma arzusu, sadece ekonomik alanla sınırlı değil. Özellikle güvenlik/savunma alanında işbirliği arayışları dikkat çekiyor.

Artık tek kutuplu bir dünyanın olmadığı bir gerçek. Dünya yeniden bloklara ayrılıyor. ABD rakipsiz değil. Avrupa'nın dışında Asya merkezli yeni güç bloğu ya da güçler ortaya çıkıyor. Türkiye'nin merkezinde yer aldığı coğrafya, bu süreci maalesef sadece alternatiflerin ortaya çıkmasıyla orantılı algılıyor. Soğuk Savaş sonrası bölgesel düzeyde arayışlara ağırlık verilmediği gibi, 11 Eylül sonrası iyice belirginleşen küresel bölünmeye paralel olarak da bir arayış ortaya çıkamadı. Bölgedeki rejimler, belli güçlerle yakınlaşarak kendilerini koruma içgüdüsüyle hareket etti. Hiçbiri, bölgesel dinamikleri harekete geçirmeye yanaşmadı. Oysa bunun bir çözüm olmadığı ortada ve sonuçlarını görüyoruz. Böylece kendilerini çok daha savunmasız hale getirdiler.

Dünyada bölgesel yakınlaşmalar yaşanırken bu coğrafyada ayrışmalar derinleşiyor. Etnik ve mezhep eksenli çizgiler kalınlaşıyor. Sosyal ve kültürel ayrışmalar besleniyor. Hal böyle iken bölge ülkeleri, kendilerini koruma adına, ayrışmaları daha da derinleştirecek adımlar atıyor. Var olan potansiyel gücü harekete geçirmek yerine kendi iç bütünlüklerini daha da riske atıyor; siyasi, kültürel ve sosyal bütünlüğü güçlendirici adımlar atmakta zorlanıyorlar. Mesela Ortadoğu ülkeleri, geleceklerinin toplumsal barışı sağlamaktan geçtiğini, ancak ve ancak içerideki muhalefetle barışarak ayakta kalabileceklerini anlamıyor, bu yönde adımlar atmıyorlar. Bu tutumları, rejimlerinin çöküşünü hızlandırdığı gibi muhalefeti de bölgeye yönelik hesapları olan güçlerin safına itiyor. Böylece muhalefetin kaderiyle rejimin kaderi yok olma noktasında birleşiyor. Oysa bu ülkeler, iktidarın ve muhalefetin kaderini bölgenin dinamiklerini harekete geçirme noktasında birleştirerek bir çıkış yolu bulmak zorunda. Çünkü başka bir yol kalmadı.

İktidarla muhalefet barışmadığı, kitleleri refaha kavuşturma yolunda işbirliği yapmadığı, dışarıdan gelen tehditlere birlikte karşı koymadığı sürece, ortada ne iktidar kalacak ne de muhalefet. Bu sonuç, kitleler için büyük bir umutsuzluk doğuracak ve bölge, çok daha savunmasız hale gelecek. İslam coğrafyasının dinamiklerini ortaya çıkarmanın yolu, Müslüman ülkelerin iç dinamiklerini keşfedip onlarla barışmalarıdır. Dünyanın yeniden bloklaşmaya doğru gittiği bu dönemde bir güç olarak ortaya çıkmanın tek yolu da bu. Aksi herkes için yıkım olacak!

Nerelerde etnik çatışma çıkacak?

Sadece Ortadoğu'da değil; Latin Amerika'da, Orta Afrika'da, Kafkaslar/Orta Asya'da ya da Güneydoğu Asya'da ne tür harita değişiklikleri, iktidar kavgaları, iç çatışma tezleri, etnik ve din/mezhep eksenli anlaşmazlıklar planlanıyor? Afganistan'ın neden işgal edildiğini sorgularken Irak istila edildi. Irak'ın parçalanmasının bölgeyi nasıl etkileyeceği konuşulurken Suriye ve İran'a yönelik askeri planlar tartışmaya açıldı. ABD ve İsrail'in, İran ve Suriye tezleri sorgulanırken Kafkaslar yeniden hareketlendi. Dikkatler Hazar çevresindeki "Büyük Oyun"a çevrilirken, Sudan'ın Darfur bölgesindeki kriz dünya gündeminin ilk sırasına yerleşti. Ardından Nijer Deltası yeni kriz alanı olarak öne çekildi. Neden?

Bütün bu gelişmeler ilk bakışta şaşırtıcı gelebilir. Kafkaslar'daki etnik gerilimle Njier Deltası'ndaki etnik gerilim arasında ne tür bağlantı olabilir ki? Şaşırtıcı bir durum yok. Anglo-Amerikan-İsrail cephesinin küresel düzen inşasına yönelik planlarıyla karşıt güçler arasındaki çatışmanın ana cepheleri ortaya çıkıyor. Yakın dönemde yeni çatışma alanları göreceğiz. Bunların bazıları etnik bağımsızlık mücadelesi, bazıları iç savaş, bazıları ekonomik bunalımlar, bazıları kültürel ve dini içerikli çatışmalar olacak.

Dr. Thomas Barnett; "The Pentagon's New Map: War and Peace in the Twenty-First Century" (Petnagon'un Yeni Haritası: 21. Yüzyılda Savaş ve Barış) adlı kitabında, Pentagon'un yeni dünya haritasına ilişkin çarpıcı tezleri tartışıyor. Yazılanlar doğruysa, yeryüzünün birçok bölgesinde, çok daha sarsıcı gelişmeler yaşanacak. Pentagon'un dünyayı Doğu ve Batı olarak ikiye bölen Soğuk Savaş haritasını değiştirdiğini, yeni bir dünya haritası çizdiğini belirten Thomas P. M. Barnett, neo-conlarla yakın ilişkisi olan bir isim. Deniz Harp Okulu'nda görev yapıyor. ABD'nin uygulamayı planladığı New Rules Set'in (Yeni Kurallar Dizisi) hazırlayıcısı ve uygulamaya yönelik planlayıcısı. Bu kurallar dizisini hazırlarken kendisine destek veren Cantor Fitzgerald firması, Wall Street'in en büyük tahvil satıcısı ve neo-con çevreden. Donald Rumsfeld, Paul Wolfowitz ve Condoleezza Rice ile yakın ilişkileri var. Yazar, "Year 2000 International Security Dimension Project"in de hazırlayıcısı.

Kitapta sunulan Pentagon'un Yeni Haritası'nda dünya üç bölüme ayrılıyor: "Functioning Core" (İşlevsel Merkez ya da çekirdek ülkeler), "Non-Integrating Gap" (boşlukta ve kontrol dışı olan, hedef alınması gereken ülkeler) ve Seam (eklem ya da bağlantı ülkeleri. Ben bunları "cephe ülkeleri" olarak algılıyorum.)

"Functioning Core" yani çekirdek ülkeler, Amerika liderliğinde küresel sistemi belirleyecek güçlerden oluşuyor, geleceğin dünyası bu ülkelere göre şekillenecek. Bu ülkeler küreselleşen ülkeler olarak nitelendiriliyor. Bunların arasında ABD, Avrupa ülkeleri, Kanada, İsrail, Japonya ve Avustralya'nın yanı sıra Rusya ve Çin de var. Hatta biraz daha geliştirilerek Gürcistan gibi ülkeler bile bu bölüme alınabilecek.

"Gap" yani kontrol dışı ülke ve bölgeler; Kuzey Kafkaslar, Ortadoğu (İsrail hariç), Güney ve Doğu Asya ile Orta Asya olarak belirlenmiş. Yani Latin Amerika'nın endüstrileşmemiş, dolayısıyla ABD'nin küresel sistemi için hâlâ sorun olan ülkeleri ile Afrika'dan başlayıp Doğu Asya'ya kadar uzanan, ağırlıklı olarak Müslüman coğrafyayı içine alan, ABD'nin açık cephelere dönüştürdüğü Orta Kuşak.

Üçüncü bölümde ise, merkez ülkelerle düşman ülkeler arasındaki ilişki için anlamlı olan, geçiş noktası özelliği taşıyan, daha doğrusu Batı'yı ve çıkarlarını düşman güçlere karşı koruma misyonunu yüklenen ülkeler yer alıyor. Bu ülkelerin en önemli özelliği, Batı için "kalkan" işlevi görmeleri. "Seam" olarak nitelenen bölgede; Türkiye, Meksika, Brezilya, Güney Afrika, Fas, Cezayir, Pakistan, Tayland, Malezya, Filipinler, Yunanistan ve Endonezya var. Aslında bütün Müslüman ülkeler "düşman bölge" olarak görülüyor. Ancak bu ülkelere "düşman ülkeler"in terbiye edilmesi çerçevesinde görevler yüklenmiş. Çokça tartışılmaya başlanan "İslam kendi içinde çatışacak" tezi ile "medeniyetler arası çatışma değil, medeniyet içi çatışma" tezlerine dikkat çekmek istiyorum:

Türkiye dahil, "Seam" listesindeki ülkeler de bir şekilde Batı için potansiyel tehdit. Bu ülkeler her an terörizme kayabilir. Böyle bir durumda, "Gap", yani düşman ülkelerle aynı kategoride görülecekler ve hedef ilan edilecekler.

ABD'nin yeni küresel düzen arayışında Türkiye'ye "merkezî rol" vereceği hayalini kuranlar yanıldı. Türkiye'nin stratejik önemi, aslında Soğuk Savaş döneminden sonra bir nitelik değişimine uğramadı. Soğuk Savaş döneminde Endonezya, Pakistan, (devrim öncesi) İran gibi komünizme karşı kalkan olarak kullanılan, cephe ülkesine dönüştürülen Türkiye'ye, 21. yüzyıla dönük tehdit algılamalarında da aynı rol öneriliyor: Cephe ülke olmak. O zaman komünizme karşı cepheye sürülen Türkiye, şimdi İslam'a karşı cephe ülke olarak tanımlanıyor. Aslında bu durum, 1990'ların ilk döneminde belirginleşmişti. Türkiye de bu rolü kabullenmiş ve bu amaçla Türk-İsrail ekseni kurulmuştu.

ABD'nin Türkiye'ye biçtiği rol ile Avrupa Birliği'nin Türkiye'ye yüklediği misyon arasında aslında nitelik olarak çok da fark yok. Avrupa'nın Türkiye'nin üyeliğini güvenlik stratejileri çerçevesinde ele almasının nedeni de bu. ABD, "Gap" bölgesindeki ülkeleri sindirmek için Türkiye'ye cephe ülke rolü önerirken, AB aynı bölgeden kendisine yönelecek tehditleri önlemek için Türkiye'yi "kalkan ülke" olarak algılıyor, savaşın sınırını Türkiye'ye kaydırıyor. Çünkü ABD'nin tehdit olarak algıladığı bölge, AB'nin tehdit algılamasının da merkezinde yer alıyor. Bu iki güç merkezi, Türkiye gibi ülkelerin kendi geleceğini belirleme özgürlüğünü de katı biçimde kontrol altında tutuyor.

Atlantik'ten Hazar'a aç bir imparatorluk!

Avrupa, Osmanlı'nın yıkılışından bu yana, Türkiye ile ilgili hiçbir konuda üyelik sürecindeki kadar zorlanmadı. Avrupa Birliği, kuruluşundan bu yana kendi içinde de hiçbir karar için bu kadar zorlanmadı. Avrupa, Türkiye'nin üyeliği için neden bu kadar kriz yaşıyor?

Çünkü "evet" ya da "hayır"ın maliyeti, en az Türkiye kadar AB'nin kendisi için de ağır olacak. "Evet" kararı Avrupa için köklü bir değişim anlamına geliyor, Avrupa Birliği'nin kuruluş felsefesinde derin değişimi ifade ediyor. Birlik bu kararla ilk kez Avrupa kıtasının dışına taşacak, sınırları Ortadoğu'ya, Kafkaslar'a dayanacak. Brüksel güçlü bir küresel aktör olarak öne çıkacak. Bu, birçok bölgede ABD'yi sınırlayacak. Türkiye'nin İran'la sınırı, Suriye ile sınırı Avrupa sınırları haline gelecek. Böyle bir Avrupa imparatorluğuna kimlerin, hangi ülkelerin liderlik edeceği büyük bir soruna dönüşecek. Genişleyen Avrupa'nın merkezi zayıflıyor. Almanya ve Fransa'nın öncü rolü darbe yiyor. ABD ile birlikte hareket eden ülkelerin etkisi ve gücü artıyor. Fransa ve Avusturya gibi ülkelerin direnci, Alman sağının direnci bu bakımdan anlamlı. Onlar, Türkiye ile birliğin Avrupalı karakterinin yara alacağını, kontrolün ellerinden çıkacağını biliyorlar. Bu yönüyle direndikleri, aslında Türkiye değil, AB içindeki Amerikan bloğu. Çünkü Birlik, çevrede güçlenirken merkezde zayıflayacak.

"Evet"le birlikte Türkiye'nin tercihlerini Avrupa ortak dış politikasına yaklaştırması durumunda Kıbrıs, Doğu Akdeniz, Irak-Suriye/Filistin, Kafkaslar/Orta Asya'da ciddi bir AB nüfuzu göreceğiz. Enerji politikalarından güvenlik stratejilerine kadar küresel eğilimlerin temel çizgilerinde ciddi renk değişiklikleri ortaya çıkacak. Avrupa'nın Hıristiyan karakteri yumuşayacak. Jeopolitik hedefleri öne alan, imparatorluğu doyurmak ve yaşatmak için yayılan bir güç göreceğiz. Yani daha ihtiraslı bir Avrupa imparatorluğu izleyeceğiz. Siyasi, askeri ve ekonomik alanda daha etkili bir Avrupa demek bu. Ancak Avrupa sağı güçlenir, jeopolitik-çilerin etkisini kırıp birliğe medeniyet ekseninden bakanları öne çıkarırsa hesaplar yeniden bozulacak.

Türkiye, AB ortak dış politikasına değil de birlik için İngiltere ile birlikte yeni bir Amerikan bloğu oluşturma tercihine yakınlaşırsa, işte o zaman Avrupa içinde kıyamet kopar. Türkiye, Irak işgaliyle başlatılan "Yeni Avrupa" projesinin bir parçası olursa bölünme, parçalanma, saflaşma o zaman gündeme gelir.

Avrupa'nın çekirdek ülkeleri, merkez Avrupa; yani Almanya, Fransa, Avusturya, Belçika gibi ülkeler, müzakere sürecinde Türkiye'nin eğilimini ölçecek. Ankara, birlik içinde "yeni İngiltere olma" eğilimine girerse merkez ülkelerin ciddi direnciyle karşılaşır. Ancak bu ülkelerin o zaman bugünkü kadar direnmeleri mümkün olmaz. AB sürecini bugünkü kadar bile yönetme iradeleri olmaz.

"Hayır" kararı ise, Avrupa içinde derin bir kriz demektir. Türkler, net biçimde durdurulmuş, Avrupa dışına itilmiş olur. Birlik kıta içine hapsolur, bir Alman-Fransız eksenine dönüşür. Avrupa Türkiye'nin hinterlandında ağır darbe yer. Balkanlar'da Türkiyesiz ABD'ye direnemez. Ortadoğu'da Türkiyesiz hiçbir şey yapamaz. Kafkaslar ve Orta Asya'da büyük oranda silinir.

Hatırlanacağı üzere Jack Straw, Türkiye'ye hayır demenin medeniyetler çatışmasına kapı açmak olacağını söylemişti. Türkiye'nin AB üyeliğine yönelik en temel tezi de medeniyetler diyaloğu. Peki Türkiye-AB ortaklığında bu kaygının ne kadar etkisi var? Muhafazakâr Avrupa'nın zaten böyle bir derdi yok. Türkiye ile yakınlaşmayı savunan Avrupa solu ise jeopolitik hedefleri öne çıkarıyor. Medeniyetler çatışması tezini İslam dünyasına yönelik Amerikan-İngiliz müdahaleleri ile tartışmaya başladık. Gariptir, medeniyetler çatışması tezini işleyen, bütün güvenlik stratejilerini bu teze göre şekillendiren iki ülke, diğer taraftan da medeniyetler diyaloğunu siyasal kazanca dönüştürüyor.

Yeni Normandiya kimlere karşı?

Merkezi Londra'da bulunan Uluslararası Stratejik Araştırmalar Enstitüsü (IISS), 400 sayfalık 2004-2005 "Askeri Dengeler Raporu"nda El Kaide'nin 60 ülkede faal olduğunu açıkladı. Raporda, örgütün otuz kişilik üst yönetim kadrosunun yarısının ve üyelerinin iki bin tanesinin öldürüldüğü, ancak yaklaşık 18 bin örgüt üyesinin 60 ülkede hareket halinde olduğu öne sürüldü.

Daha önce de Almanya Dışişleri Bakanlarından Joschka Fischer, "Türkiye'nin AB'ye girişi, terörle mücadelede dönüm noktası olacaktır" demişti. Fischer, Türkiye'nin üyeliğini, 1944 Normandiya çıkarmasına benzetmişti ve "Bu, bütün totaliter fikirler ve terörizme meydan okuma anlamına gelecektir" diye konuşmuştu. Normandiya çıkarması ile Amerika, Avrupa'yı faşizmden kurtardı. Yeni Normandiya çıkarması ile aynı Avrupa bu sefer İslam'dan mı kurtulacak? Hem de Türkiye tarafından!

Hem ABD'nin hem de Avrupa'nın gelecek perspektiflerini güvenlik stratejilerine göre şekillendirmeleri, bu iki güç dışındaki bölgesel ve yerel güçlerin 21. yüzyıla yine güvenlik penceresinden bakmamaları gibi, burada sıralayabileceğimiz onlarca gelişme, yaşadığımız yüzyılın "çatışmalar yüzyılı" olacağına işaret ediyor. Medeniyetler arası diyalog, barış, hoşgörü gibi arayışlar petrolün, doğal gazın, savaş uçaklarının, füzelerin, güvenlik doktrinlerinin hegemonya hayallerinin arasında kaybolup gidiyor.

Küresel aktörler, geleceği yani 21. yüzyılı bir coğrafya ile, bir din ile, bir kültür ile, bu değerlerin yoğurduğu kitleler ile mücadele yüzyılı ilan etti bile. Ne kadar reddetsek de, 21. yüzyıl bir hesaplaşma yüzyılı olacak. İnsanlık Batı'nın Doğu ile, İslam ile hesaplaşmasına tanık olacak. Bu yolda o kadar mesafe alındı ki, geri dönüş yolu kapanmak üzere.

Yeni güvenlik doktrinleri yeni bölgesel bloklaşmaların, küresel çatışmaların önünü açarken, Türkiye'nin AB üyeliği gibi, Batı'yı korumak için kalkan modellerinin geliştirilmesini zorlarken asıl çalkantı İslam coğrafyasında yaşanıyor. Bütün küresel ve bölgesel aktörlerin saldırılarına maruz kalan bu coğrafyanın insanları, Soğuk Savaş ürünü söylem ve oluşumların hiçbir çıkış yolu öneremediğinin farkında. Bu gerçekten hareketle İslam dünyası için yeni şeyler söylemenin, yeni yollar bulmanın, yeni oluşumların zamanı.

Siyasal söylemlerin tükendiği bu coğrafyada Soğuk Savaş dönemi gerçeklerinden ağır biçimde etkilenen İslami hareketler de gücünü kaybediyor. Bu hareketlerin geliştirdikleri liderlik örnekleri, şu anki sorunlara ve geleceğe ilişkin bir şey söylemiyor. Bu nedenle varolan oluşumlar ve liderlik örnekleri güç kaybediyor, edecektir de. Zira onlar bu kriz döneminde yıllardır karşı durdukları yerel iktidarlarla aynı şeyleri söyler oldular.

Yakın gelecekte yeni oluşumlardan, liderliklerden, söylemlerden, yöntemlerden söz edeceğiz. Bu anlamda Müslüman coğrafya derin bir sarsıntı geçiriyor. İran'daki devrim ve Afganistan ile beslenen eski yapılar ömrünü doldurdu. Soğuk Savaş mantığına sahip bu grupların yerine Irak işgalinden sonra yeni oluşumlar ortaya çıkmaya başladı. Batı'nın bu coğrafyayı dönüştürmek için iş tuttuğu grupların yerine "hesaplaşma"yı esas alan örgütler, gruplar, liderlikler ortaya çıkıyor. Batı'nın hesaplaşma, terbiye etme ve kontrol altına alma stratejilerine karşı savaşı tercih eden çok sayıda grup var artık.

Fehmi Huveydi, *Şark-ul Evsat*'taki bir yazısında, Irak işgalinin yeni grupları ortaya çıkardığını, bu grupların şiddeti öncelediğini, sadece İslamcı değil, milliyetçi söylemlere sahip olanların da bulunduğunu ve bunun yeni bir durum olduğunu yazdı. Sovyetlerin Afgan savaşının el Kaide'yi ürettiğini yazan Huveydi, Irak işgalinin kendi örgütlerini üretmekte olduğunu, bunun Arap dünyasına yön verecek yeni bir yapılanma olduğunu belirtti.

El Kaide ve Usame Bin Ladin'e takılıp kalanlar yeni gerçekleri izleyemeyecek. Kim ne derse desin, bu coğrafya Batı'nın bugünkü müdahalesini, siyasi, askeri, ekonomik, kültürel ve sosyal dönüşüm projelerini topyekün savaş olarak algılıyor. İslam coğrafyası daha önce böyle bir durumla hiç karşılaşmadı. Her ne kadar resmî söylemler, belli çevreler barış/diyalog arayışlarına yönelik çalışmalar yapıyorsa da bölge içten içe kaynıyor. Şu kanaat güç kazanıyor: ABD ve AB finansmanıyla yürütülen karşılıklı görüşmeler, gösterişli tören ve seminerler bir çözüm önermiyor. Öyleyse hesaplaşma kaçınılmaz olacak. Yeni gruplar bu endişeyle ortaya çıkıyor. Hepsinin ortak özelliği savaşa kilitlenmiş olmaları. Onlar bu coğrafyada derin izler bırakacaklar...

Büyük güçler terör üzerinden hesaplaşıyor

Kuzey Osetya'da meydana gelen tüyler ürpertici bir olayın Çeçen davasıyla ne ilgisi olabilir? Yüzlerce çocuğu rehin alan kişiler, Çeçenler'in onurlu bağımsızlık mücadelesini mi temsil ediyor? Eylemde rol alanların, Çeçen kökenli olsalar bile, hangi güçlere hizmet ettikleri, cevabı mutlaka bulunması gereken bir soru değil mi? Dünyanın Çeçen direnişine sempatisini yok eden olay, Çeçen davasına ne kazandırdı? Hiçbir şey. Kim kazandı? "Uluslararası terör" argümanıyla dünyayı savaş alanına çeviren, çıkarlarını "küresel terörle" güvence altına alan güçler.

Olayı kimse üstlenmedi, eylemciler somut bir talep ortaya koymadı, Çeçen liderliği kesin bir dille reddetti. Müslüman dünyanın önde gelen isimleri çağrılar yapıp olayı kınadı. Arabuluculuk çabaları boşa çıktı. Rus güvenlik birimlerinin son derece beceriksiz ve kanlı tutumu da eklenince ortaya tam bir trajedi çıktı.

Şüpheler Rus istihbarat servisinde yoğunlaştı. Apartman bombardımanlarıyla iktidara gelen Rusya lideri Vladimir Putin'in Çeçenistan politikası fiyaskoyla sonuçlandı. Bu bir gerçek. Rusya ne kadar şiddet uygulasa, Çeçenistan'a ne kadar asker yığsa başarılı olamayacak. Böyle giderse bütün Kafkasya'yı kaybedecek. Çeçenlerle anlaşmadığı sürece Rusya'nın Kafkaslar politikasının başarı şansı yok. Çeçenistan'da şiddet ve katliam dışında seçenek tanımayan Putin'in askerleri her türlü vahşeti özgürce işleyebiliyor. Yüz binlerce insanın hayatını kaybettiği bir savaş var karşımızda ve ölenlerin tam 42 bini çocuk. Küçük bir millet yok ediliyor. Bu kadar ağır bir bedelle yüzleşen insanları yargılarken insaflı olmak gerekiyor.

Şimdi gelelim olayın tartışılmayan boyutlarına. Terörizm suçlaması kanlı senaryoların, haksızlıkların, zulümlerin ve çılgınlıkların gizlendiği bir kamuflaj haline geldi. Yeryüzünün birçok bölgesindeki haklı ve onurlu mücadeleler böylece mahkûm ediliyor.

Devletlerin birbirleriyle terör üzerinden hesaplaştığı, istihbarat kuruluşlarının terör örgütleri kurduğu ve terörist saldırılar yaptırdığı, büyük enerji projeleriyle terörün iç içe geçtiği bir dönemde yaşıyoruz. Böylesine karmaşık bir ortamda, içinde Çeçen bulunan her olayı Çeçenistan davasıyla, içinde Arap bulunan her olayı Irak'taki bağımsızlık savaşıyla karıştırmak ne kadar kötü. Çeçen savaşçıları ve Irak'ın kurtuluşu için mücadele edenlerle bazı ülkelerin istihbarat teşkilatları tarafından yönetilen, yönlendirilen, hatta kurulan grupları birbirinden ayırmanın zorluğu ortada. Buna rağmen her olayı özel şartlarına göre değerlendirmek zorundayız. "Uluslararası terör", "İslamcı terör" gibi ezberletilmiş kavram ve cümlelerle televizyon ekranlarını işgal edenler, Ortadoğu'da, Kafkaslar'da, Hazar çevresinde, Orta Afrika'da, Güneydoğu Asya'da yaşanan küresel kapışmanın niteliğini, yürütülen örtülü operasyonların, desteklenen etnik nefretin kaynağını neden sorgulamıyor? Uluslararası terör argümanının tartışılmaz bir ön kabul haline geldiği bir dönemde devletlerin terör yatırımı ciddi bir şekilde analiz edilemezse korkunç bir gelecek bizi bekliyor demektir.

Putin büyük bir hata yaptı. Çeçen sorunu küresel terörle özdeşleştirdi. Böylece sorunu çözecek, dünyanın Çeçen bağımsızlığına yönelik sempatisini yok edecekti güya. ABD'nin -toplamı bir paragrafı aşmayan- terör argümanından istifade etmeyi denedi. Ancak tam tersi oldu. Uluslararası terörün mimarları aynı silahla Rusya'yı vuruyor.

Olaya biraz daha yakından bakalım: Gürcistan'daki yönetim değişikliğinden Acaristan ve Güney Osetya'daki krizlere, ABD ve İsrail'in Gürcistan ve Azerbaycan'daki varlığından Hazar enerji kaynaklarıyla ilgili projeler savaşına, Irak'ta Fransız gazetecilerin kaçırılmasından Suriye askerlerinin Lübnan'dan çekilmesini içeren BM kararına kadar hiçbir olay birbirinden bağımsız değil.

24 Ağustos 2004'te iki Rus yolcu uçağı düşürüldü. Uçakların düşürülmesiyle ilgili iddialar hâlâ çelişkili. Schröder, Chirac ve Putin bundan bir hafta sonra Soçi'de bir araya geldi. Irak işgaline karşı çıkan, enerji projelerinden Ortadoğu politikalarına kadar birçok alanda ortak tutum sergileyen üç liderin buluşmasıyla aynı gün Moskova'da bombalar patladı. Soçi üçlü zirvesinden sonra Türkiye'ye gelmeye hazırlanan Putin'e üçüncü şok, 1 Eylül'de Kuzey Osetya'dan geldi. Bir okulu basan silahlı kişiler yüzlerce insanı rehin aldı. Putin'in Türkiye ziyareti ertelendi.

Ortadoğu'da işgal haritasını genişleten ABD-İngiliz-İsrail ekseni bütün bölgeyi ateşe atmaya devam ediyor. Irak'ta İran'a karşı Halkın Mücahitleri Örgütü'nü koruyan, Türkiye'ye karşı PKK'ya barınak sağlayan ABD ne planlıyor? AB ile Rusya, AB ile Türkiye, İran ve Suriye ile Türkiye, yine İran ve Suriye ile Rusya arasındaki yakınlaşma güçlendikçe bu ülkeler terörle terbiye ediliyor. ABD ve yandaşlarının rahatsızlık duyduğu enerji projeleri ve güvenlik işbirliği gündeme geldiği anda bir yerlerde bombalar patlıyor.

Bir kez daha hatırlatalım: Her şey 1996'da hazırlanan haritaya uygun şekilde gelişiyor. Haritayı çizenler, şimdi Amerika'yı yönetiyor. Haritayı bilenler için; Afganistan ve Irak işgali de, küresel terör mücadelesinin temel motivasyonunun ne olduğu da, İran ve Suriye'nin neden hedef ilan edildiği de, silahsızlandırma politikasının amacı da, yeni düşman listesi de sürpriz değil. 1996'da İsrail Başbakanı Benjamin Netanyahu'ya sunulan "A Clean Break: A New Strategy for Securing Realm" (Net Kırılma: Güvenli Devlet İçin Yeni Strateji) adlı çalışma ile yeni küresel düzene ilişkin kamplaşmayı başlatan, ilk projelerini 28 Şubat'ta Türkiye üzerinde uygulayan, Bush ile birlikte ABD yönetimini eline alan, Afganistan ve Irak senaryosunu hazırlayan, "Şer ekseni" politikasını geliştiren, İran, Suriye, Lübnan ve Filistin'i sıraya koyan güçlerle "Genişletilmiş Şer Ekseni" planını geliştiren güçler aynı.

Yeni Kriz Alanları

21. yüzyıla damgasını vuracak kriz alanları hemen hemen kesinleşti. Orta Amerika, Orta ve Doğu Afrika, Ortadoğu, Hazar çevresi ve Malaka Boğazı merkezli olarak Güneydoğu Asya çok derin küresel etkilere yol açacak kriz alanları olarak bu yüzyıl boyunca kendinden söz ettirecek. Büyük güçlerin siyasi ve ekonomik hegemonyası, bu bölgelerdeki nüfuzlarıyla orantılı olacak. Buralar, ekonomik, kültürel ve siyasi olarak yeryüzünün en zengin, en karmaşık yerleri.

Hemen belirtelim ki; kaosun da, barışın da anahtarı bu bölgeler. Zengin kaynakları, dünya ticaretindeki üstün konumları, insan güçleri, etnik çeşitlilikleri ve kültürel zenginlikleriyle aslında insanlığı refah ve huzura kavuşturacak güce sahipler. Ancak ihtiras ve güç eksenli dünya düzeni arayışı, fırsatlar kapısı olması gereken bu bölgeleri dünyayı kaosa sürükleyecek kanlı çatışma alanlarına dönüştürüyor. Ne yazık ki, kaosa yatırım yapanların günahları ve bu tehdit edici süreç, demokrasi ve özgürlük arayışı ya da terörle mücadele gibi hepimizi uyutan bir illüzyonla gizlenebiliyor. Değerden yoksun, maddi ihtiras ve güce tapınmanın şekillendirdiği bir geleceğe hep birlikte sürükleniyoruz.

Bu tehditlerin en önemlilerinden biri, Hazar çevresinde hazırlanıyor. Kafkaslar ve Orta Asya'nın geleceği üzerinde Hazar merkezli bir kriz giderek yaklaşıyor. Bölge yeni bir Ortadoğu olarak öne çıkıyor. Hazar merkezli zenginliğin paylaşılması, paylaşımdan ziyade bir kapışma, çatışma şeklinde kendini gösteriyor ve bu gerilim giderek bütün merkezî güçlerin rol aldığı küresel ölçekli bir alev topuna dönüşüyor. Yerel devletlerin, bölge halklarının bu çatışmadan kaçınma, yönünü belirleme güçleri yok; etkileme güçleri ise son derece sınırlı. Aksine, bölge ülkeleri oyunun kurallarına göre yeniden şekillendiriliyor, güçleri neredeyse sıfırlanıyor. Karadeniz'in kuzeyinden Çin sınırına kadar olan bölgede, ülkelerin siyasi yapısı, ekonomik geleceği ve sosyal dokusunda önemli değişiklikler bekleniyor.

Rusya, Çin ve İran arasındaki yakınlaşma, Hazar'ı hedef alan ABD ve müttefiklerini durdurmaya yönelik. Bugüne kadar Basra Körfezi'nden gelen tehditlere göre konuşlandırılan İran ordusu, Kuzey'den gelecek yeni tehdide karşı hazırlık yapıyor. Hazar'a yönelecek ve Gürcistan, Türkiye, Azerbaycan tarafından desteklenecek ABD müdahalesi; Rus-İran tarihi ittifakını parçalayabileceği gibi, Rusya'yı Karadeniz ve Hazar'dan uzaklaştırabilir. Bugüne kadar Güney Kafkaslar'ı denetim altına almayı önceleyen ABD stratejisi, Hazar'daki savaşın şiddetine paralel biçimde Rusya'yı Kuzey Kafkaslar'dan uzaklaştırmaya dönük girişimlerle kendini gösterecek. Bu çerçevede Dağıstan kritik bir çatışma alanı olarak öne çıkarken, Çeçenistan'ın bağımsızlık savaşının ABD'nin terörle savaşının kapsamından çıkması ve Çeçen mücadelesinin yeniden ivme kazanması ihtimal dahilinde.

ABD; "Yeni Avrupa", NATO'nun genişleme haritası ile Ukrayna ve Azerbaycan atağının dışında Romanya, Macaristan ve Bulgaristan'a yerleşiyor. Bu ülkelere dev askeri üsler kuruyor. Bu adımlarla hem Doğu Avrupa, Karadeniz çevresi ve Kafkaslar'a yerleşiyor hem de AB'nin Rusya, Kafkaslar ve Orta Asya'ya açılan kapılarını kapatıyor. Bunlarla yetinmeyen ABD'nin, Türkiye'den Sabiha Gökçen Havaalanı, Samsun, Trabzon, hatta Sinop ve Hopa ile Ordu'nun Ünye ilçesi gibi bölgelerde üs istediğini hatırlayalım. ABD; Bulgaristan, Romanya, Türkiye'nin Karadeniz'e açılan liman ve havaalanları ile Gürcistan ve Azerbaycan'a yerleşince nasıl bir harita ortaya çıkacak? Tabii ki, Kuzey Kafkaslar karışacak. Tabii ki, Karadeniz tam anlamıyla bir Amerikan gölü haline gelecek. Bu süreçte Doğu Karadeniz, belki de Doğu Akdeniz kadar hassas bir bölge haline gelecek. ABD, AB ve Rusya'nın Doğu Akdeniz'deki mücadelesinin bir benzerini Doğu Karadeniz'de görebileceğiz.

Bölge belki de tarihinde hiç olmadığı kadar stratejik değer kazanmaya başladı. Buna bağlı olarak Türkiye'nin güneye yoğunlaşan dış politika önceliği önemli miktarda doğuya, kuzeydoğuya kayacak. Ankara her ne kadar, bu bölgeye yönelik politikalarını ABD/İngiliz stratejilerine endekslemişse de, yakında kendisi için bunun hiç de işe yaramadığını fark edecektir.

Hazar petrolü ve enerjisi, tıpkı Ortadoğu petrolleri gibi, dünya politikasını belirleme gücüne sahip. Türkiye gibi bölge ülkelerinin politikaları bu projelere göre şekilleniyor. Petrol şirketlerinin ve küresel sermayenin çıkarları ise bütün ülkelerin politikalarını belirliyor. Onlar için ulusların kaderinin, çektikleri ıstırabın hiçbir önemi yok. Onlar bir boru hattı için ülkeler işgal ettiriyor, bir petrol kuyusu için haritalar çiziyor, bir varil petrol için rejim değiştiriyor.

Akdeniz, Karadeniz ve Hazar... ABD bu üç denize de hakim olmak istiyor. Ancak 21. yüzyılı tek başına belirlemeye kalkışan Amerika'nın her istediğini yapabileceğine inananlar yanılıyor. Bunu dar anlamda Irak'ta gördük. Biraz zaman geçsin, Irak'ta daha fazlasını göreceğiz. Başka bölgelerde de göreceğiz. ABD siyasi olgunluk sınavını kaybetti. İnsanlığın vicdanında mahkûm oldu. Avrupa'dan Doğu Asya'ya kadar birçok siyasi oluşum, bölgesel yakınlaşma arayışları, öncelikle ABD'yi hedef alıyor. ABD'nin ekonomik ve askeri gücü bu direnci ezmeye yetmeyecek.

Avrasya savaşı ve Karadeniz'in yükselişi

Gürcistan, Ukrayna, Filistin, Lübnan ve Kırgızistan'da estirilen rüzgârı özgürlük hareketleri olarak pazarlayanlar, gelişmeleri farklı boyutlarıyla tartışanları derhal diktatörlerin safına itiyor. George Soros'un, ABD'ye bağlı kuruluşların rolünü sorgularsanız, gelişmeleri ABD'nin güvenlik stratejileri ışığında analiz etmeye kalkışırsanız kendinizi otoriter yönetimlerin, kanlı diktatörlerin safında buluyorsunuz. Pentagon'da üretilen, ülkeleri iç savaşa sürüklemeyi bile öngören, sivil toplum örgütleri üzerinden yürütülen çalışmalara odaklanırsanız, "özgürlük düşmanı" damgasını yiyorsunuz.

Mesela ABD, Mısır'da altı sivil toplum örgütüne U.S. Agency for International Development (USAID) üzerinden bir milyon dolar para dağıttı. Bu parayla Büyük Ortadoğu Projesi için çalışmalar yürütülecek. Mısır basını, hangi örgütlerin ne kadar para aldığını, hangi gazetecilere, yazarlara ne kadar para dağıtıldığını bir bir ortaya döktü. Tartışmalar, başka güçlerin o ülkedeki nüfuzu için roller üslenen sivil toplum örgütlerinin sorgulanmasına doğru gidiyor. Böyle bir sorgulamanın Türkiye'de de yapılmayacağını kim garanti edebilir? Tedirgin olduğum tek şey var; kitlelerin bir tür illüzyona maruz bırakılmasına karşı yeterince güçlü bir direnç sergileyememek...

Kırgızistan'a dönelim: Başbakan Kurmanbek Bakiyev, *"Dışarıdan tek kuruşluk yardım almadık ve kimseden yardım talep etmedik. Yöntemlerini kopyalamak için Ukrayna'ya ya da Gürcistan'a gitmedik"* diyor. Doğru, Ukrayna ve Gürcistan'a gitmediler ama 2004 yılının 28 Şubat-14 Mart arası Washington'da ciddi bir eğitime tabi tutuldular.

Para konusuna gelince; *International Herald Tribune* gazetesinde yayınlanan "West Plays Key Role in Kyrgyzstan" (Batı, Kırgızistan'da Kilit Rol Oynuyor) başlıklı yazıya dikkat çekelim ve nasıl finanse edilip örgütlendiklerini görelim.

ABD tarafından Freedom House üzerinden finanse edilen basın ve yine ABD tarafından finanse edilen demokrasi ve sivil toplum programlarının Kırgızistan ayaklanmasındaki belirleyici rolüne dikkat çekilen yazıda, 1992 yılında kabul edilen Özgürlüğü Destekleme Yasası çerçevesinde bu ülkelere yoğun yardımların başlatıldığı, National Endowment for Democracy (Demokrasi İçin Ulusal Yardım) gibi kuruluşlar üzerinden binlerce insanın programlara tabi tutulduğu, ABD finansmanıyla çok sayıda sivil toplum örgütü kurulduğu, eğitim çalışmaları yapıldığı, internet imkânı sağlandığı, insanların CNN yayınlarına yönlendirildiği ve ABD finansıyla kurulan "bağımsız" gazeteleri okuma imkânları verildiği, ülkedeki Amerikan Üniversitesi üzerinden bir Amerikan modeli üretildiği, öğrencilerin ve siyasi liderlerin ABD'ye götürüldüğü belirtiliyor. Kurmanbek Bakiyev'in de bu çerçevede ABD'ye götürüldüğü not ediliyor. Devrimi, "bağımsız medya" ve sivil toplum örgütlerinin yaptığı belirtilen yazıda, Freedom House tarafından çıkarılan gazetenin tam 200 bin adet basılıp tüm ülkede dağıtıldığına dikkat çekiliyor ve ABD'nin Askar Akayev'e karşı devrimi finanse ettiği net cümlelerle ortaya konuluyor.

Aslında buraya kadar tartışılacak bir durum yok. Tartışma, demokrasi ve özgürlük rüzgârının bu ülkeleri nerelere sürükleyeceği üzerinde yoğunlaşmalıydı. Ben gelişmelere ABD'nin Avrasya stratejisi üzerinden bakıyorum. Buradan hareketle, Orta Asya'da demokrasi ve özgürlüklerin yerleşeceğine dair bir inanç besleyemiyorum.

Kırgızistan'da bu olaylar olurken ABD, Afganistan'da dokuz tane askeri üs kurmak için çalışmalar yürütüyordu. Özelde İran'ı kuşatmak, genelde ise Avrasya'ya tek başına hakim olmak çerçevesinde açılacak bu üslerle Kırgızistan'daki yönetim değişikliğinin birebir bağlantısı var.

Avrasya'nın kontrolü çerçevesinde Afganistan'ı işgal eden, Orta Asya'da askeri üsler açan ABD, bu stratejisinde yeni bir aşama başlatıyor: Ortadoğu, Güney Asya ve Orta Asya'nın kesişme noktasındaki ağırlığını artırıyor, bölgedeki varlığını kökleştiriyor. Bu yayılma, Kırgızistan'dan Hazar'a, hatta Doğu Karadeniz'e kadar kendini gösterecek. Yani Doğu Karadeniz'deki ABD varlığı ile Kırgızistan'daki ABD varlığı birbirini tamamlıyor. Böylece ABD hem Rusya, Çin ve Hindistan gibi güçler karşısında varlığını güçlendiriyor hem de petrol ve doğalgaz kaynakları üzerindeki nüfuzunu güvence altına alıyor. Kırgızistan'daki askeri üssü ile Afganistan'da 83 milyon dolar bütçe ayırarak yapmaya başladığı yeni üsler; Özbekistan, Tacikistan, Kazakistan ve Türkmenistan'la ilgili askeri projeler birbirini tamamlıyor.

Türkiye, 1991'den 2000'li yıllara kadar ABD, İngiltere ve İsrail'i Orta Asya'ya taşıdı. Ama kendisi bu bölgelerde bir varlık tesis edemedi. Sebebi; başkalarının politikası için yollara düşmesiydi. Türkiye, yeni süreci sadece demokrasi ve özgürlük devrimleri olarak algılamaya devam ederse, korkarım Orta Asya'da hiçbir zaman olamayacak, Nahcıvan'dan öteye geçemeyecek.

Başa dönelim: Demokrasi adı altında yürütülen ABD kontrol stratejileriyle diktatörler arasında seçim yapmak zorunda değiliz. Üçüncü bir yol daha var: Orta Asya'nın gerçekten özgürlük isteyen güçleriyle buluşmak. ABD parasıyla kurulan sivil toplum örgütlerinin yetiştirdiği kadrolar, o topraklara özgürlük değil, ABD işgalini taşıyacak, bölgenin gerçek güçlerinin önünü kapatacak. Bize düşen, o güçlerin önünü açmak. Gerçek devrim o zaman olacak.

Karadeniz Amerikan Gölü mü olacak?

Hatırlanacağı gibi, Ukrayna'da Kasım 2004'te yapılan seçimleri Rusya yanlısı Başbakan Victor Yanukoviç'in kazandığının açıklanması, ülkeyi iç savaşın eşiğine getirmişti. Seçimi kaybettiği açıklanan Amerika yanlısı Victor Yusçenko, binlerce taraftarını sokaklara döktü. ABD ve Avrupa, muhalefetten yana tavrını koyarken Rusya lideri Vladimir Putin Batı'nın Ukrayna'da demokrasi şovu yaptığını söylüyordu. Görünüşte bir demokrasi mücadelesi vardı. ABD yanlısı reformcular ile Sovyet geleneğinden gelenlerin iktidar mücadelesi, demokrasinin en önemli göstergesi olan seçimleri de aşarak sokaklarda devam etti.

Tıpkı Gürcistan'da olduğu gibi. Yanı başımızdaki 5 milyonluk Gürcistan'da da aynı senaryo uygulanmıştı. Şevardnadze yönetimi Mihail Saakhasvili tarafından kitleler sokaklara dökülerek devrilmiş, eski yönetim kovulmuş, ABD ile yakın bağları olan Saakhasvili iktidara gelmişti. Kadife Devrim olarak nitelenen olay, Amerika'nın Güney Kafkaslar'daki nüfuzunu güçlendiren en önemli adımlardan biri olmuştu. Bu sefer de aynı senaryo 58 milyon nüfuslu Ukrayna'da uygulandı.

ABD, 1990'dan bu yana Ukrayna'yı yeni bir güç olarak öne çıkarmaya, hem AB hem de Rusya'ya karşı bir üs haline getirmeye çalışıyordu. Rusya ve Çin'e karşı Japonya ve Güney Kore'yi kullandığı gibi.

Sovyetler'in çöküşünden sonraki "NATO genişleme haritası"na dikkatli bakılınca ABD'nin bugün bu haritayı izlediği ortaya çıkıyor. NATO'nun genişleme haritasında Ukrayna ile birlikte Güney Kafkaslar çok önemli bir yer tutuyor. Barış İçin Ortaklık Girişimi çerçevesinde benzer çalışmalar Hazar çevresi için de yapılıyor. Şimdi, NATO'nun genişlemeye çalıştığı bölgelere ABD tek başına gidiyor. Tıpkı Kıbrıs ve Doğu Akdeniz'de olduğu gibi. ABD ile Avrupa arasında Kıbrıs üzerinde yaşanan mücadelenin Kuzey Kıbrıs Türk Cumhuriyeti'ne büyük nimetler sunacağını, Türkiye'nin işini kolaylaştıracağını, ancak iki gücün de Kıbrıs'la ilgili planlarının güvenlik eksenli olduğunu, dolayısıyla bu yaklaşımın uzun vadede Türkiye'nin Ortadoğu ile ilişkilerinde ciddi sorunlara yol açacağını yazdım. Nitekim ABD, KKTC'yi fiilen tanımaya hazırlanıyor.

Devam edelim: ABD "Yeni Avrupa", NATO'nun genişleme haritası ve Ukrayna atağının dışında Romanya, Macaristan ve

Bulgaristan'a yerleşiyor. Bu ülkelere dev askeri üsler kuruyor. Bu adımlarla hem Doğu Avrupa, Karadeniz çevresi ve Kafkaslar'a yerleşiyor, hem de küresel iktidar mücadelesinde AB'nin Rusya, Kafkaslar ve Orta Asya'ya açılan kapılarını kapatıyor. Burada AB'nin Türkiye'yi neden istediği bir kez daha düşünülmeli.

Bunlarla yetinmeyen ABD, Sabiha Gökçen Havaalanı, Samsun, Trabzon, hatta Sinop ve Hopa ile Ordu'nun Ünye ilçesi bölgeleri de üs istiyor. ABD; Bulgaristan'a, Romanya'ya, Türkiye'nin Karadeniz'e açılan liman ve havaalanlarına, Gürcistan'a yerleşince nasıl bir durum ortaya çıkacak? Kuzey Kafkaslar da yakında karışacak. Rusya'yı Karadeniz'den uzaklaştırırsa Karadeniz tam anlamıyla bir "Amerikan Gölü" haline gelecek.

Rusya'nın Karadeniz'den çekilmesi, Kafkaslar'daki nüfuzunun kırılması, yüzyıllardır devam eden Türk-Rus rekabeti düşünüldüğünde Türkiye'nin lehine. Kırım Savaşı da lehimizeydi. Ancak o savaştan sonra Karadeniz, hatta inisiyatifi kaybeden Osmanlı, Avrupa içi rekabetin malzemesi haline geldi.

Ukrayna örneği bir konuyu daha dikkatle izlememizi gerektiriyor. ABD'nin "rejim değişikliği" projesi iki koldan ilerliyor. Biri; Afganistan ve Irak'ta olduğu gibi, işgal edip Amerikan istihbaratına hizmet eden bir lider ve yeni bir iktidar eliti oluşturarak... Filistin'de de benzer bir senaryo uygulanıyor. Arafat'ın zamanında başaramadılar şimdi iç çatışmayı da tetikleyecek olan aynı senaryoyu tekrar uygulamaya çalışıyorlar.

İkincisi ise Gürcistan ve Ukrayna örneği. Batı yanlısı, küresel sermaye ile yakın ilişki içindeki liderleri harekete geçirip kitleleri sokaklara dökerek... Venezüella'da başaramadılar, Gürcistan'da başardılar. Bakalım devamında neler olacak?

İlk bakışta hepsi bir demokrasi mücadelesi. Ama biraz yakından bakınca bambaşka şeyler çıkıyor ortaya. Olağanüstü bir dönemde yaşıyoruz. Hiçbir şey ilk göründüğü gibi değil.

Kuzey Irak-Akdeniz koridoru

Türkiye'nin çevresindeki jeopolitik hareketliliğe bir başka bölgeden bakalım: Telafer'de yaşanan sivil kıyımın, Amerikan ordusunun, "kente sığınan direnişçileri takip" gerekçesiyle hiçbir ilgisi yoktu. Onlarca sivilin ölümüne, on binlerce Türkmen'in bölgeden kaçmasına neden olan saldırıların kitlesel korku yaratmaya, bu korkuyla insanların göç etmesini sağlamaya yönelik olduğu ortada. Çatışmaların merkezinde yer almayan Telafer, neden bir anda bu çapta bir etnik kıyıma sahne oldu? Kuzey Irak'ta etnik patlamanın adresi olarak gösterilen Kerkük üzerindeki tartışmalar sürerken, tamamen Türkmenlerin yaşadığı Telafer, neden toplu sürgün senaryolarına sahne oldu?

Saldırılarda Mesut Barzani'ye bağlı güçlerin üstlendiği rol, Irak'taki direnişi kontrol altına alma çabasına verilen desteğin ötesinde bir nitelik taşıyor. Telafer'in stratejik önemi, Türkiye'nin Irak'la bağlantısının yanı sıra, bölgesel planlamalar açısından da dikkat çekiyor. Dolayısıyla bölgeye yönelik müdahalenin Irak'ın bölünmesi ve etnik gerilim senaryolarının yanında, Kuzey Irak'ın geleceği ve Suriye senaryolarıyla da derin bağlantısı var.

Önce Irak'ın bölünmesi planlarıyla bağlantısına bakalım:

Osmanlı'nın elinden çıkan Irak, İngilizler tarafından Bağdat, Musul ve Basra vilayetleri birleştirilerek oluşturuldu. Bundan üç yıl sonra İngiliz işgaline karşı başlayan direnişle, bugünkü direniş arasında bir fark yok. İngiltere direnişi kimyasal silahlarla kırmaya çalıştı. Kimyasal saldırıları emreden Winston Churchill'in *"Bu barbarlara karşı zehir kullanılmasını kuvvetle istiyorum"* sözü meşhurdur. O zaman, bağımsızlık mücadelesi veren bölgeler, bugün Amerika'nın yaptığı gibi korkunç bir ateş gücüyle yok edilmişti. 1920'lerdeki direniş ve İngiliz katliamı ile bugün Irak'ta yaşanan direniş, Amerikan katliamı ve İngilizler'in tezleriyle bugünkü üçe bölme stratejisi arasındaki bağlantıyı kurmak için

Henry C K Liu'nun "Geopolitics in Iraq and Old Game" (Irak'ta Jeo-Politika ve Eski Bir Oyun) adlı çalışmasında son derece çarpıcı tespitler var. Irak'ın jeopolitiğini Kırım Savaşı'ndan başlayıp Çanakkale Savaşı'yla birlikte tartışan yazar, önümüzdeki dönemde Irak'a olacaklara da ışık tutuyor.

Yeniden üç parçaya bölme tezi bugün aynı güçler tarafından yürütülüyor. Ancak bu sefer, Şii, Sünni ve Kürt bölgeleri olarak. Irak'ın geleceğine ilişkin bütün resmî öngörüler, ülkenin bölüneceği yönünde. Bölünmede Türkmenlerin durumu ise belirsiz. Ne işgal güçlerinin ne de Türkiye'nin, Türkmenler konusunda net bir projesi var. Böyle giderse Türkmenler'i, bir kısmı Kürtler'in denetimi altında, bir kısmı da Araplar'ın denetiminde olmak gibi belirsiz bir gelecek bekliyor. İşgalden hemen sonra başlayan Sünni Arap direnişini ve bu direnişle sembolleşen Felluce'yi, ardından Mukteda es Sadr öncülüğünde gelişen Şii direnişi ve Necef'i hatırlayalım. Mesut Barzani ve Celal Talabani güçlerinin ABD'ye verdiği desteğin yanında üçüncü bir hedef daha ortaya çıkıyor: Türkmenler. Ancak Türkmenler bölünmenin taraflarından biri olarak değil, hedeflerden biri olarak ortaya çıkarıldı.

Irak'ın yeniden bölünmesi fikri, 1975'te İran Şahı tarafından resmen önerildi. 1950'lerden 1975'lere kadar İsrail'le birlikte Barzani ailesine destek veren İran gibi, İsrail'in bütün hesapları da Irak'ın bölünmesine endeksli. Yıllarca İran üzerinden Kuzey Irak'a askeri uzman gönderip silah taşıyan ve Barzani güçlerinin Bağdat yönetimine karşı yürüttüğü savaşı adeta kontrol eden İsrail, bugün Kuzey Irak'ta her zamankinden daha güçlü. Şalon Nakdimon'un Elips yayınları tarafından çevirisi yayınlanan "Irak ve Ortadoğu'da Mossad" adlı kitabı, Bağdat yönetimine karşı İsrail ile Barzani güçleri arasındaki ortaklığa ilişkin çarpıcı bilgiler içeriyor.

Birinci Körfez Savaşı sonrası Kuzey Irak'ı denetleyen Çekiç Güç'ün, Saddam Hüseyin'in etnik kıyımını önlemenin dışında en önemli misyonu, bölünmenin şartlarını hazırlamaktı. 1990'dan

Irak işgaline kadar geçen süre içinde, Türkiye'nin Kuzey Irak'a bakışı da ABD-İsrail endeksli oldu. Türk-İsrail ekseni döneminde bölgedeki İsrail ağırlığı daha da artırıldı. İşgal öncesi Irak'ın üç parçaya bölünmesine ilişkin tartışmalar da İsrail merkezliydi. Ülke üçe bölünecek, Filistinliler Ürdün'e bağlanacak, Bağdat üzerinde Haşimi otoritesi tesis edilecekti. İsrail'in Irak'ta, özellikle de Kuzey Irak'ta bugün hiçbir zaman olmadığı kadar güç kazanması, 1950'lerden bu yana devam eden bir çalışmanın sonucu.

İngilizlerin ünlü "The Royal Institute of International Affairs" (Kraliyet Uluslararası İlişkiler Enstitüsü) adlı kuruluşu "Iraq in Transition: Vortex and Catalyst?" (Geçiş Sürecinde Irak: Girdap ve Katalizör) başlıklı bir rapor yayınladı. Irak'ta iç savaşın ve bölünmenin en güçlü ihtimal haline geldiğini belirten rapor, bu durumun bütün Ortadoğu'yu etkileyeceği öngörüsünde bulunuyor. Raporda, ABD'nin atadığı Bağdat'taki otoritenin etkisini kaybettiği, Kürtler'in 1990'dan bu yana elde ettikleri kazanımları terk etmeyeceği, Şiiler'in avantajlı durumlarını kullanacağı, Sünni Araplar'ın ise hiçbir şekilde işgale boyun eğemeyeceği belirtilerek, bir "yeniden yapılanma"dan söz ediliyor. Bölünmeye ilişkin senaryolar birbiriyle örtüşüyor. Ancak Şii Arap, Sünni Arap ve Kürtler şeklindeki senaryoda Türkmenler'in yeri yok. O zaman Telafer olayını nasıl açıklayacağız?

Telafer'deki "toplu göç" senaryosunun, Kerkük'ün statüsüne ve bölgenin demografik yapısının değiştirilmesine ilişkin planlamalarla elbette ilgisi var. Ancak ben daha kapsamlı ve tehlikeli bir senaryodan endişe ediyorum. Daha net ifade edeyim: Kuzey Irak'la Akdeniz arasında bir koridor açılmaya çalışılıyor. İşgalden önce ABD'nin Türkiye'den istediği bölgeleri hatırlayalım: İskenderun'dan Suriye sınırı boyunca uzanan bir kuşak. Şimdi, Suriye'nin çözülmesiyle gerçekleştirilecek bu koridorun hazırlıkları yapılıyor. Bu da Türkiye'nin devre dışı bırakılması anlamına geliyor. Kuzey Irak'ta kurulacak otorite bu koridor sayesinde yaşam alanı bulabilecek. İşte bu planın ilk işaretlerini Telafer'de gördük.

MEZHEPLER ÇATIŞMASI

İslam Dünyası'nda Sünni-Şii Ayrışması

İskenderiye varoşlarından Marsilya'ya:
Dünya kimlik savaşlarıyla sarsılacak

İngiliz emperyal mirasının önemli düşünce merkezlerinden Chatham House'dan Rosemary Hollis, Mayıs 2006'da Ortadoğu ve Avrupa'nın geleceğine ilişkin adeta bir dehşet senaryosu yayınladı. "Europe and Middle East-Sectarian War Zone" (Avrupa ve Ortadoğu – Ayrılıkçı Savaş Kuşağı) başlıklı ve "Çatışma Yaklaşıyor" alt başlıklı yazı, Irak'ta başlayan ya da başlatılan etnik, özellikle de mezhep eksenli çatışmaların boyutları hakkında ürpertici bir senaryo sunuyor.

21. yüzyıla nasıl bakacağız? Nasıl bir dünya düzeni, nasıl bir toplum düzeni, nasıl bir ekonomik düzen olacak? Adalet ve barış inşa edilebilecek mi? Kimliklerin belirleyici olduğu; savaşın ve barışın kaderini kimliklerin belirleyeceği bir çağdayız. Dinî kimlik, etnik kimlik, mezhep kimliği, sosyal kimlik hem Ortadoğu'nun hem de dünyanın kaderinde derin rol oynayacak. Farklı kimlikler gündelik yaşamımızı zenginlik, barış olarak mı belirleyecek; yoksa savaşların, çatışmaların, krizlerin bu kimlikler üzerinden yürütüleceği bir dünyaya mı açılıyoruz?

Ortadoğu'da başlayacak bu yeni savaşın; ulus devletler, emperyal güçler, ordular, bloklar veya devletler arasında değil; iç savaşlar şeklinde kendini göstereceğini ve Avrupa'yı derinden etkileyeceğini belirten Hollis, 11 Eylül'den hemen sonra ABD'nin başlattığı küresel müdahalenin ve karşı reaksiyonun ortaya çıkardığı asimetrik savaş yönteminin belki de insanlık tarihi boyunca ilk kez bu denli belirleyici olacağına işaret ediyor. Ama nedense, bir zamanlar Osmanlı coğrafyasını oluşturan toprakların, barışı, adaleti ve hoşgörüyü el üstünde tutan toprakların nasıl olup da böyle bir kaosa sürüklendiğine dair, kimlerin bundan sorumlu olduğuna dair hiçbir şey söylemiyor. Kimlikler üzerinden yürütülecek iç savaşların Avrupa'nın ortasına kadar kendini göstereceğini vurgularken, yaptığı tek şey, Müslümanları yine hedef tahtasına yerleştirmek. Ama tespitlerinin son derece can sıkıcı olduğu kesin.

"Avrupalılar için yirminci yüzyılın sonları, İkinci Dünya Savaşı ile yakın zamanda çıkacak mezhep savaşının arasındaki dönem olacak. Bu savaş, bir zamanlar Osmanlı İmparatorluğu olan bölgeyi tamamıyla yutup Avrupa'ya yayılacak. Devletler veya süper güç blokları ya da imparatorluklar arası bir savaş olmayacak bu. Bir iç savaşa benzeyecek. Yaklaşan çatışma çerçevesinde ordular, kıtalar veya ülkeler arasındaki jeo-stratejik fay hatlarında mevzilenmeyecek; savaşanlar daha ziyade siviller, siyasetçiler, polisler olacak. Kentler, mahallelere; devletler, internet ve örgütlü suç üzerinden başka yerlerdeki müttefiklerine bağlı etnik ve mezhepsel gruplara bölünecek. İhtilaflar kimlik üzerinden yaşanacak. Kaybedilenler, hoşgörü ve toplumsal uyum olacak.....

Leeds, Kopenhag, Marsilya, Halepçe, El Halil, Kerkük ve İskenderiye varoşlarında çatışma belli zamanlarda kanlı bir hal alacak. Avrupa devletleri ayakta kalacak ama liberal demokrasi pahasına. Ortadoğu'da bazı devletler çözülecek ve savaşın başladığı nokta bu olacak. Irak patlayacak. Kuzey'deki Kürt bölgesi için savaş alanı Kerkük olacak. Kürtler; Araplar, Türkmenler ve diğerleriyle savaşacak. Güneyde Basra, hepsi İran destekli hasım Şii fraksiyonların mücadelesiyle bölünecek...

Irak'a komşu ülkelerin hiçbiri bu gelişmelere kayıtsız kalamayacak. Türkiye, Kürt milliyetçiliğini sınırın Irak tarafında dizginlemek isteyecek. İran Şiiler arasındaki çatışmaya müdahil olacak ama kontrolü sağlayamayacak. Kuveyt, Amerikan koruması altında gericileşecek. Suudiler, Irak sınırını kapatmaları yönünde büyük baskı altında kalacak..."

Avrupa'nın sömürgeci geçmişinin 1971'lere kadar Ortadoğu'daki varlığına dikkat çeken yazar, Ürdün'ün parçalanacağını, Avrupa'nın Ortadoğu'ya bağımlılığının artacağını, bölgedeki Amerikan karşıtlığının bile Avrupa'yı bu krizden kurtaramayacağını, Ortadoğu'daki çatışmaların Avrupa'daki etnik ve mezhep gerilimleri gündeme alacağını söylüyor ve *"Yaklaşan savaş, tam da Ortadoğu ve Avrupa'yı içine alan bir savaş olacak. Yani asırlardır süren hikâyenin bir başka faslı"* diye ekliyor.

Bu kâbus senaryosuna göre hoşgörü çağı sona erdi. Batı'nın Ortadoğu'ya demokrasi ihracı başarısız olacak. Avrasya savaşı dedikleri bu olsa gerek. Bosna, Keşmir, Çeçenistan gibi İslam dünyasının dış sınırlarında yaşanan çatışmalar, merkezde yoğunlaşmaya başladı. Öyle görünüyor ki, Nijerya'da, Endonezya'da, Hindistan'da dinler üzerinden yürütülen çatışmalar şiddetlenecek. Mısır'ın İskenderiye kentinde yaşanan Müslüman-Hıristiyan çatışmaları İran'da, Pakistan'da, Körfez bölgesinde, Kuzey Afrika'da, Sahra'nın güneyinde etnik çatışmalar ya da mezhep krizleri şeklinde kendini gösterecek. Paris banliyölerindeki sosyal patlama, Avrupa içinde Müslümanları merkeze alan bir krize dönüşebilecek. Samuel Huntington'ın tehdit olarak gösterdiği Amerika'daki Hispanikler protesto yürüyüşleri yapıyor. Beyrut'ta mezhep savaşı uyarıları yapılıyor ve 1975'lere dönüş işaretleri iyice belirginleşmiş durumda.

Dinler ve medeniyetler, insanlığa barış, adalet, uyum vaat ediyor. Ancak din, mezhep ya da etnik köken gibi kimlikler üzerinden bir kaos dalgası geliştiriliyor sanki. Irak işgali dünyayı bu noktaya sürükledi ve "pandoranın kutusu"nu açtı. İran'a veya bir başka ülkeye yönelik olası bir dış müdahale ne tür sarsıntılara yol açacak?

Rosemary Hollis'in kehanetleri ne kadar gerçek olacak bilmiyoruz ama dünyanın kimlikler üzerinde çatışmacı bir geleceğe sürüklendiği bir gerçek. Medeniyetler Çatışması veya Medeniyet İçi Çatışma gibi, bu kâbus senaryosunun da bir öngörüden çok, şartları hazırlanan bir teze benzediği ortada. Soğuk Savaş sonrasında Batı'nın, dünyanın birçok bölgesinde, özellikle de İslam coğrafyasında işgallerle desteklenen politikaları, ortada bir öngörüden çok bir tezin, bir projenin var olduğunu gösteriyor. Silahsızlandırma, rejim değişikliği ve terörle savaş şeklinde kavramsallaştırılan bu süreç, hedef bölgeleri din, etnik farklılık ve mezhep üzerinden paramparça ediyor. Irak'ta gördüğümüz manzara, mezhep üzerinden yürütülen iç savaş, aslında bir projenin nasıl uygulandığına dair çarpıcı tecrübeler sunuyor bize.

Hedef sadece petrol değil

ABD ve müttefiklerinin İslam Orta Kuşağı'na yönelik müdahalesi, sadece petrole endeksli ekonomik ve askeri bir hedef değil. Irak ve Afganistan'ın işgali, Filistin'deki suikastlar, 'Büyük Ortadoğu Projesi', 'Türk modeli', 'Ilımlı İslam' ve hemen her gün yeni kavramlar ve eylemlerle gündemimizi işgal eden, kodlarını çözmeye çalıştığımız süreci anlamak ve tanımlamak için büyük bütçeler ayrılan proje çalışmalarını dikkatle izlemek gerekiyor. Bu yöndeki projelerin hemen hepsinin "medeniyetler çatışması" ön kabulü ile hazırlanmış olması ve birbirini tamamlayıcı nitelikte olması son derece düşündürücü. RAND Corporation'ın hazırladığı ve bu tarz araştırmalara yılda 100 milyon dolar ayıran muhafazakâr Smith Richardson Vakfı'nın finanse ettiği "Sivil Demokratik İslam: Ortaklar, Kaynaklar ve Stratejiler" başlıklı çalışma da bunlardan biri. Rapor, "İslam ve Müslümanlar, Batı demokrasisine, değerlerine ve küresel düzene uyumlu hale getirilemezse medeniyetler çatışması ihtimalinin yüksek olduğu" teziyle İslam ve Müslümanların nasıl kontrol altına alınacağına dair Washington ve Londra merkezli bir strateji sunuyor.

88 sayfalık raporu kaleme alan Cheryl Benard, ABD Başkanı George Bush'un Basra Körfezi ve Güney Asya danışmanı Zalmay Halilzad'ın eşi. Cheryl Benard feminist romanlar yazan bir sosyolog. Yeni Amerikan Yüzyılı projesinde imzası olan, ABD petrol şirketlerinin öncü savaşçısı ve Afgan kökenli bir Amerikan şahini olan Halilzad, özellikle Afganistan ve Irak işgalleri sırasındaki rolü nedeniyle Türkiye'de yakından tanınıyor. İşgallerden sonra her iki ülkede de ABD adına kurucu roller üslendi.

ABD'ye İslam dünyası için strateji hazırlayan kuruluşlardan biri olan RAND, daha önce de Pentagon'a bir brifing vermişti. Brifingi sunan RAND uzmanı Laurent Murawiec, Suudi Arabistan'ı ABD'nin Ortadoğu'daki en büyük düşmanı ilan etmiş, Ortadoğu'ya yönelik çok yönlü emperyal mücadele çağrısı yapmıştı. Ona göre bu kampanya; "Taktik hedef Irak, stratejik hedef Suudi Arabistan ve ganimet Mısır" şeklinde yürütülmeliydi.

Ciddi biçimde tartışılması gereken, ABD'nin Türkiye dahil, bölgedeki çalışmalarıyla bire bir örtüşen rapor, 11 Eylül'den bu yana "ulus inşası"nı terk eden "ABD-İngiliz-İsrail cephesi"nin artık "din inşası"na başladığının açık göstergesi. İslam dünyasını "medeniyetin problemli çocuğu" olarak gören, Müslümanları "barbar gericiler" olarak niteleyen, Fransa'daki başörtüsü yasağının Müslümanları modernleştireceğini öne süren Cheryl Benard, Müslümanları "fundamentalistler, gelenekseller, modernistler ve laikler" olmak üzere dört kategoriye ayırıyor ve şöyle bir strateji öneriyor:

"Anti-emperyalist ve sosyalist düşüncelerinden dolayı laiklere güvenilmez. Fundamentalistlere ve geleneksel Müslümanlara da. Fundamentalist ve gelenekseller arasında oluşabilecek bir yakınlık kesinlikle engellenmeli. Hatta birbirleriyle savaşmaları teşvik edilmeli. ABD ve Avrupa için güven telkin edenler sadece, kitleleri yönlendirmede Kur'an'ı sınırlandıran modernist Müslümanlardır. Bu grup desteklenmelidir. Fundamentalistler zayıflatılmalı ve yok edilmelidir."

Mücadele Stratejisi

Stratejiyi biraz daha açalım:

1- Önce modernist ve laik Müslümanları destekle. Bunun için: Modernist liderler, modeller ve kadrolar oluştur. Eserlerini yayınla ve dağıt. Kitlelere hitap etmelerini sağla. İslamî eğitimde düşüncelerini öne çıkar. Fundamentalistlere ve geleneksellere karşı onlara medya desteği ver. Gençlere İslam öncesi ve İslamî olmayan tarih bilinci aşıla. Laik kültürel kurum ve etkinlikleri güçlendir.

2- Geleneksel Müslümanları fundamentalistlere karşı destekle. Bunun için: Aralarındaki anlaşmazlıkları teşvik et. İki kesim arasında oluşacak ittifakı engelle. Modernistlerle gelenekselleri birbirine yakınlaştır. Geleneksel kurumlarda modernistlerin sayısını artır. Gelenekseller arasında farklılıklar ortaya çıkar. Hanefi mezhebi ile diğer mezhepler arasındaki farklılıkları büyüt.

3- Fundamentalistlerle savaş. Bunun için: Onların İslam yorumunu ve çelişkilerini sorgula. Şiddet eylemlerinin sonuçlarını abart. Bu kesim içindeki liderlerin yolsuzluk gibi olumsuz durumlarını ortaya çıkarmaları için gazetecileri cesaretlendir. Bu mesajlar için gençleri, dindar geleneksel toplulukları, Müslüman azınlıkları ve kadınları hedef al. Eylemlerine sempati beslenmesini, kahramanlaşmalarını önle. Onları korkak ve düzen bozucu olarak göster.

4- Seçici bir şekilde laikleri destekle. Bunun için: Fundamentalizmin ortak düşman olduğuna dair onları cesaretlendir. Laik Müslümanların ABD karşıtı güçlerle, milliyetçilerle ve solcularla ittifak kurmalarını engelle. İslam'da din ve devletin ayrı olduğu düşüncesini destekle.

5- "Batılı İslam" tezini destekle. (Burada Alman İslamı, Amerikan İslamı, Türk İslamı, Malay İslamı gibi kavramların ve "ortak bir İslam dünyası olmadığı"na dair kanaatin yaygınlaştırılması isteniyor.)

6- Sufizmi güçlendir. Sufi geleneğin tarihlerinin parçası olduğuna inandır. Sufi öğretileri müfredatlara sok.

Cheryl Benard'ın, bu strateji için modeli Türkiye'dir. Nedeni ise Türkiye'nin uyguladığı "agresif laiklik"tir.

"Civil Democratic Islam: Partners, Resources and Strategies" (Sivil Demokratik İslam: Ortaklar, Kaynaklar ve Stratejiler) adlı çalışmadan sonra yine RAND tarafından hazırlanan bu rapor da, diğerleri gibi, kanlı iç savaşların İslam coğrafyasının geleceğine nasıl damga vuracağına dair ürpertici projeler hakkında geniş bilgiler sunuyor. "Medeniyetler çatışması" projesinden sonra neo-con'ların en orijinal keşfi olan "medeniyet içi çatışma" tezinin, daha doğrusu "İslam kendi içinde çatışacak" tezinin nasıl uygulanacağı projede apaçık ortaya konuluyor. Doğrudan işgal ve çatışmaları ikinci plana iten ve Müslümanların dinini, kültürünü, alışkanlıklarını ve hayat tarzını temelden değiştirmeyi amaçlayan, "demokratikleşme" büyüsü adı altında Müslüman elitlerin yardımıyla gerçekleştirilmesi planlanan proje, Thomas Friedman'ın dediği gibi, ABD'nin İslam dünyasında giriştiği "köklü devrim harekâtı"nın ana stratejisini oluşturuyor.

ABD Hava Kuvvetleri tarafından RAND'e sipariş edilen ve Amerika'nın İslam coğrafyasını nasıl kolonileştireceği sorununa cevap arayan çalışma, gelecekte yapılması planlananları değil, bugün Türkiye'de ve bütün Müslüman ülkelerde yürütülen çalışmaların kaynağını ortaya koyuyor. Bu nedenle Türkiye'deki tüm mütedeyyin kitleler, bu tuzağa düşmeme gayretlerini uyanık tutmaya devam etmelidirler.

15 Aralık 2004'te duyurulan "US Strategy in the Muslim World After 9/11" (11 Eylül Sonrası ABD'nin İslam Dünyası'ndaki Stratejisi) başlıklı çalışma, tam 567 sayfa. "Civil Islam"ın yazarı Cheryl Benard'ın yanı sıra, raporun yazarları arasında RAND uzmanı Angel Rabasa, Christina Fair ve yine RAND çalışanlarından olan ve halen "U.S. Institute of Peace"in başında bulunan siyonist öncülerden Daniel Pipes var.

Atlantik'ten Pasifik'e uzanan geniş coğrafyada kanlı iç savaşlara, etnik çatışmalara, mezhep savaşlarına, iktidar çatışmalarına yol açacak plan; Müslüman entelektüeller, akademisyenler, kanaat önderleri ve sivil toplum örgütleri üzerine temellendirilmiş. RAND; bu raporu, "ABD liderlerinin İslam dünyasına yönelik bir yeniden yapılandırma/şekillendirme stratejisi, siyasî ve askerî bir proje" olarak tanıtıyor. Bunun için raporun, ABD stratejilerine temel olması amacıyla, Müslüman dünyadaki dinî eğilimler ve Batı Afrika'dan Filipinlere uzanan bölgede potansiyel "partner"ları üzerine yoğunlaştığı belirtiliyor. Bir iç savaş anlamına gelen strateji, Müslüman dünyayı belki de yüz yıl sürecek sorunlara sürükleyecek iki çok önemli bölünme üzerinde duruyor: Şii-Sünni ve Arap-Arap olmayan ayrışması. Maddeleri özetleyelim:

Şii-Sünni bölünmesi

Raporda; Müslümanların büyük çoğunluğunun Sünni olduğu, Şiilerin dünya Müslümanlarının yüzde 15'ini teşkil ettiği belirtildikten sonra, ABD'ye Şiilerle işbirliğine gitme önerisi yapılıyor. Şiilerin bulundukları bölgelerde iktidara taşınması ve siyasî sürece katılmalarının sağlanması istenerek, demokratik kurumların böylece daha da yerleşebileceği belirtiliyor. Rapora göre ABD ile Şiiler arasında kurulacak yakınlaşma, Ortadoğu'da radikal İslamcıların önünde bir bariyer olacak. Tahran ile Riyad arasındaki yakınlaşma nedeniyle Suudi Arabistan'daki Şiiler'in İran'dan yüz çevirip ABD'ye yakınlaştığı iddia ediliyor. Irak'taki Şii siyasî elitinin iktidara yürüyüşü, ABD ile işbirliği, Irak'tan Körfez ülkelerine kadar bölgedeki Şiileri temsil edecek Necef merkezli bir Şii dinî ve siyasî gücün oluşturulması çalışmaları bu çerçevede yürütülüyor. Bu anlamda İran'la Irak arasında bir temsil krizinin yaşanması ve Ortadoğu'da yeni bir Şii kuşağı oluşturulmasına ilişkin tartışmalara dikkat etmek gerekiyor. AB, Irak Şiilerini iktidara taşıyarak demokrasi konusunda Şii dünyasına model oluşturmak ve bu dünyayı yanına çekmek istiyor.

Arap-Arap olmayan bölünmesi

Bu başlık altında daha derin bir çatışmanın temelleri atılıyor ve İslam dünyası Arap ve Arap olmayan olarak ikiye bölünüyor. Özellikle bir konu son derece dikkat çekici: İslam'ın dinî ve siyasî merkezi, Arap olmayan ülkelere kaydırılacak. Nasıl mı? Araplar Müslüman dünyanın sadece yüzde yirmisini oluşturuyor. Siyasî ve ekonomik olarak geriler. Arap olmayan Müslümanlar bu alanlarda çok daha ileri düzeyde. Buna rağmen Arap dünyası Müslümanlığın çekirdeğini oluşturuyor.

Şöyle deniyor: "İslam dünyasının ağırlık merkezi, Arap olmayan ülkelere kaydırılmalı. Bu dünyanın yenilikçi kesimleri, Güneydoğu Asya ve Batı'daki Müslüman azınlıklar gibi Arap dünyasının dışında yaşıyor. ABD, bu bölgelere yönelmeli. Çünkü bu bölgelerdeki gelişmeler Arap dünyasından kaynaklanan İslam'ın 'ekstrem' yorumları ile mücadele edebilir." Arap dünyası dışındaki İslamizasyonun Arap karakterine dikkat çekiliyor. Ayrıca Afganistan işgali, İran devrimi, Birinci Körfez Savaşı, 11 Eylül ve Irak işgalinin Müslüman dünyasının siyasî eğilimlerini belirlediğine dikkat çekiliyor.

Küresel İstila

22 Şubat 2006'da Irak'ın Abbasi döneminden kalma en önemli kenti Samarra'da, Şiiler'in 12 imamından ikisinin kabrinin bulunduğu türbeye yapılan saldırı, Müslüman dünyayı yepyeni bir krizle tanıştırdı. Etnik çatışmalarla, işgallerle, fakirlikle ve baskıcı rejimlerle boğuşan bölgede, mezhep eksenli çatışma senaryoları gerçek mi oluyordu? İşgalden önce söylenen, ülkenin üçe bölüneceği, etnik çatışmaların yaşanacağı, aynı zamanda şiddetli mezhep çatışmasının Irak'tan bütün bölgeye yayılabileceğine dair tartışmalar, gerçeğe dönüşme eğilimine girdi. Birileri yeni Ortadoğu dizaynı için mezhep çatışmasından çok şey bekliyor ve krizi ısrarla tırmandırıyordu.

Özel birlik üniformalı kişiler, 24 saat korunan türbeye geldi, güvenlik görevlilerini etkisiz bırakıp bombaları yerleştirdi. Uzaklaşmalarından birkaç dakika sonra bombalar patladı. Saldırı hazırlıkları sırasında sokağa çıkma yasağı uygulanan kentte özellikle türbenin olduğu yerler, Amerikan askerleri ve Irak birlikleri tarafından kordon altına alınmış durumdaydı.

Türkiye, İran ve bölge ülkeleri, birlik çağrısı yaptı, mezhep çatışmalarına karşı uyarılar yayınladı. Sünni Müslüman Âlimler Cemiyeti, İslam Partisi, İslam dünyasındaki Sünni liderler, Müslüman Kardeşler Cemaati saldırıyı kınadı ve itidal çağrıları yaptı. Şii dünyasının önde gelen siyasî ve dinî liderleri saldırıyı kınadı. Hepsi türbe saldırısının mezhep çatışması, Şii-Sünni savaşı çıkarmak isteyenler tarafından planlandığını söyledi. Şiiler ve Sünniler, saldırılardan ABD ve İsrail'i sorumlu tuttu.

Ama El Askeri türbesine saldırıdan sonra çılgına dönen kitleler Sünnilere yöneldi. Yüz altmış sekiz camiye saldırı düzenlendi. On imam öldürüldü, on beş imam kaçırıldı. Bakuba'da kırk yedi fabrika işçisi öldürüldü, bir gecede seksen kişinin cesedi bulundu. Dört yüz elli sivil, hayatını kaybetti. Hapishaneler basılıp insanlar kurşuna dizildi. Buna karşı özellikle Bağdat'ta Şiilerin yaşadığı bölgelere bombalı saldırılar düzenlendi, onlarca insan öldü. Üniversitelerden ilkokullara kadar, öğrenciler ve öğretmenler arasında bile mezhep farklılığı çatışma sebebine dönüştü. Basra'da Sünni öğrenciler, Bakuba'da Şii öğrenciler korkuyla yaşamaya başladı.

Farklılıklarımızla bir arada yaşama kültürümüz hızla aşındırılıyor ve keskin bir nefrete dönüştürülüyor. Yaşadığımız coğrafyaya kurulan en büyük tuzak bu. Yüzyıllardır birlikte yaşayan insanlarımız birbirini boğazlıyor.

1982 yılında Dünya Siyonist Örgütü'ne bağlı Enformasyon Dairesi'nin İbranice yayın organı *Kivunim*'de yayınlanan ve Kudüs İbrani Üniversitesi profesörü *Israel Shahak*'ın İngilizce'ye çevirdiği *"The Zionist Plan for Middle East"* (Ortadoğu için Siyonist Plan) başlıklı rapor, yaşananların adresini gösteriyordu.

"Lübnan'ın tam anlamıyla parçalanıp beş ayrı bölgeye ayrılması; içerisinde Mısır, Suriye, Irak ve Arap Yarımadası'nın da bulunduğu bütün bir Arap dünyası için bir örnek teşkil edecektir. Tıpkı Lübnan gibi, Suriye ve Irak'ın da etnik veya dini bölgelere ayrılması şeklinde ortaya çıkacak parçalanma, İsrail'in bölge için uzun vadeli amacıdır.

Suriye, bünyesinde barındırdığı etnik ve dini yapılara uygun bir şekilde birkaç bölgeye ayrılacaktır. Kıyı bölgelerinde Şii-Alevi devleti, Halep civarında Sünni bir devlet, kuzey komşusuyla husumet içerisinde olan bir başka Sünni devlet ise Şam'da kurulacaktır. Dürziler ise başta Huran ve Kuzey Ürdün olmak üzere muhtemelen Golan'ı da içine alabilecek şekilde bir devlet oluşturabilirler.

Araplar arasındaki her türlü iç çatışma kısa vadede bizim lehimize sonuçlar doğuracaktır ve Irak'ın da mezhepler çerçevesinde bölünmesi gibi çok daha önemli hedeflere ulaşılması sürecini hızlandıracaktır. Tıpkı Osmanlı yönetiminde Suriye'de olduğu gibi, Irak'ta da etnik ve dini bölgeler şeklindeki parçalanmışlık mümkün gözükmektedir. Bu çerçevede, üç (veya daha fazla) devlet, Basra, Bağdat ve Musul gibi üç önemli şehir merkezli olmak üzere bir oluşum sergileyecektir. Güneydeki Şii bölgeler, Kuzeydeki Sünni ve Kürt bölgelerinden ayrılacaktır.

Sadece Irak'ta değil, bütün İslam coğrafyasında *farklılıkları çatışmaya dönüştürme* stratejisinin etkileri bu yüzyıla damgasını vuracak gibi. Bölgeye müdahale eden güçler, yeni Ortadoğu dizaynını bu proje üzerinden yürütüyor. Bölgenin direncini kırıyor, enerjisini iç çatışmalara yöneltiyor. Böylece İslam Orta Kuşağı bir yüzyıl daha rehin alınmak isteniyor.

Kaos: Şii-Sünni çatışması

Direnişi mezhep savaşına dönüştürmeye çalışan Sünni örgütlerle, devlet gücünü arkasına alan Şii örgütler arasındaki çatışmanın çok örnekleri görüldü. İşgalden hemen sonra Şii liderlere, camilere, Sünni din adamlarına ve siyasi liderlere yönelik karşılıklı saldırıların birçoğu, ülkedeki yabancı istihbarat servisleri tarafından düzenlendi. Bu örtülü operasyonlarda, sabotajlarda yüzlerce insan öldü. Provokasyonlarla, iki kesim birbiriyle açık çatışmaya hazır hale getirildi. El Kaide ya da Ensar es Sunne adlı örgütlerin Şiilere yönelik saldırıları, Irak İslam Devrimi Yüksek Konseyi'nin silahlı gücü olan Bedir Tugayları'nın Sünni direnişçilere ve sivil halka yönelik saldırı ve zulümleri endişe ile izleniyordu. Irak'ta etnik ve mezhep eksenli çatışmaya ayarlı stratejiler, iki kesim arasındaki farklılığı ürpertici bir düşmanlığa dönüştürdü.

ABD'nin Felluce ve Telafer saldırılarına katılan Bedir Tugayları ve Kürt birlikler, kitle katliamlarında önemli roller üslendi. Dört yandan kuşatılan Felluce, dünyanın en güçlü ordusuna, en aşağılık işbirlikçilerine, en kirli işgaline direndi. 'Kutsal petrol' ile 'Tanrı'yı birbirine karıştıran, haçlı ruhunu yeniden canlandıran, bu topraklara yüz binlerce asker yığan, vahşetin her türlüsünü sergileyen neo-faşist ittifak, Felluce gibi birkaç yüz bin nüfuslu bir kentle boy ölçüşüyor, onu yok etmeye çalışıyordu. Kitle imha silahları kullanılan saldırıda Irak için en ürkütücü olan, Şii ve Kürt birliklerinin ABD ordusuyla birlikte Felluce halkına saldırmasıydı. Sünni Arap direnişe karşı Şii Arap ve Sünni Kürtlerin işgalcilerle işbirliği söz konusuydu. Kürtlerin en eğitimli askerî birliği olan 36. Tabur, Felluce'ye saldırıyordu. Irak İslam Devrimi Yüksek Konseyi'ne bağlı ve büyük oranda İran istihbaratçıları tarafından yönetilen Bedir Tugayları da Felluce'ye saldırıyordu. ABD, Şiileri ve Kürtleri bu saldırıda etkin biçimde kullanarak Irak'ın parçalanmasın önünü açtı. Amaç, sadece direnişi kırmak değildi; amaç bu kamplaşmayı keskinleştirmek, etnik ve mezhep eksenli bölünmenin temellerini atmaktı. Başarıldı da...

Irak İçişleri Bakanlığı binasında bile bulunan gizli işkence merkezi, toplu infazlar, evlerinden sürülen aileler ve bütün dünyada tartışılan "ölüm mangaları"nın Bedir Tugayları ile bağlantılı olduğu belirtiliyor. Bin beş yüz Irak polisi "ölüm mangaları"yla bağlantılı olmaktan sorgulanıyor. Irak polisi Şiilerin kontrolünde. Ama bu katilleri kimlerin yönettiği bilinmiyor.

İşgalin ilk aylarındaki Şii ve Sünni liderlerin birlik çağrıları, zamanla etkisini kaybetti. Sünniler Şiileri işgalcilerle işbirliği yapmakla, Şiiler de Sünnileri terörist olmakla suçladı. Devlet olan Şiilerle, direnişçi olan Sünniler arasında mezhep kimliği üzerinden bir iktidar mücadelesi başladı.

İslam dünyasının geleceğinde en büyük yıkıma neden olacak bu düşmanlık, Irak sınırlarını aşıp bütün bölgeye yayılacak gibi. Ne yazık ki, İslam Konferansı Örgütü, tehlikeyi şu ana kadar görmek bile istemedi. Ilımlı İslam için harcadığı mesainin birazını bile bu vahim gelişmeye ayırmadı. İKÖ neden bir şey yapmadı? İki ülke işgal edildi, sustu. Hâlâ susacak mı? İşgalden bu yana çağrılar yapılıyor, yaklaşan tehlikeye dikkat çekiliyor, kurulan tuzağa işaret ediliyor. Oysa İKÖ hiçbir adım atmadı. İslam dünyasının bundan daha derin bir sorunu var mı? Neden hâlâ harekete geçilmiyor? Türkiye, İran, S. Arabistan, Mısır... Neden bekliyorlar?

Ayrışma derinleşiyor

Irak işgalini yeni bir Şii devletinin kuruluşu olarak algılayan İran, birkaç sağduyu çağrısının dışında, konuyla ilgilenmedi. Tam tersine, bölgesel ve kısa vadeli çıkarlarını önceledi. S. Arabistan, Mısır ve Türkiye de konunun vahametini yeterince kavrayamadı. Çünkü Sünni kökenli ülkeler, olaya Afganistan'dan Lübnan'a uzanacak bir Şii kuşağı endişesiyle baktılar. Müslüman dünya, sorunun kökenlerini hâlâ göremiyor. Şiiler Şii çıkarlarını, Sünniler Sünni çıkarlarını öne alarak hareket ediyor. Oysa bölgenin bütün farklılıklarını düşmanlığa dönüştüren bir büyük proje var ve uygulanıyor.

Bir süre sonra her şey kontrolden çıktı. Irak'ın özgürlüğü için, Müslümanların onuru için mücadele etmesi gerekenler birbirlerini boğazlamaya başladı! O kadar işgal, o kadar işkence, o kadar yağma, o kadar aşağılama, o kadar esir kampı, bölge insanının aklını başına getirmeye yetmedi. Amerikan ordusu oradaydı, İngiliz ordusu oradaydı, İsrail istihbaratı oradaydı, istihbarat örgütlerine bağlı terör örgütleri oradaydı... Ve onlar birbirlerini öldürmeye, toplu infazlar yapmaya, camileri ateşe vermeye başladılar. Hastane morglarına her ay binlerce ceset geliyor. ABD/İngiliz işgalinden bu yana çok ağır bedel ödeyen, kitle katliamlarına maruz kalan, namusu, onuru, özgürlüğü ve zenginlikleri çalınan Irak, kendini yemeye başladı. İslam'ın kutsalları üzerinden bir iç savaş yaşanıyor. Camilere, türbelere saldıranların; Guantanamo'da, Ebu Gureyb'de Kur'an nüshalarını tuvaletlere atanlardan ne farkları kaldı? Sorduğunuzda hepsi İslam adına, Müslümanlık adına savaşıyor! Camileri yakarken, içindekileri öldürürken, camilerle birlikte Kur'an nüshalarını yakarken hangi Müslümanlığı temsil ediyorlar!

Kimi öldürülmüş, kimi yakılmış, kimi kafasından kurşunlanmış. Çoğunun kimliği bile tespit edilemedi. Devlet gücünü, işgalcilerin gücünü kullanan bazı gruplar, kurdukları "ölüm mangaları"yla ülkenin her yanında direnişçilere, onlara yardım edenlere karşı kirli bir savaş yürütüyor. Yüzlerce kişinin cesedi bulundu. Hepsi toplu infaz kurbanı.

Faili meçhul saldırıların hepsini onlar planladı. Bazılarını kendileri yaptı, bazılarını "Müslüman" kimlikli taşeronları. Bu taşeronlar, öyle birkaç kişilik çeteler değil; Irak'ın geleceğini belirleyecek güçte örgütler, cemaatler. Üç kuruşluk çıkarları, iktidarları için kendi kutsallarını bile satan güçler bunlar! Irak bir Şii devlet olsa ne olur, Sünni devlet olsa ne olur! Bu halde hiçbir zaman onların olmayacak. Irak sömürge, onlar da kiralık katiller olarak anılacak!

Tarihi Trajedi: Şii-Sünni Duvarı

Mezhep üzerinden etkinlik ve siyasi iktidar kavgası, bölgeyi kalın duvarlarla iki düşman kampa ayırmaya doğru sürüklüyor. Suudi Arabistan'ın Irak sınırına kurmayı planladığı güvenlik duvarı, belki de zamanla Şii-Sünni duvarı olarak anılacak. Çin Seddi'nden Orta Çağ'ın -burçları yıldızlara uzanan- kalelerine, Berlin Duvarı'ndan İsrail'in Filistin topraklarını çalmak için planladığı Utanç Duvarı'na kadar, şehirleri, ülkeleri, milletleri bölmek için nice kalın duvarlar inşa edildi. Berlin Duvarı dünyanın ikiye bölünmüşlüğünün simgesiydi. Dünya, iki kamp arasında kalmanın sayısız trajedisini yaşadı.

Soğuk Savaş döneminde ülkeler arasındaki ideolojik kamplaşma, akraba milletler ve topluluklar arasında görünmeyen sayısız duvar inşa etti. Ulusal sınırlar Çin Seddi kadar kalın, Çin Seddi kadar uzun ömürlüydü. Ama elli yıl sonra darmadağın oldu. Türkiye ile Suriye arasındaki "duvar"ın sınırda değil, zihinlerimizde olduğunu, gönüllerimizi ayırmak için inşa edildiğini ancak birkaç yıl önce fark ettik. Suriye/Irak arasında sınır çizgisi yoktu. Şam'ın bizim şehrimiz olduğunu, Bağdat bombalanırken içimizden bir şeylerin kopup gittiğini, İsfahan'ın kaderinin İstanbul'la birlikte yazıldığını gördük.

Yirmi birinci yüzyıl medeniyetler, kimlikler, kültürler ekseninde ve yine güvenlik merkezli olarak dünyayı yeniden duvarlarla parçalıyor. İsrail'in Utanç Duvarı bunun ilk örneği idi. ABD, Meksika sınırında duvar inşa ediyor. Çünkü Latin Amerika'da sol ve Amerikan karşıtlığı yükseliyor. Rusya, Çeçenistan sınırında duvar inşa edecek. Bu sınır hem Atlantikçi güçlerle arasındaki çatışmanın ön cephesi olacak, hem de istekle yakınlaşmaya çalıştığı Müslümanlarla arasına kalın bir çizgi çekmeye yarayacak.

Ama bizi en çok üzen, şaşırtan ve korkutan, Suudi Arabistan'ın Irak sınırı boyunca duvar inşa etme kararı oldu. Riyad yönetimi, Irak'tan gelecek "terör"ü önlemek için sınır boyunca dokuz yüz kilometrelik duvar inşa etme kararı aldı. Milyonlarca dolara mal olacak "duvar" için ihaleler açıldı. Resmî gerekçe, El Kaide sızmasını önlemek. İki hat halinde inşa edilecek duvarın gerçek sebebi ise, Şii yayılması.

Tarihte ilk kez Müslümanlar kalın duvarlarla birbirlerinden ayrılıyor. ABD ve müttefiklerinin yeni Ortadoğu dizaynı, İslam dünyası ve Müslümanları böyle kamplara ayırıyor. Yirminci yüzyılda ulusal sınırlarla onlarca devlete bölünen Ortadoğu halkları şimdi de etnik ve mezhep farklılıkları ile çok daha derin ve tehlikeli şekilde karşıt cepheler şeklinde konumlanıyor.

Irak'taki mezhep çatışması bu amaçla çıkarıldı. Şii-Sünni krizi Pakistan'dan Lübnan'a uzanacak şekilde provoke ediliyor. Bir taraftan Şii kuşak oluşturulurken diğer taraftan Sünni refleks için bölgesel planlamalar yapılıyor. Bu süreç, yarın Afganistan/İran arasında, Lübnan topraklarında, Ürdün/Irak topraklarında, Irak'ın orta yerinde, Bağdat'ı ikiye bölecek şekilde yeni duvarlara öncülük edecek. Belki Türkiye/İran arasında da benzerleri olacak. Belki Suriye'nin parçalanmasıyla yeniden çizilecek sınırlar, duvarlar kadar kalın ve aşılmaz olacak.

Bu coğrafyanın "akıllıları"nın Irak'ta planlanan mezhep çatışmasının nerelere uzanacağını görememesi çok büyük bir zaaf. Çatışmanın birçok ülkeyi parçalara ayıracağını bilmeliler. Krizi yayılmadan dondurmak mümkünken; İran, Türkiye, S. Arabistan'ın bunun için bir şeyler yapabileceği bilinirken, Şiilerin ve Sünnilerin "akıllıları" aptalca denemelere giriştiler. İran ve Suriye'yi dışarıda tutarak Irak'taki mezhep krizine müdahale etmeye çalışıyorlar. İran ve Irak'taki Şii örgütler, mezhep kimliği ile Sünnilere karşı savaş yürütüyor. Onlarsa mezhep krizini devletler düzeyine çekiyor.

"İçimizdeki beyinsizler" bu haldeyken başkalarının bu topraklarda bir şeyler yapmasına gerek var mı? S. Arabistan, Ürdün ve Mısır'ın yanlış adımları, İran'ın ihtiraslarıyla birleşince ortaya korkunç bir tablo çıkıyor. Ne olacak? Şii blok ile Sünni blok çok yakında belki bu yüzyıla damgasını vuracak çatışmaların içine çekilecek. Bu da yepyeni savaşlar, bölünmeler, trajediler demektir. Hangi devlet kendini duvarlarla koruyabildi? Bu duvarların kaç yıl ayakta kalacağını sanıyorlar? Yirmi birinci yüzyıl için buldukları tek çözüm yolu bu mu olmalıydı?[1]

Çatışma Irak'la sınırlı kalmayacak

İşgalin kimlikler, değerler, kutsallar üzerinden kendini sağlama almaya çalıştığı bir Irak manzarası var önümüzde. Yeni bir aşama bu. Önceki dönemden farkı, artık Irak'taki hiçbir gelişmenin Irak topraklarıyla sınırlı kalmayacak olması. Filistin'deki yeni durum, İran'a yönelik küresel abluka ve Türkiye'nin hem Irak'a yönelik inisiyatif arayışı hem de İran krizine bakışında yaşanabilecek değişimi birlikte değerlendirmek zorundayız. Tahran'ın Venezüella, Suriye ve Küba'dan başka destek bulamadığı gerekçesinden hareketle, Türkiye'nin İran krizine ABD ile aynı gözlükle bakma kolaycılığına düşmemesi gerekiyor. ABD basınının "Türkiye'nin nükleer silahlanmaya gidebileceği"ne, mezhep çatışması çıkması durumunda "Irak'a müdahale edebileceği"ne yönelik yayınlarının arttığına da dikkat edilirse, bu tarz bir bakışın, Irak işgalinden daha vahim sonuçlar doğuracak bölgesel ayrışma sürecine hizmet edeceğinin bilinmesi gerekiyor. Mezhep gerilimi, ancak üç ülkenin işbirliği ile çözülebilir; Türkiye, İran

---

1   12 Nisan 2006'da bu duvarın hikâyesini, gazetedeki köşemde yazmıştım. Yazının yayınlandığı gün S. Arabistan'ın Ankara Büyükelçiliği'nden bir açıklama geldi. Şöyleydi: "Gazetenizde 12.04.2006 Çarşamba günü Sayın İbrahim Karagül'ün kalemi ile "Bir bu eksikti! Şii-Sünni duvarımız da olacak artık!" başlığı ile yayınlanmış yazı konusunu tekzip eden S. Arabistan Krallığı İlgili Makamları'nın açıklaması ekte bilginize sunulmuştur." Ekte ise, Krallık İçişleri Bakanlığı'nın Sözcüsü'nün ağzından "Güvenlik Duvarı" planı olmadığı net bir şekilde ifade ediliyordu.

Bu yazıdan yedi ay sonra Türkiye ve dünya basınında duvar'ın gerçek boyutları resmîleşti. Habere göre Suudi yönetimi, "İslamcı militanlar"ın sızmasını önlemek için Irak sınırına dokuz yüz kilometrelik duvar örmeye hazırlanıyor. O zamanki yazım, Suudi İçişleri Bakanlığı tarafından yalanlanmıştı. Ama bu sefer bilgiyi aynı İçişleri Bakanı Prens Nayef verdi: Askeri karakollar ve gözlem noktaları içeren dev proje, on iki milyar dolara mal olacak. Çalışmalar 2007 yılında başlayacak, proje 5-6 yıl sürecek. Tel örgü mü yoksa İsrail'in ördüğü 670 kilometrelik "Utanç Duvarı" gibi mi olacağı henüz netleşmemiş. Teknik ayrıntılar bir tarafa, amacı ve siyasi hedefi bana göre "militan sızması"nı önlemenin çok ötesinde. Şiiler ile Sünniler arasında belki de bu yüzyıla damgasını vuracak derin bir bölünmenin simgesi olmaktan başka bir şey değil.

ve S. Arabistan. Bu üç ülkenin birlikte hareket etmesi; Türkiye ve S. Arabistan'ın, İran'ın genişleyen nüfuzunu kırmak için 'Sünni reaksiyon'un sözcülüğüne soyunmaması gerekiyor. Ancak, tam tersi bir süreç işletilmeye çalışıldı. Türkiye, S. Arabistan ve Ürdün'ü içine alan, İran'ı dengelemeye yönelik bir çalışma bu. Tahmin edeceğiniz gibi, bu projenin mimarlarıyla Irak'taki kirli savaşın mimarları aynı. Türkiye'nin İran ve Suriye ile ilişkilerini gerecek, dolayısıyla ABD ve İngiltere'nin önünü açacak bir çalışma. 1996'ların Türk-İsrail ekseni gibi, yeni bir Ortadoğu direnci. Buna en çok sevinecek ülkelerin başında İsrail'in olacağından kuşku yok.

Neden? Çünkü Irak'ta yaşanan iç çatışmadan ve İran krizinden en kârlı çıkan ülke İsrail. Irak gibi caydırıcı bir güçten kurtuldu. İç savaş, bu topraklarda yeni bir gücün çıkışını uzun yıllar imkânsız hale getirecek. Suriye, İsrail için caydırıcı bir güç değil. Hizbullah ve Hamas'ın etkisi de sınırlı. Mısır'la sorunu yok. Ürdün zaten kontrol ettiği bir ülke. S. Arabistan ise petrol imtiyazını kaybettirecek bir bölünme tehdidi altında. Onun için tek caydırıcı güç, İran! İran'ın nükleer silahı yok ama İsrail'in elinde en az iki yüz nükleer bomba var. Bu halde yine İsrail tehdit altında! Ve dünya bu tehdidi ortadan kaldırmak için saf tutmuş, Türkiye'yi yanına çekmeye çalışıyor.

İsrail'in NATO koruması altına alınmasına yönelik çalışmaların amacı, İsrail'i sadece İran tehdidinden değil, Ortadoğu'nun geleceğini etkisi altına alacağı hesaplanan "İslam tehdidi"nden de korumak! Türkiye'nin tek taraflı yaklaşımı, örgütler üzerinden yaşanan mezhep eksenli ayrışmayı devletler düzeyine taşıma ihtimalini barındırıyor. Bu durum, Türkiye'yi hem mezhep savaşının içine çekecek hem de İran cephesine. İşte bölgede asıl kaos o zaman yaşanacak.

Yeni bir Ortadoğu Ekseni kuruluyor. Türkiye'nin de doğal olarak içinde bulunduğu, ama özellikle Suudi Arabistan, Mısır, Ürdün ve Lübnan gibi ülkeleri bir araya getirmeyi amaçlayan, özünde ılımlı Sünnilerden oluşan bir Amerikan projesi. 1950'lerin "Bağdat Paktı" benzeri yeni bir yapılanma. Bir yönüyle Büyük Ortadoğu Projesi (BOP) kapsamında olan, diğer yönüyle BOP'un başarısızlığını telafi etmeyi amaçlayan, ama bölge ülkelerini İsrail'le "stratejik konsensüs" oluşturmaya yönelten, Arap dünyasındaki İran korkusu üzerine şekillendirilen bir çaba.

Soğuk Savaş'tan hemen sonra tasarlanan, 1995'lerde somutlaştırılan ve Yeni Ortadoğu dizaynına girişen "ABD-Türkiye-İsrail-Ürdün ittifakı"nın bir başka formatı bu. Ilımlı ve otoriter Sünni ülkelerden oluşturulan ve "şimdilik" konsensüs olarak tanımlanan oluşum, öncelikle İran'ı ve Suriye'yi tecrit etmeyi öngörüyor. Ama asıl hedefi çok daha büyük: Radikal İslam tehdidini kontrol altına almak.

Oluşumun dikkate aldığı ciddi bir konu var: İran-Irak savaşıyla başlayan mezhep eksenli bölünmenin, bölgesel bir savaşa yol açacağı öngörüsü. Irak'taki iç çatışmada da gözlemlediğimiz tehlikenin, İran'ın orantısız güç ve nüfuz elde etmesi halinde bütün bölgeye yayılacağı, bir "Şii Hilali" oluşmasının aynı zamanda birçok cephede savaş anlamına geldiği, dolayısıyla İran'ın dizginlenmesi gerektiği düşüncesi hakim. Türkiye dahil, bölge ülkeleri, aslında mezhep farklılığını çatışmaya dönüştüren ABD'nin beslediği canavara karşı ortaya attığı çözüm önerisine yakın. Bu nedenle, ABD-İran krizinin arkasında S. Arabistan ve Mısır gibi bölge ülkelerinin de bulunduğunu söylemeye gerek yok.

İsrail-Hizbullah çatışması bu süreci hızlandırdı. Bazı kaynaklar, İsrail-Hizbullah çatışmasının en yoğun olduğu günlerde S. Arabistan'dan üst düzey bir yetkilinin İsrail Başbakanı Ehud Olmert'le görüştüğünü, bu görüşmeden sonra S. Arabistan, Ürdün ve Mısır'ın Hizbullah'a tavır aldığını iddia ediyor.

Yeni "konsensüs"ün çok önemli bir amacı daha var. İsrail'le yakınlık... Artık bölgede ideolojik değil, jeopolitik hesaplar öne çıkmış durumda. Ancak bütün hesaplar, her zamanki gibi, ABD ve iki müttefikinin Ortadoğu'yu denetlemesine ayarlı. Proje; ılımlı ve otoriter Arap rejimlerini, İsrail'le aynı safta birleştirmeyi hedeflese de, başarı şansı zor gibi. Çünkü iktidarların eğilimleri ile kitlelerin eğilimi tam ters yönde ilerliyor.

İran-Irak Savaşı (1980-88) bir Sünni-Şii mezhep savaşıydı. Suudi Arabistan ve Pakistan stratejik ilişkileri kapsamında Keşmir'de yapılan, Taliban ve mücahitlere yönelik anlaşma, 'İran'ın ideolojik etkisini yok etmek' amacıyla düzenlenmişti. Bugün Şiiler, bundan daha fazlasını istiyor. Sadece yaşadıkları bölgede değil, bütün İslam coğrafyasında güç olmak istiyorlar. Tarihsel sömürgeciliğe karşı çıkanlar, bugünkü işgalleri yargılayanlar, bu coğrafyanın refah ve özgürlüğünü savunanlar, bu kimlik savaşının önüne geçmek zorunda. Aksi takdirde bu keskin ve kanlı hesaplaşmadan kimlerin kazançlı çıkacağını hepimiz biliyoruz.

Yeni Soğuk Savaş: Türkiye-İran Çatışması

ABD-İran krizinin Türkiye'deki algılanışı üzerinde, ABD ve İsrail lobisinin etkin hakimiyeti var ve ne yazık ki, krizin vahim boyutları gizlenerek süreç basit kavramlarla, imaj operasyonlarıyla pazarlanıyor. Gelecekte Türkiye ile İran arasında bir çeşit Soğuk Savaşın yaşanması muhtemel. Çünkü her iki ülke de, Doğu ile Batı'nın çatışma alanı üzerinde duruyor. Bize gösterilenden çok farklı bir dünyanın şekillendiğini İran örneğine bakarak irdeleyelim:

İran, dünyanın en büyük krizinin merkezinde ama krizin sebebi, sadece İran'ın nükleer çalışmaları değil. Tahran'ın kartları sanıldığından daha güçlü. Hem enerji projelerinin kilit ülkesi, hem de Atlantik ve Asyalı güçler arasındaki çatışmanın meyvelerini topluyor.

ABD, İngiltere, Rusya, Çin, Fransa ve Almanya arasında yeryüzünün tamamını kapsayan bir kaynak/pazar savaşı yürütülüyor.

Bütün iç çatışmaların, gerilimlerin, sınır değişikliklerinin, ekonomik ve siyasi bunalımların kaynağı da bu paylaşım mücadelesi. Rusya ve Çin'in İran'ı gözden çıkarma lüksü yok. Tahran'ı daha da silahlandırıp, elini güçlendirecekler. İran ordusunu ileri derece teknoloji silahlarıyla donatacakları gibi, Ortadoğu ve Hazar enerji kaynakları üzerindeki ABD karşıtı savaşı şiddetlendirecekler. Bu çatışma, Ortadoğu/Orta Asya ekseninde yakın zamanda çok ciddi gelişmelerin olacağına işaret ediyor.

ABD'nin Orta Asya projesi çöküşe geçti. Kırgızistan'da istenilen denetim kurulamadı. Özbekistan, ABD aleyhine döndü. Orta Asya politikasının merkezindeki Kazakistan; Rusya, Çin ve Hindistan'la büyük enerji projelerine girdi.

Şanghay İşbirliği Teşkilatı, Haziran 2006'daki zirveye İran'ı da davet etti. Rusya, Çin ve Orta Asya ülkelerinden sonra Pakistan, Moğolistan ve İran da teşkilata katılıyor. Bu ülkeler, teknolojiden silaha, para politikasından enerjiye kadar ABD'yi by-pass eden alternatiflere yöneldi.

Bush'un Çin'i dengelemek için öne çıkardığı Hindistan, hem Şanghay Birliği'ne davet ediliyor, hem İran'la milyarlarca dolarlık enerji anlaşmaları yapıyor.

Şanghay Birliği, Asya Ortak Enerji Birliği'ni oluşturacak: Dünyanın en büyük doğalgaz üreticisi Rusya, ikinci üretici İran, dünyanın ikinci petrol üreticisi Rusya ve Rus-Çin etkisindeki Orta Asya ülkeleriyle birlikte yeni bir güç doğacak. Dünyanın en büyük petrol üreticisi S. Arabistan'ın Rusya ve Çin'le yaptığı milyarlarca dolarlık enerji/savunma anlaşmalarını da buraya eklemeliyiz.

Dünya büyük bir bunalımın, tehlikeli bir kamplaşmanın eşiğinde. İran krizi, bu kamplaşmanın sadece bir boyutu. Türkiye ve İran, bu tehlikeli kapışmanın tam merkezinde ve en çok zarar görecek iki ülke. İki ülke, bloklar çatışmasının ileri karakolu haline geliyor. Adeta sinir uçlarını oluşturuyor. Çünkü Türkiye Batı'nın, İran ise Asya'nın ileri karakolu olarak öne çıkıyor.

Bu durum, Ankara ve Tahran arasında, kendileri istemese de, ciddi krizlerin çıkmasına, soğuk savaşın yaşanmasına neden olabilir. Asyalı güçler ile Batı arasındaki gerilim, bu soğuk savaşı her an sıcak çatışmaya dönüştürebilir. Sonu ne olur? İki ülkenin de yıkımı! Ama savaşın gerçek aktörleri için iki ülkenin yaşayacağı yıkım, göze alınmayacak bir sonuç değil. Türkiye ve İran parçalara ayrılsa, ABD, Rusya ya da Çin ne kaybedecek? Türkiye ve İran arasındaki işbirliği, bütün bölgeye istikrar; çatışma ya da düşmanca rekabet ise, kaos getirecek. Türkiye, İran-Suudi Arabistan arasındaki mücadelede arabulucu da olabilir, böylece bölgeyi sarması hesaplanan mezhep krizinin önüne geçilebilir. Bu yönleriyle iki ülke arasındaki ilişkiler, bölgenin geleceğini belirlemede birinci derecede etken olacaktır.

Kontrollü rejimler, öfkeli kitleleri temsil etmiyor

ABD eski Dışişleri Bakan Yardımcısı Marc Grossman, Türk-Amerikan ilişkilerinin seyrini İran meselesinin belirleyeceğini söyledi. Almanya Başbakanı Angela Merkel, Başbakan Tayip Erdoğan'ı arayıp, "Önce yaptırımlar uygulanacak. Ardından askeri harekât gelecek" diyerek İran'a durumun vahametini kavratmak için destek istedi.

Washington'da yapılan Türk-Amerikan Konseyi toplantılarının ana konusu, İran'ın nükleer silahları ve ABD ile Türkiye'nin yaklaşımı oldu. Toplantıda konuşan Genelkurmay Plan ve Prensipler Dairesi Başkanı Korgeneral Akın Zorlu, "Bölgemizde nükleer silahlara sahip ülke istemiyoruz" derken aynı toplantıda Pentagon'u temsil eden Koramiral William Sullivan, İran konusunda ABD ile Türkiye'nin aynı düşüncede olduğunu iddia etti.

İran'a karşı Türkiye'nin de nükleer silahlar edinmesi tartışılıyor. Rusya ile 18 Müslüman ülke arasında "stratejik vizyon grubu" oluşturuluyor. Arap Birliği Genel Sekreteri Amr Musa, Başbakan Erdoğan'ın da katıldığı, Sudan'ın başkenti Hartum'daki toplantıda; Arap liderlere şu çağrıyı yaptı: "Nükleer kulübe girin! Barışçıl nükleer enerji girişimleri başlatın!"

Bölgeyi ve İran'ı nasıl bir kriz bekliyor? Türkiye nasıl bir çatışmanın merkezinde kalacak? Batı, Irak işgalinden sonra hem bu ülkede hem de bütün bölgede çıkarmayı planladığı mezhep eksenli kamplaşmayı, bir yandan Suudi-İran çatışması halinde uygulamak, diğer yandan Türkiye'yi İran'a karşı cepheye sürerek gerçekleştirmek istiyor.

İsrail'e yönelik nefretle, Arap rejimlere yönelik öfke arasında kıyaslama yapsak nasıl bir sonuç çıkar ortaya? Mısır yönetimine, S. Arabistan yönetimine, Ürdün yönetimine yönelik öfke, İsrail'e yönelik düşmanlığa paralel olarak hızla tırmanıyor. Bu rejimlerin ABD ve İngiltere'nin Ortadoğu politikalarının önünü açmaları, kendi halklarının sesine kulak tıkamaları, İsrail'in Lübnan saldırıları için mazeret üretmeleri, mezhep farklılığını gerekçe göstererek İsrail saldırılarını adeta alkışlamaları, bu yolla hem derin bir düşmanlığı tahrik etmeleri hem de rejimlerini kurtarmak için ABD ve İngiltere'nin gözüne girmeye çalışmaları kendilerine yönelik kitlesel öfkeyi patlama noktasına getirdi.

ABD korkusundan İKÖ toplantısına bile katılamayan rejimler, Amerika'nın; kitleler ise Lübnan halkının yanında. Öteden beri var olan bu ayrışma, iktidar elitlerinin sonunu getirecek güçlü bir dalgaya dönüşüyor. Lübnan'ı parçalama senaryoları daha da somutlaşır, Suriye'yi işgal süreci başlarsa Arap dünyası asıl savaşı kendi içinde ve rejimlerine karşı yapacak.

İsrail, Güney Lübnan'a saldırırken, Kahire'de yapılan Lübnan'a destek gösterisinde Hüsnü Mübarek için "İsrail'in Mısır Elçisi" sloganları atıldı. Rejim yanlısı dini liderler, Hizbullah karşıtı fetvalar yayınlarken, bölgenin gerçek liderleri ABD-İngiliz-İsrail cephesinin bütün kirli ilişkilerini ortaya döktü. Suudi ailesine bağlı Şeyh Abdullah bin Cebr; "Hizbullah'ı desteklemek, başarısı için dua etmek haramdır. Sünniler Hizbullah'ı kınamalı.

Ona sempati besleyenlerle arasına mesafe koymalı" sözleriyle "Hizbullah'ın başarısı için dua etmenin bile haram olduğunu" söylerken, S. Arabistanlı âlimler ve entelektüeller bu fetvaya karşı harekete geçti. Hizbullah lideri Hasan Nasrallah'a destek verdiklerini belirten grubun sözcüsü Şeyh Selman el-Avde, dünya Müslümanlarının Lübnan halkı yanında olmasını ve onlara gereken insani, maddi ve manevi yardımları esirgememesi gerektiğini söyledi. Yine S. Arabistan'da halk, Hizbullah'a destek için birbirine cep mesajları gönderdi, rejiminin aksine Hizbullah ve Lübnan'a destek için boykot çağrıları yapıldı, Riyad'da bir milyon bildiri dağıtıldı. Mezhep savaşı projelerine, bu savaşta yer almaya can atan bölgesel yönetimlere karşı kitleler, asıl tehdidin dış müdahale olduğunu, bu çatışmanın içine sürüklenmek istemediklerini her fırsatta ifade etmeye çalıştı.

Mısır yönetimi, ABD ve İsrail'in Lübnan senaryosunu meşrulaştırmak için, mezhep farklılığı silahını kullanırken, Sünniliğin kalesi olan Ezher Üniversitesi öğrencileri Lübnan ve Hizbullah'a destek gösterileri yaptı. Fransa'daki başörtüsü yasağına destek veren dini liderler, Hizbullah karşıtı fetvalar yayınlarken, bazı dini liderler, aydınlar, gazeteciler ve halk dayanışma çağrıları yaptı. Dünyanın en büyük Sünni cemaati olan Müslüman Kardeşler, Lübnan halkına ve Hizbullah'a tam destek veren açıklamalar yayınladı. Hizbullah saflarında savaşmaları için on bin savaşçıyı Lübnan'a göndermeye hazır olduğunu duyurdu.

Irak'ta bazı Şii ve Sünni grupların kör bir düşmanlıkla yakalandıkları mezhep çatışması tuzağı, rejimlerin katkılarıyla derinleştirilmeye çalışılırken, kitleler saldırıya uğrayan her ülkeye, her topluma mezhep farklılığı gözetmeden açık destek verdi. Rejimlerin ilkel aşiret politikalarının fersah fersah ilerisinde olan kitleler, tehlikenin aslında ne olduğunun farkında. Bu bilinç hem ABD ve İsrail için, hem de baskıcı rejimler için tehlike çanları anlamına geliyor. Yine İsrail Lübnan'a saldırırken, bazı ülkeler bu saldırıyı Hizbullah'ı gerekçe göstererek mezhep farklılığı temelinde görürken, yüz yetmiş civarında Müslüman âlim ve entelektüelin yayınladığı bir bildiride şu ifadeler yer aldı:

"Ey Müslüman ülkelerin liderleri! Haçlı Siyonist tufanın zararlarından ancak Allah'ın ipine sarılarak ve ümmetin birliğini temin ederek korunabiliriz. Bu tufan önlenemez ise zararını hepimiz çekeriz fakat bu durumda hükümetlerin zararı, halkın zararından daha büyük olur. Bizler sizlerden İsrail ile yaptığınız gizli açık tüm siyasal ve ekonomik ilişkileri kesmenizi ve bizlere ölüm, yıkım, zillet ve tefrikadan başka hiçbir şey getirmeyen 'Barış Evhamları'ndan vazgeçmenizi istiyoruz. Ey Müslüman yöneticiler! Sizleri Allah için uyarıyor ve tarihten ders almaya çağırıyoruz. Yaptıklarınızı ne halk ne de tarih unutacaktır. Sizden önceki liderlerden de mi ibret ve ders almazsınız?!"

Bölgedeki kontrollü rejimler, Afganistan işgal edilirken de, Irak işgal edilirken de aynısını yaptılar: ABD ve İngiltere'nin önünü açtılar. İslam dünyasını uyutmak için çalıştılar. Irak'ta iç savaş, etnik savaş, mezhep savaşı projelerine kapı araladılar, destek verdiler. Filistin'deki işgali ve insanlık trajedisini yıllarca istismar ettiler; kendi halklarının öfkesini kontrol altına almak için Filistinli çocukların kanını kullandılar! Onlarca yıldır Ortadoğu'da yaşanan işgallerde, insanlık dramlarında, sömürüde, onursuzlukta, aşağılanmada, yoksullukta, yolsuzlukta ve kaosta hep en önemli rolleri üslendiler. Kendi haklarını, bölgenin insanlarını, refahını değil, patronlarının çıkarlarını öncelediler; onların bekçiliğini yaptılar, onlar için kendi halklarını kıyımdan geçirdiler. Bu onursuzlukları sergilerken gerekçeleri, bazen Taliban'dı, bazen Saddam'dı, bazen mezhepti, bazen terördü.

Lübnan'a yönelik ABD-İsrail saldırısı, tüm gaddarlığı ile devam ederken; S. Arabistan'ın, Mısır'ın ve Ürdün'ün, saldırıdan Hizbullah'ı sorumlu tutmaları, İsrail'e karşı seslerini yükseltememeleri, ABD'yi ağızlarına bile alamamaları, Arap Birliği zirvesinde sergiledikleri tutum ne utanç verici! Lübnan'da ve bazı bölge ülkelerinde, siyasi liderler İsrail'e gizliden destek vererek saldırıyı sürdürmesini istediler. Amaçları, Hizbullah gibi bir örgütü tasfiye etmekti. ABD, İsrail ve bazı liderler aynı safta birleştiler. Oysa bombalanan, Hizbullah değil; Lübnan'dı. Tıpkı Irak gibi! Beyrut harabeye dönerken onlar iktidarlarını koruma telaşı içinde kendi toplumlarına, kendi coğrafyalarına, kendi tarihlerine sövmeye devam ettiler.

Bunlar olurken, S. Arabistan'la ABD arasında 6 milyar dolarlık silah anlaşmaları imzalanıyordu. Black Hawk ve Skorsky helikopterleri, 724 tane askeri araç, iletişim sistemleri ve askeri mühimmat için imzalar atılıyordu. Bu açıklamalar yapılırken S. Arabistan ile İngiltere arasında 10 milyar dolarlık savaş uçağı anlaşmaları için son görüşmeler gerçekleşiyordu. 71 Eurofighter savaş uçağını içeren pazarlıklar yapılırken Lübnan'ın canı cehennemeydi! Filistin'in canı cehennemeydi! Irak'ın canı cehennemeydi!

Bu ilkel, bu kör, bu akılsız kafalar yüzünden onlarca yıldır bölge insanlarının yüzü bir kez olsun gülmedi. Aşağılanmanın her türünü yaşadılar. Öldürüldüler, fakir bırakıldılar, horlandılar, zulüm altında inlediler. Hesap sormaya kalkıştıkları anda din adına, mezhep adına kafaları ezildi, kıyımdan geçirildiler. Onlarca yılda bitmeyecek bir kin tohumu ekiyorlar şimdi, kitleleri ateşe atıyorlar.

İslam Konferansı Örgütü, Irak işgal edilirken ABD/İngiltere aleyhine tek bir cümle söz söylemedi. Afganistan işgal edilirken tek bir cümle etmedi. Mezhep savaşları yayılırken, tehlikeyi bir kez olsun, toplantılarının gündemine almadı. Lübnan alevler içinde yanarken ortada görünmedi. Haftalar sonra bir toplantı düzenledi. Ona da pek katılım olmadı. Milyarlarca dolar paraya hükmeder, lüks salonlarda toplanır, kararlar alırlar ama bu kararları kimse duymaz, anlamaz, kabul etmez. Kendileri konuşur, kendileri dinlerler.

Ateş Çemberinde Türkiye
KUZEY IRAK, PKK ve KÜRT MESELESİ

Pazarlıklar, Anlaşmalar, Ortaklıklar

Kürtler: 'Dağlardan başka dostu olmayan millet' mi?

İran krizinin tırmanış grafiğine dikkat etmek gerekiyor. Rusya ve Çin, "BM Güvenlik Konseyi'nde İran'a saldırıya kapı aralayacak hiçbir karara onay vermeyeceklerini" açıkladı. O zaman, ne yapılacaksa Konsey dışında, ABD ve yakın çevresindeki müttefikleri tarafından yapılacak. Ne yapılacaksa şaşırtıcı biçimde yapılacak, beklenmedik bir anda yapılacak.

ABD ve İngiltere'nin İran içlerinde yürüttükleri örtülü operasyonlar devam ediyor. Belucistan'da Sünni örgütler İran askerleriyle çatışıyor. Arap nüfusunun yaygın olduğu bölgelerde bombalı saldırılar düzenleniyor. İran Kürdistanı'nda PKK'nın yan kuruluşu PJAK üzerinden ABD'nin İran'a açık saldırılarını izliyoruz.

Amerika; Irak-İran sınırında hazırlıklar yaparken, bölgeye asker yığarken, Ortadoğu'ya henüz göndermediği binlerce askerine çöl şartlarında savaş hazırlıklarını tamamlama talimatı verirken, Türkiye, İran ve Suriye bölgede adeta gövde gösterisi yapıyor. Üç ülke, ABD'nin müttefik kabul ettiği örgütlere karşı Irak işgalinden bu yana en kapsamlı operasyonları yürütüyor.

Bir yanda PKK, diğer yanda PJAK. Türkiye, İran ve Suriye'ye karşı aynı örgüt üzerinden bir yıpratma savaşı veriliyor. Diyelim İran, ABD'nin hedefinde. Dolayısıyla Sünnileri, Arapları, Kürtleri ve Halkın Mücahitleri Örgütü'nü düşmanına karşı kullanıyor. ABD'nin terör üzerinden politika üretmesini, bir ülkeye karşı hazımsızlığını terör yöntemleriyle göstermesini bir yana bırakalım. Aynı örgüt nasıl oluyor da iki ülkeye karşı kullanılabiliyor? Diyelim PKK, Türkiye'nin sorunu. ABD nasıl oluyor da müttefiki olan Türkiye'ye karşı savaşan bir örgüt ile düşmanı olan bir ülkeye, hem de Türkiye'nin komşusuna karşı işbirliği yapıyor?

Veya şöyle bakalım: Türkiye, yıllarca İran'ı PKK'ya destek vermekle suçladı. Hatta bu suçlamalar öylesine krizlere neden oldu ki, Türkiye'de rejim meselesiyle ilişkilendirildi. İran, Türkiye'ye rejim ihraç etmek istiyordu ve bizi istikrarsızlığa sürüklüyordu. Bu nedenle diplomatik krizler yaşandı. Türkiye'de birçok insan, ABD ve İsrail'in provokasyonlarıyla mahkûm edildi.

Aynı Türkiye şimdi PKK ile mücadelede en iyi işbirliğini İran'la yapıyor. İki ülke arasındaki güvenlik anlaşmaları aynen uygulanıyor. Ne gariptir ki Türkiye, ABD'nin PKK'yı Irak'ta barındırmasından şikâyet ederken İran, ABD'nin bu örgütü kendine karşı kullandığından yakınıyor. Kim kimin düşmanı, kim kimin dostu? ABD'nin stratejik müttefiki (!) Türkiye, kendi sorunlarını ABD'nin düşmanı ve bir zamanlar bu sorunların kaynağı olarak gördüğü ülke ile çözme yoluna gidiyor. Ve iki ülke, 2003'ten bu yana ilk kez bu kadar geniş bir işbirliği ile PKK operasyonları yapıyor.

İran, Irak topraklarını topçu ateşiyle döverken Kandil Dağı'nı Katyuşa füzeleriyle vuruyor. Kandil'in etrafındaki Kürt köyleri boşaltılıyor. Onlarca PKK'lı Türkiye'ye teslim ediliyor. Türkiye on binlerce askeriyle kendi topraklarını koruma altına alıyor, Kuzey Irak'a dar kapsamlı operasyonlar yapıyor. ABD ise, sınır ötesi harekât yapmaması için Ankara'yı uyarıyor.

İran-Amerika çatışması şimdiden başladı. Kürtler üzerinden yürütülüyor. ABD müttefiki Kürt gruplar, İran-Amerika çatışmasının ilk kurbanları olacak. Irak ordusundaki Şii askerlerle Kürt askerler arasındaki çatışma, gerilimin Irak topraklarına nasıl yansıdığını ortaya koyuyor. Peki, İran ve ABD'nin Kürtler üzerinden yürüttüğü çatışma devam ederken, İran'a karşı ABD ile birlikte hareket edeceği varsayılan Türkiye'nin İran'la birlikte aynı düşmana karşı harekete geçmesi nasıl açıklanacak?

"Dağlardan başka dostu olmayan" Kürtler, bir büyük oyunun kurbanları mı olacak ve gerçekten bölgede dağlardan başka dostları kalmayacak mı? Peki onları bu kadar yalnızlığa mahkûm edenlerin, bölge dışı güçleri dost kabul etmelerinden ne kadar şikayet hakkı var?

"Kürt sorunu" mu, "terör sorunu" mu, yoksa yeni 'Şark sorunu' mu?

Küresel terör ve güvenlik paranoyasının zirveye çıktığı, hemen her ülkeyi etkilediği bir dönemde dikkat çekici bir sükûnet yaşayan Türkiye, Irak'ın bölüneceğinin belirginleşmesiyle yeniden eski günlere, terör ve güvenlik sorunlarıyla boğuşmaya doğru sürüklendi. Aynı sorunun aynı dönemde İran ve Suriye'yi de sarsmaya başladığını not etmeliyiz. Irak'tan Türkiye'ye sokulan patlayıcı ve silahlar, şehirlerde patlayan bombalar, yollara döşenen mayınlar, son birkaç yılda atılan adımların, yapısal reformların, özgürlük açılımlarının çözüm getireceğine yönelik umutları hızla tüketirken, güvenlik politikalarının tek çözüm olacağı kanaatini dayatıyor.

Irak'taki gelişmelere ve patlayan bombalara paralel biçimde Türkiye kamuoyu, ertelenen sorunu yeniden ve hararetli şekilde tartışmaya başladı. Gerek önümüzdeki günlerde tırmanacak olan güvenlik sorunları gerekse kamuoyunun tartışma biçimi, Türkiye'nin yüzleşmek zorunda kalacağı bu yakıcı krizin hâlâ dar anlamda bir güvenlik sorunu, kültürel haklar sorunu, ekonomik dengesizlik sorunu olarak, daha doğrusu 1990'ların verileriyle ele alındığını gösteriyor. Bu yaklaşımın çözüm kapısını aralamayacağını, aksine Türkiye içinde intikamcı eğilimleri daha da tırmandıracağını ve şiddeti besleyen bir zemin oluşturacağını görmeliyiz.

Aydınların Kürt sorunu konusunda Başbakan Tayyip Erdoğan'la görüşmesinden ve Başbakanın Diyarbakır ziyaretinden sonra alevlenen tartışma, sorunun merkezinden uzaklaşıp siyasiler ve aydınlar arasında kıyasıya bir kapışmaya doğru seyretti. Böyle giderse inisiyatif, iyi niyet ve çözüm arayışlarına yönelik umutlar da enerji de heba edilecek. Bir taraf diğerini ülkeyi satmak, parçalamakla suçlarken diğer taraf milliyetçilikle suçluyor. Mesele; soruna bir çözüm aramaktan ziyade, çözüm arayanlar arasında bir polemiğe dönüşüyor. Terör sorunu mu, güvenlik sorunu mu çerçevesinde yürütülen tartışmanın çok da anlamı yok. Tanımlar, kavramlar elbette çok önemli, beraberinde ağır sorumluluklar getirdiği kesin. Ancak Türkiye'nin karşı karşıya bulunduğu kriz bu tanımlamaların çok ötesinde.

Sorun, bir güvenlik/terör sorunu mu? Bu çerçevede çözüm üretilebilir mi? Hayır, sorun bir güvenlik sorunu, terör sorunu değil. Terör ve güvenlik kavramlarına hapsedilemeyecek kadar kapsamlı. Güvenlik ve terör, konunun sonuçlarından biri sadece. Mesele sadece terör sorunu olsaydı, güvenlik politikalarıyla çözümlenebilirdi. Güvenlik politikalarının bütün dünyada iflas ettiğini ve çözüm üretemediğini gördük. Meselenin böyle dar bir alana hapsedilmesinin kendimizi kandırmaktan başka, sorumluluğu ertelemekten başka bir anlamı olmayacak.

Sorun, kültürel haklar sorunu mu? Hayır! Kültürel haklar, ekonomik dengesizlikler konuyu açıklamaya yetmiyor. Bu çerçevede üretilen, üretilecek çözümler de bir sonuç vermeyecek. Nitekim son birkaç yılda atılan adımlarla, yıllardır dile getirilen taleplerin çoğu yerine getirildi. Kültürel haklar da -güvenlik/terör gibi- sadece faktörlerden biri. İstediğiniz kadar özgürlük alanlarını genişletin kriz devam edecektir.

Sorun, Kürt sorunu mu? Hayır! Sorun, Kürt sorununu aşmış durumda. Tehlikeli olan nokta da burası. Elbette temelde bir Kürt sorunu, ama artık Kürtlerle sınırlı bir kriz değil bu. Türkiye ile de sınırlı değil. Bu anlamda bir Türkiye sorunu demek de yeterli olmayacak.

Peki sorun ne? Türkiye'nin yüzleşeceği krizin adı ne?

Irak, Türkiye, İran ve Suriye'de yaşayan Kürtler, içinde bulundukları ülkelerin çok ötesinde, uluslararası düzeyde, Ortadoğu'ya yönelik düzenleyici adımların merkezinde yer alıyor. Bölge ülkelerinin kendi topraklarıyla sınırlı düzenlemeleri, ister terör merkezli olsun, ister kültürel haklar merkezli olsun, bütün bölgeyi ateşe atma potansiyeli taşıyan bu ateşi söndürmeye yetmeyecektir. Kürt meselesi, Kürtler'in de inisiyatifinin dışına çıkmış, bölge için adeta bir "Şark sorunu"na dönüşmeye yüz tutmuştur. Irak'la başlayan yeni düzenlemenin zamanla Suriye'ye, hatta İran'a kadar etkisini göstermesi krizi daha da büyütecektir.

21. yüzyılda bölgenin direnci, özellikle Kürtler üzerinden kırılacak, enerjisi onlar üzerinden bitirilecektir. İşgal öncesinde başta Amerika olmak üzere her ülke, Irak'ın bütünlüğünü garanti ediyordu. Şimdi buna inanan kaldı mı? Din, mezhep ve etnik düşmanlıkların tırmandırılmasına yönelik adımları dikkatle izleyenler, bölgedeki çözülmenin yaygınlaşacağı öngörüsünde bulunabilir. İran'daki Kürtlerin, Arapların, Azerilerin; Suriye'deki Kürtlerin; Suudi Arabistan'daki Şiilerin nasıl kışkırtıldığını izliyoruz. Bölgeyi birbirine bağlayan değerlerin nasıl aşındırıldığını görüyoruz. Bu sürecin nerelere uzanacağına yönelik tahminler oldukça ürkütücü. Tarihi ve kültürel bağları, çıkarları bir tarafa bırakalım, İslam'ın bile bölge halkları arasında kaynaştırıcı rolünü kaybetme tehlikesi ortada.

Hal böyleyken şunu görmeliyiz: Dar anlamda terör/güvenlik eksenli, kültürel haklar eksenli bakış, belki 1990'larda anlamlıydı. Ama artık dünyanın da, bölgenin de içinde bulunduğu durum çok farklı ve bu, bütün bölgeyi tehdit ediyor. Nitekim terörün Güneydoğu ile sınırlı kalmayıp Trabzon ve Giresun'a kadar uzanması, etnik bir mesele değil.

Kuzey Irak'tan Basra Körfezi'ne, Doğu Akdeniz'e ve Karadeniz'e ulaşacak üç koridor kimin, hangi gücün 21. yüzyıla dönük çıkarlarına yönelikse terör de Kürt meselesi de o güçlerle Türkiye arasındaki bir meseledir. Sadece Türkiye'nin, sadece İran'ın veya Suriye'nin iç sorunu değil; sadece bu üç ülkeyi ilgilendiren bölgesel sorun da değil; Amerika, İngiltere ve İsrail ile bölge ülkeleri arasında bir sorundur. ABD ile yapılan PKK pazarlığının hiçbir anlamı yoktur. Çünkü onlar bölgedeki her ülkeye karşı bütün etnik ve mezhepsel farklılıkları besliyor, büyütüyorlar ve bu politikayı devam ettirecekler.

Ortada iki seçenek var. Bölge ülkeleri ya sorunu bölgeye hapsetmenin, bölgede çözmenin yolunu bulacaklar ya da kanlı bir hesaplaşmaya girecekler. Şu an için, güce dayalı seçenek tercih ediliyor gibi görünüyor. Ancak bu tercih, sadece mağlupları değil, galipleri de yerle bir edecek bir ateşe ve ürpertici sonuçlara yol açabilir. Diğer seçeneğin başarı şansı ise, bölgeyi yeniden dizayn eden güçleri aradan çıkarmanın yolunu bulmakla mümkün.

İç savaş ve Kürtler!..

Din, Irak'ı birleştiremedi, mezhep birleştiremedi, etnik birlik birleştiremedi. Hangi siyasi gündem, bütün bunların önüne geçebildi? Hangi siyasi gündem, bölgenin bütün ortak değerlerini tüketebildi? Bizler, bu bölgenin insanları, hayal görmeyi bırakıp gerçekten nasıl bir yıkıcı dalga ile karşı karşıya olduğumuzu sorgulamak zorundayız.

İran'ın desteğiyle yeni bir Şii Devleti isteyen, ileride oluşabilecek Şii İttifakı'nın temellerini atan, bu amaçla federasyon için bastıran Irak Şiileri ile bütün hesaplarını bağımsızlığa ayarlayan, ancak bölgenin reflekslerinden endişe ederek bunu zamana ya-

yan Kürtler arasındaki çıkar ortaklığı, Irak'ı Ortadoğu siyasi tarihinden sildi.

Irak için federasyon, demokrasinin göstergesi değil, yok oluşun göstergesi; parçalanmanın, üçe bölünmenin, bütün bölgenin dengesini değiştirecek gelişmelerin habercisi. Sünni Arapların bütün beklentilerini yok sayan, onlardan intikam almak amacını taşıyan Anayasa, ülkeyi bir adada tutmak için hazırlanmadı; bir tasfiye metni, bir iç savaş senaryosu olarak hazırlandı.

İşgalden bu yana Irak'ın bütünlüğünü savunanlar, bölünmeye inanmadı. Türkiye dahil, komşu ülkeler birleşik Irak hayalini hep yaşattılar. Ama bölünme bir gerçekti ve planlanmış bir şeydi. Bölünme de, tıpkı diğer planlar gibi, bölge ülkelerinin refleksleri hesaplanarak zamana yayıldı. Şimdi uygulanıyor. Hangi komşu ülke buna hazır? Hiçbiri....

İşgal sonrası bir kesim, özgürlük mücadelesi verirken diğerleri işgalcilerle kafa kafaya verip siyasi gündemlerini uyguladı. Anayasa ile Sünni Araplar dışlanınca ise herkes iç savaşı konuşmaya başladı. Doğru, bir iç savaş yaşanacak. Ancak Irak'ta zaten uzun zamandır bir iç savaş vardı. Bundan sonra olacak olan, bunun şiddetini artırması, bütün bölgeyi etkileyecek bir çözülmenin ilk aşamasını oluşturmasıdır.

Bölünme çizgisi kalınlaştı, etnik ve mezhep farklılıkları ayrışmanın temel çizgileri haline geldi, getirildi. Bu öyle bir çözülme ki, bütün ortak değerleri, birlikte yaşama ve ortak gelecek iradesini tüketti. İşte bütün bölgenin alacağı acı dersler burada:

1- Şiiler ve Sünniler Arap, aynı milletten. Ama ortak bir gelecek inşa edemediler. Buna inanmıyorlar. Sünni Araplar direniyor, Şii Araplar ikinci Şii devleti için siyasi gündemlerini oluşturuyor. Bir Şii bloğu, Lübnan'a kadar uzanacak bir Şii kuşağı oluşuyor. Yani etnik köken, Irak'ta birleştirici olamadı.

2- Sünni Araplar ile Sünni Kürtler, bırakın mezhep birliğini önemsemeyi, düşmanlığın bütün şekillerini barındırıyorlar. Ülkede birbirine en fazla düşman olan iki kesim onlar. ABD ve diğer işgal güçleri çekilse boğaz boğaza birbirlerine girecekler. Yani, Irak'ta mezhep de birleştirici olamadı.

3- Şii Araplar, Sünni Araplar ve Sünni Kürtler... Hepsi Müslüman. Ama ne yazık ki, İslam'ın birleştirici misyonu onlar üzerinde etkili olamadı. Dinin birleştirici rolünü reddettiler.

Üç siyasi bloğu birleştirecek ortak bir gelecek tasavvuru da olmayınca yanı başımızdaki bir ülkenin ölümünü hep birlikte seyretmek zorunda kaldık. Oysa bütün bu unsurlar birleştirici idi, yüzyıllarca bölge insanını kardeş yapmıştı. Şimdi neden yapamıyor? Çözülmeye ve ayrıştırmaya ayarlı bu yıkıcı dalganın karşısında nasıl duracağız? Çözülmenin sınırı var mı?

Türkiye'deki Kürt tartışmalarını bu açıdan ele almak gerekiyor. Din, mezhep, ortak tarih, kaynaştırıcı olma özelliğini yitiriyor. Bütün ortak değerlerin hızla tüketildiğini görüyoruz. Türkiye'nin ve Kürtlerin uzun vadeli çıkarlarını da aşan bir siyasi gündem uygulanıyor. Gerçekten birlikte yaşama iradesi ne kadar güçlü? Kürtleri temsil ettiklerini iddia edenler, acaba kimin gündemini uyguluyor? Temsil ehliyeti olmayan bu çevreler, ezici çoğunluğun arzularını değil, yeni Lawrence'lar tarafından kulaklarına fısıldanan planları uyguluyorlar. Birinci Dünya Savaşı döneminde İngilizlerin Araplara söylediğini bugün ABD ve aynı güçler Kürtlere söylüyor. Ortadoğu'ya bırakılan mirası bugün görüyoruz...

Bu dalga, büyük çözülme stratejisi, Irak'la sınırlı değil. Öyleyse bunun Türkiye'ye nelere mal olacağını bilen var mı? PKK ve Kürt meselesi tartışılırken hâlâ kültürel sorunlardan, ekonomik dengesizlikten söz edenler, bugün Kürtlerin birlikte yaşama iradesi olmayan çevrelerce temsil edildiğini, çözülmenin yakın dönemde Türkiye'de derin yansımalara sebep olacağını öngörüyor mu? Yoksa bunu yapması gerekenler için Kuzey Irak'ta ve Bağdat'ta "iş" yapmak, para kazanmak daha mı önemli?

Bölge ülkelerinin henüz güçlerini göstermediğini, krizin o sınıra gelmediğini söylemeliyiz. Irak'ın parçalanması, bir yandan iç savaşı tetikleyip çevreyi ateşe atma tehlikesini barındırırken diğer taraftan komşu ülkelere müdahil olma ortamını da artırıyor. Çözülme stratejisine karşı refleksler henüz kendini hissettirmedi. Süreç, Türkiye ve diğer komşuları, kendi varlıklarını tehdit altında görme noktasına getirirse, hiçbir kuralın, önceliğin ve sağduyunun etkili olamayacağı; insaf ölçülerinin terk edileceği bir hesaplaşma yaşayabiliriz. Ortadoğu tarihi bunun örnekleriyle dolu.

İstenen de bu. Güneydoğu'dan Karadeniz'e kadar uygulamaya çalıştıkları çözülme stratejisinin amacı bu. Buna karşı biz birleştirici unsurları yeniden diriltmek zorundayız. Buna inananlar seslerini yükseltmeli. Yoksa bugün Irak için konuştuklarımızı yarın Türkiye için konuşur olacağız. Din, mezhep, tarih ve birlikte yaşama iradesini kaybetmiş bir Türkiye için de iç savaş senaryolarını konuşmak zorunda kalabiliriz.

Musul'da Arap-Kürt savaşı mı?

El-Kuds el-Arabi gazetesi başyazarı Dr. Abdulbari Atwan'ın Felluce ile ilgili yazısını okuyup da yüreği parçalanmayacak kimse var mı? Felluce kentinin toplu mezara dönüştüğünü, kentte soykırım uygulandığını, dünyanın başka hiçbir yerinde bir benzerini görmediğimiz etnik temizlik uygulandığını belirten Atwan'ın, ABD katliamına destek olanlara yönelik sorularına kim cevap verebilir? Napalm bombalarıyla yok edilen, kimyasal silahlarla zehirlenen bu küçücük bölgede hâlâ direnen Felluceliler'i duyan kimse yok mu? Devam ediyor Atwan:

"...Halepçe'ye ve şehitlerine -ki onlar kesinlikle şehittir- saygı duyarak posterler asan sayın Celal Talabani, Mesut Barzani ve bütün Kürt siyasilerine soruyoruz. Felluce'de yaşananlar karşısında neredeler? Halepçe katliamı yasakken Felluce katliamı mübah mı?

Seyit Sistani'ye, Dava Partisi Lideri ve Irak Başkan Yardımcısı Dr. İbrahim Caferi'ye, hatta Seyit Abdulaziz El Hakim ve Seyit Mu-

hammed Bahrul Ulum'a soruyoruz: Felluce'deki gelişmeler karşısında neredeler? Bazı Iraklı Şii mercileri, Amerikan işgalinin suçlarına ve katliamlarına sessiz kalarak, cihatçı Şii kültürünü lekelemekte ısrar ediyorlar; hatta Felluce, Samarra ve Ramadi katliamlarına katılan güçlerle işbirliği yapılmasını mübah sayan fetvalar çıkarıyorlar..."

ABD ve İngilizlerle onlara destek veren Kürt birliklerin, ABD'nin koruması altındaki Halkın Mücahitleri Örgütü'nün ve Şii birliklerin nasıl bir vahşet koalisyonu oluşturduklarını, saldırıların ikinci gününden itibaren kullanılan kimyasal silahların kenti nasıl zehirlediğini ve insanları öldürdüğünü, ABD'nin bütün enformasyon palavralarına rağmen Felluce halkının birçok bölgede Amerikan askerlerini nasıl dize getirdiğini, sokakların öldürülen sivillere ait cesetler ve Amerikan tanklarının enkazlarıyla dolu olduğunu, insanların açlıktan ölümle yüz yüze kaldığını, hastaneler ve ilaçlar yok edildiği için yaralıların yavaş yavaş öldüğünü, ana-babaların, gözlerinin önünde ölen çocuklarını evlerinin içine/bahçesine gömdüklerini, kentten kaçtığı söylenen yüz binlerce insanın nerede olduğunu kimsenin sormadığını, Felluce diye bir kentin artık bulunmadığını, ancak kentin enkazı arasında gelecekte bütün İslam coğrafyasını sarsacak olan direnişin devam ettiğini, öldürülen ABD askerleri ile yok edilen tank ve helikopterlere dair haberlerin dünyadan gizlendiğini, kısacası insan ırkına karşı nefretin ve aşağılamanın her türlüsünün Felluce'de yaşandığını hatırlayalım. Böyle bir trajediyi birbirine reva görenlerin birlikte yaşamalarına imkân olabilir mi?

Felluce'de mezhep savaşı, Musul'da etnik savaş

Hiçbir siyasi gerekçe, böyle bir dehşeti meşrulaştıramaz. Siyasi kazançlarını gerekçe göstererek olanlara seyirci kalanlar, Amerikan askerleriyle birlikte Iraklıları katledenler, elde ettiklerinin hiçbir yararını göremeyecek. Sünni bölgenin her tarafı alev alev yanarken, İslam'ın ve insanlığın bütün değerleri aşağılanırken, Müslüman erkekler işkenceden geçirilip Müslüman kadınların ırzına geçilirken, bu coğrafyanın bütün kutsalları yere serilirken kirli siyasi hesapların peşinde koşanlar, işgalciler tarafından kendilerine vaat edilenlere tapınanlar, iktidar uğruna kardeşlerini boğazlayanlar bu topraklarda işgalcilerden çok daha derin yaralar açıyor. İngilizlerin 1920'de kimyasal silahlarla Irak'ı nasıl zehirlediğini, köyleri ve kasabaları nasıl yok ettiğini hatırlamayanlar, şimdi onların insafına sığınarak kendi insanlarına karşı iktidar yürüyüşü yapıyor.

Felluce'de iki binden fazla Kürt gücünün bulunduğunu, Şii birliklerin Amerika ile omuz omuza savaştığını yazdığımda bana öfke duyanların, asıl öfkeyi bu kirli ittifaka karşı duymaları gerekmiyor mu? Bu kişiler, Amerikalıların, İngilizlerin, bazı Kürt grupların, bazı Şii grupların, Halkın Mücahitleri Örgütü'nün ve Yahudi askerlerin Felluce çevresinde nasıl bir ittifakla birleştiğini hiç düşünemiyorlar mı? Direnişçiler, Felluce'ye saldıranlar arasında Yahudi silahlı güçlerin de olduğunu, hatta onlarla birlikte olan dört hahamın öldürüldüğünü belirtiyorlar. Bu nasıl bir ittifak ve kime karşı? Kim tuzağa düşüyor? Bu ittifakın yan unsurları olmayı onur sayanlar mı, bu gerçeği gizleyenler mi, yoksa bu tehlikeli süreci aktararak uyarı yapanlar mı?

Musul bir başka yakıcı sorunla kendini gösterecek: Kürt-Arap çatışması. Arapların, Kürtlerin, Türkmenlerin ve Asurilerin yaşadığı, 2 milyon nüfusuyla Bağdat'tan sonra Irak'ın en büyük kenti olan Musul, kanlı bir etnik savaşa hazırlanıyor. Kürt güçleri Irak ordusu üniforması giydirilerek Musul'a naklediliyor. Kentin bir bölümü, direnişçilerin kontrolünde. Araplar, işgal sonrası yağmayı hatırlatarak Kürt birliklerin gelişinden endişeli. Kentteki 4 bin Irak polisi, direnişçiler gelince kaçtı. Şimdi Kürtlerin etki alanlarını Musul'a kadar genişleteceği konuşuluyor. Dohuk ve Erbil'den gönderilen Kürt güçlerle direnişçiler arasında çatışmaların her an başlayabileceği belirtiliyor. Bunları gizlememiz mi gerekiyor? Bu tehlikeye dikkat çekince etnik savaşı mı körüklüyoruz? Felluce'de mezhep, Musul'da Kürt-Arap krizini tetikleyenler, Kerkük'te de Kürt-Türkmen çatışması başlatacaklar. Böyle bir bölünmenin Türkiye'den İran'a, Körfez ülkelerinden Pakistan'a, Suudi Arabistan'dan Lübnan'a kadar bütün bölgeyi ne hale getireceğini görmüyor muyuz?

Şii İttifakı'na karşı Türk-Kürt ittifakı mı?

Türkiye'deki hiçbir tartışma, Kafkaslar, Orta Asya, Ortadoğu ya da küresel eğilimlerden bağımsız değil. "Her şeyi dış güçlere bağlama" söylentisi, bir gerçeğin altını çizmekten ziyade, gözlerimize sokulurcasına aşikâr biçimde yapılan kötülükleri gizleme telaşından başka bir şey değil de ne ki? Balkanlar'dan Ortadoğu'ya, Irak'tan Orta Asya ve Hazar çevresine kadar bakın, bu bölgelerde yaşanan sorunlardan kaç tanesini hangi güçler yapıyor?

Rusya'nın ve ABD'nin Afganistan'da ne işi vardı? ABD ve İngiltere'nin Irak'ta ne işi var? Körfez ülkeleri neden birer ABD askerî üssü? Ortadoğu coğrafyasının sınırlarını kim çizdi? Aynı güçler şimdi yeni bir Ortadoğu kurmuyor mu? Yeni devletler kurup varolanları parçalamıyor mu? "Dış güçler"i koruma, savunma, günahlarını gizleme telaşı nereden kaynaklanıyor? On binlerce insan katlediliyor, yanı başımızda bir ülke yağmalanıyor, parçalanıyor, birlikte yaşayan insanlar boğaz boğaza getiriliyor.. Kim yapıyor bunu? Yarın Türkiye'de, İran'da aynı şeyler yapıldığında da, ki yapılacak, aynı şeyi mi söyleyeceğiz?

Evet, sorunlarımızı, zaaflarımızı tartışmak, çözmek, gerekirse kendimizi suçlu ilan etmek zorundayız. Ama bütün bunlar, başkalarının günahlarını gizlememizi gerektirmiyor. Bugün için, bölgenin zaafları üzerine şekillenen bir müdahale var. Sıradan değil; yaşadığımız coğrafyanın onlarca yılını, enerjisini, umudunu tüketecek bir müdahale. Etnik ya da mezhep eksenli, her türlü farklılıkları düşmanlığa dönüştürecek, bölgeyi kanlı bir geleceğe sürükleyecek türden bir müdahale. Kürt meselesi de bölgenin zaafı, sorunu olmanın ötesine geçip, bir truva atına dönüşüyor hızla.

Bizler, 1991'den beri bölgeyi hep günlük polemiklerle, tartışmalarla, taktik manevralarla ele aldık. Devlet eliyle bu ülkenin kuyusunu kazdık. Devlet eliyle bile, bu ülkeye kötülükler getiren başkalarının politikalarını uyguladık. Şimdi bir taraftan dövünürken diğer taraftan aynı hatayı yapmaya devam ediyoruz.

On yıl önce, beş yıl önce bugünleri yazanları, tartışanları, bölgenin bu hale geleceğini söyleyenleri hayalcilikle suçlayanlar, şimdi de beş yıl sonrasını öngörmeye çalışanları alaya alıyor. Bu sorumsuzlar, Türkiye'ye ve bölgeye Washington'dan ve Londra'dan bakanlar, yalanlarla zihinlerimizi perişan edenler ne yazık ki bu ülkenin en muteber insanları kabul ediliyor.

Hâlâ Irak diye bir devletin varolduğunu iddia edebiliyorlar. Artık böyle bir devlet yok, olmayacak, uyanın! Körfez ülkelerinden Suudi Arabistan'a ve Türkiye'ye kadar etkisini sürdürecek bir proje adım adım uygulanıyor. İşgalden önce böyle olacağı biliniyordu. Hatta işgal gündeme gelmeden önce bile. Ama bidleri hepimizi kandırmayı başardı.

Şimdi Irak'ı değil, parçalanan Irak'ı, bundan sonra nasıl bir Ortadoğu olacağını tartışalım. Ve ne yapmamız gerektiğini, nasıl direneceğimizi... Üç yıl sonra, beş yıl sonra eyvah dememek için, artık apaçık belli olan, -bırakın devletleri- şirketlere paylaştırılan- bu topraklara yönelik aşağılık müdahalelere karşı nasıl savaşacağımızı konuşalım.

Irak'ta bir Şii devleti kuruluyor. Kuzeyinde de Kürt devleti. İran, Irak Şiileri, Körfez ülkeleri ve Suudi Arabistan'daki Şiiler'in yerleştiği petrol bölgeleri ile birlikte bir Şii kuşağı oluşturuluyor. Buna karşı bölgenin Sünni refleksleri nasıl harekete geçirilecek? Türkiye'nin ve Suudi Arabistan'ın tavrı ne olacak? Kürt meselesinden çok daha büyük, çok daha yakıcı yeni bir sorun, yeni bir kamplaşma sebebi, yeni bir bölgesel savaş senaryosu işleniyor. Kürt kartı İran, Suriye ve Türkiye'ye karşı kullanılırken; Şii-Sünni kamplaşmasıyla İran'dan Mısır'a kadar bütün bölgenin dizginlerini ellerine geçiriyorlar.

Sonra da Şii Bloku'na karşı Türk-Kürt ittifakı seçeneği... Bunu yakında açıkça dile getirebilirler. Bugün Kürt sorununa karşı tavizsiz duran çevreler bakalım o zaman ne diyecek? Peki Sünni Araplar ne olacak? Türkiye böyle bir proje ile hem Sünni Araplar'ı hem de İran'ı karşısına almayacak mı? Türkiye'nin bölgesel çıkarlarıyla Arap dünyasının çıkarları Birinci Dünya Savaşı'ndan bu yana ilk kez bu kadar yakınlaşıyor.

Belki istenen de budur, Türkiye'yi Şii İttifakı'na, yani İran'a ve Arap dünyasına karşı konuşlandırmak. Arap olmayan, "İslam tehdidi"ne karşı olan, Batı'nın çıkarlarını önceleyecek bir ittifak. Bu çıkarları tehdit edenlere karşı yeni bir taşeron güç. Ne de olsa İran'daki Azeri nüfus ABD'nin sürekli gündeminde ve Tahran nükleer silah istiyor. Ne de olsa Arap dünyasından Batı'ya yönelen radikal İslam, Türkiye için de tehdit.

Peki ne olacak? Hangisi iyi? Hepsi kötü... "Dış güçler" diye birilerinin korumaya çalıştığı ülkelerin bu topraklara uzanan ellerini kesmedikçe bizler asla huzur bulamayacağız, kardeş olamayacağız. Geçen yüzyılda onların senaryoları yüzünden birbirimizle boğuşmadık mı? Bir yüzyıl daha boğuşmamak için bu elleri kesmek, oyunlarını boşa çıkarmak, inadına kardeş olmak zorundayız. Dini, mezhebi, tarihi, kültürü, etnik birlikteliği boşa çıkaranlar, bu topraklardaki bütün zaafları tahrik eden ve düşmanlığa çevirenler, Şii İttifakı da oluşturur, Türk-Kürt ittifakı da. Sonra da bunları birbiriyle kapıştırır.

İnanmıyor musunuz? O zaman birkaç yıl daha bekleyin....

Müttefiklerin yeni oyunu: Yeni Selçuklular

Büyük korku, Irak'ın üçe bölünmesi değil. Irak'ın bölünmesi Türkiye, İran ve Suriye'de çok ciddi istikrarsızlıklara neden olacaktır, doğru... Ama büyük korku, Müslüman dünyanın derin bir kamplaşmaya sürüklenmesi, varolan Şii-Sünni ayırımının 21. yüzyıla damgasını vuracak şekilde kaosa yol açması, siyasi yapılanmaların ve haritanın bu bölünmeye göre yeniden dizayn edilmesidir. Bugün olgunlaşan sürecin aslı budur.

Suudi Arabistan Dışişleri Bakanı Suud el-Faysal'ın New York'ta Dış İlişkiler Konseyi'nde söyledikleri bu gerçeği en açık şekilde ortaya koydu. *"Irak Kuveyt'ten çıkarıldıktan sonra İran'ı Irak'tan uzak tutmak için beraber savaştık. Fakat bugün hiçbir neden olmadan Irak'ı İran'a tamamen teslim ediyoruz"* diyen Faysal, *"Anayasa'nın Irak'ı böleceğini, iç savaşa göz yumulmasının da Irak'ı ebediyen ortadan kaldıracağını"* söylüyor ve ABD'yi Irak'ı İran'a teslim etmekle suçluyor.

Doğru söylüyor ama eksik. Biz tamamlayalım:

1979'dan beri devam eden bir savaş var: İran İslam Devrimi'nden sonra ABD ve Suudi Arabistan, Irak'ı İran'a saldırı için teşvik etti. Saldırttı da. Yüz binlerce insanın hayatına mal olan bu savaş, öncelikle ABD'nin İran devrimini boğma amacı, Suudi Arabistan'ın da Şii yayılmasını önleme hedefi için çıkartıldı.

Irak, Arap dünyasının doğu kapısıydı, en güçlü kalesiydi. İran'dan gelen tehditleri Araplar adına göğüsleme görevi, bu yüzden Irak'a düştü. ABD ve S. Arabistan, Körfez ülkeleriyle birlikte, silah ve sermaye açısından Saddam Hüseyin yönetiminin tüm ihtiyaçlarını karşıladı. İran'daki yeni rejim çökertilemeyince savaş yıllarca devam etti. Kimse galip gelemedi ve çatışma ateşkesle durduruldu. Bağdat, Arap dünyasının kalkanı olmuştu, onlar için çok ağır bedel ödedi. Araplardan aldığı milyarlarca doları bu nedenle savaş sonrasında ödemek istemedi. Paralı askerliğinin bedelini istedi. Ödül olarak Kuveyt'i istedi. Verilmeyince de bu ülkeyi işgal etti. Hesaplar o an bozuldu. Artık Irak, Araplar için tehdit haline gelmişti. ABD öncülüğündeki Birinci Körfez Savaşı, Bağdat'ın Arap dünyasına isyanını bastırmak için yapıldı. İsyan bastırıldı.

Savaş İran'a yaradı. Irak üzerindeki etkisini artırdı. Hatta o sıralarda "İkinci Şii Devleti" kurulması gündeme geldi. Uzun ambargo döneminde Saddam yönetimi ve Sünni Araplar zayıflatılırken Kürtler güçlendirildi, "yeni bir zinde güç" olarak öne çıkarıldı. Bu projede Türkiye de üzerine düşeni yaptı.

Kürtler öne çıkarıldı ama S. Arabistan'ın ve diğer Sünni ülkelerin Irak'taki Şii etkinliğinden duydukları endişe azalmadı, daha da arttı. Türkiye gibi ülkeler ise hem Kürtlerin hem de Şiilerin güçlenmesinden rahatsızlık duydu.

Irak'ın işgal edilmesiyle de hem parçalanma gerçeğe dönüştü hem de İran, bölge ülkelerinin endişelerini daha da artıracak şekilde Irak üzerinde adeta denetim kurdu. Pakistan'dan İran'a, Irak'tan Körfez ülkelerine ve Lübnan'a kadar bir Şii hattı tartışılır oldu. S. Arabistan'daki Şiiler örgütlenmeye başladı. Hatta bu bölgelerin Suudi yönetiminden ayrılması gerektiği ABD'de bazı çevrelerce dile getirilmeye başlandı. Son olarak Mısır'daki Şiiler, siyasi parti kurma hazırlıklarına girişti. Süreçten en çok ürken, S. Arabistan oldu. Ürdün, Mısır ve Türkiye'nin kaygılarını da göz önüne almak gerekiyor.

Bugün Irak'taki Sünni direniş, sadece Amerikan işgaline karşı değil, aynı zamanda bu ülkenin İran'a teslim edilmesine yönelik bir direniştir. Şii Bedir Tugayları'yla bazı Sünni gruplar arasındaki iç savaş görüntüleri, aslında 1979'dan beri devam eden güç mücadelesinin yansımalarıdır. O zaman Irak'ın İran'a karşı savaşını finanse eden S. Arabistan, bugün de Irak'taki Sünni direnci besliyor. Yani 1979'da başlayan İran-Suudi Arabistan savaşı başka güçler üzerinden hâlâ devam ediyor.

İşin garibi, o zamandan beri iki ülke, hep ABD'nin yanında oldu: S. Arabistan ve Türkiye. Fakat bugün ikisi de en fazla zarar gören ülkelerden. İkisi de ABD politikalarına tam destek verdi, hâlâ veriyor. İkisi de ABD politikalarından son derece rahatsız ama gariptir ki iki ülke de bu durumdan yine ABD'ye yakın durarak kurtulacağına inanıyor.

Irak işgalinden hemen sonra, *"Kuzey Irak'ta Kürt Devleti kurulacak"* endişesiyle başlatılan "Türkiye-İran-Suriye İnisiyatifi"nin zayıflamaya başlamasının en önemli sebebi de bu. Faysal'ın yakınmalarına benzer tereddütlerin Ürdün Kralı Abdullah tarafından dile getirilmesinin nedeni de... Türkiye'nin İran ve Suriye yerine S. Arabistan'la yakınlaşmasının nedenlerinden biri de.

Fahd'dan sonra S. Arabistan'ın yeni Kralı olan Abdullah bin Abdülaziz'in bu yaklaşımı, yakın dönemde çok daha belirgin olacak. Türkiye'nin S. Arabistan ve Lübnan'la yakınlaşması, Arap sermayesinin Lübnan üzerinden Türkiye'deki özelleştirmelere yönelmesi bu yeni durumdan kaynaklanıyor. AKP iktidarı bu gerçeklerden hareketle Türkiye'nin bu ülkelerle yakınlaşmasını savunurken, belli merkezler İran-Suriye ile yakınlaşma konusunda ısrarını sürdürecek. Bu nedenle, önümüzdeki günlerde ilginç gelişmeler yaşayabiliriz. Türkiye-Suudi Arabistan hattında "Sünni refleks"in etkili olduğu yakınlık, ABD ile ilişkiler ve İsrail'in Müslüman ülkelerle barıştırılması girişimleriyle örtüşüyor. Dolayısıyla yeni sürecin kalıcı olacağını söyleyebiliriz.

Bunun ne tür sonuçları olacak?

İran'ın nükleer gücü, Türkiye'yi ABD, S. Arabistan ve İsrail ile aynı platforma taşıyor. Sünni refleksi de siyasi kazanıma tahvil etmeyi amaçlayan ABD, Türkiye'yi böyle bir krizde İran'a karşı -dolayısıyla Suriye'ye de karşı- kullanmayı deneyecek.

"Şii Bloku"na karşı yeni bir "Sünni direnç" geliştirilecek. Türkiye-Arap dünyası yakınlaşmasının yanında özellikle Türk-Kürt ittifakı ilk akla gelen seçeneklerden. Böyle bir durumun, Abbasiler döneminde Türklerin zinde güçler olarak İslam dünyasına girmesine benzer etkilere yol açabileceği düşünülebilir. Türkiye ile ABD arasındaki PKK pazarlığının, bu sürecin önünü açmayı amaçlayıp amaçlamadığını yakında göreceğiz. Türkler ve Kürtler, bölgenin yeni Selçukluları olma yolunda...

Kürt devleti altıncı büyük petrol ülkesi mi olacak?

Filistin'de Hamas'ın seçimleri kazanması, Irak'taki direnişin neo-conların Ortadoğu projelerine ağır darbe vurması, İsrail'in Saddam sonrası Irak projelerinin yara alması ve İran'ın meydan okuyuşu Ortadoğu'da denklemleri biraz değiştirdi. Bölge, üç yıl öncesine göre ABD-İngiliz-İsrail tezlerine karşı daha elverişsiz durumda. Filistin'den Lübnan'a, Irak'tan İran'a kadar güçlü bir dalga oluşuyor ve bu, ABD'nin Soğuk Savaş sonrasından bu yana uygulamaya çalıştığı tezleri zorluyor. Değişikliklerle birlikte politikalar da revize ediliyor. Bu aşamada Kuzey Irak'ın önemi daha da artıyor.

Irak petrolleriyle ilgili yeni projeler devreye girdi. Lübnan'ın parçalanması, Filistin halkının kuşatılıp Ürdün'e yönlendirilmesi, Kuzey Irak'taki Kürt devleti fikrinin Büyük Ortadoğu Projesi'nin merkezlerinden biri olarak yeniden düşünülmesi, Kuzey Irak-Akdeniz koridorunun "temizlenmesi", İran'ın petrol bölgelerinde istikrarsızlık çıkarılması gibi…

İsrail'in, Irak'ın petrol gelirleriyle finanse edilecek "refah bölgesi" tehlikeye girdi. Çünkü Irak petrolleri üzerindeki hesaplar şu ana kadar tutmadı. Petrolü İsrail'e akıtma projesi tehlikeye girdi. İsrail'in 1948 yılından beri hayali olan proje için yeni arayışlar gündemde. 1982'de Suriye, İran'a destek için Kerkük-Baynas boru hattını kesti. İsrail Bağdat'a petrolün Hayfa'ya akıtılması önerisini getirdi. Reddedildi. 1983-84 tarihlerinde Donald Rumsfeld Bağdat'a Kerkük-Akabe hattını önerdi, yine reddedildi. 1987'de İsrail, Irak'a, petrolün Golan üzerinden Hayfa'ya naklini önerdi. 1991 Körfez Savaşı bu projeyi öldürdü.

Irak işgali sonrası bütün hesaplar bu yönde yapıldı. 2003'te ABD, İngiliz ve Avustralya askerleri El Hadisa bölgesine geniş operasyonlar gerçekleştirdi. Operasyona "Shekhina", yani "Tanrı Yahudileri Korusun" adı verildi. Hedef, Hayfa yolunu açmaktı. Ancak direniş, bu hesapları boşa çıkardı. Direnişin Irak ölçeğini aşan gücü burada açıkça görülüyor. Ardından "Suriye seçeneği" devreye girdi. Suriye parçalanacak ve petrol, Humus üzerinden nakledilecekti. 2005'te ABD, Suriye sınırındaki El Kaim bölgesinde kanlı Matador operasyonunu başlattı. Görünüşte amaç, Zerkavi idi. Ama gerçekte Musul-Telafer-Sincar güzergahını "temizlemek"ti. Felluce ve Telafer katliamlarının tek sebebi, petrolün yolunu açmaktı. Musul-Hayfa yolu üzerindeki Türkmen, Arap ve Asurilerin Kürtler eliyle "temizlenmesi" gerekiyordu.

Planlandığı gibi kurulursa, Kerkük de içinde yer alırsa, Kürt devleti dünyanın altıncı büyük petrol gücü olacak. Bunları tartışmak, Türkiye'de bazı kesimler tarafından etnik bir mesele olarak algılansa da, merkez güçlerin planlarını tartışabilme olgunluğunu göstermemiz gerekiyor.

Bütün bu projelerin bir başka sonucu Lübnan'da kendini gösteriyor. Çünkü petrol Kuzey Irak'tan Suriye (Humus) ve Lübnan'ın Tripoli (Trablus) bölgesinden dünyaya pazarlanacak. Suriye'deki Kürtleri ayaklandırmak dahil, bu güzergah üzerinde ilginç gelişmelerle karşılaşacağız. En önemlisi de, Lübnan'ın Müslüman ve Hıristiyan unsurlar olarak ikiye ayrılması. Lübnan'daki Filistinlilerin Müslüman Lübnanlılarla birleştirileceği iddia ediliyor. Tabii hesaplar tutarsa. Burada Lübnan eski Başbakanı Refik Hariri suikastı yine karşımıza çıkıyor. 2004'te İsrail'in Golan'dan çekilmesini isteyen Hariri'nin Lübnan'ın ikiye bölünmesine ve Amerika'nın Tripoli'de (Trablus) kalıcı askeri üs inşa etmesine izin vermemesi nedeniyle öldürüldüğü iddiaları unutulmamalı. Daniel Pipes ve Ziad Abdelnour'un hazırladığı "Ending Syria's Occupation of Lebanon: The U.S. Role" (Amerika'nın Rolü: Suriye'nin Lübnan İşgali'ni Sona Erdirmek başlıklı çalışma, Irak'tan Lübnan'a uzanan projenin detayları için iyi bir adres. Aynı güçler, Yeni Ortadoğu Düzeni için de "A Clean Break: A New Strategy for Securing the Realm" (Net Kırılma: Güvenli Devlet İçin Yeni Bir Strateji) başlıklı bir proje hazırlamışlardı. Bugün Ortadoğu'da her şey bu plana göre işlemiyor mu?

Türkiye ve Kürt Meselesi: Türkiye'de iç savaş çıkar mı?

Türkiye'de iç savaş çıkar mı? Ya da Anglo-Amerikan cephe, etnik çatışmayı provoke edip "Yeni Ortadoğu" dizaynı için, hem Türkiye üzerindeki hedeflerini gerçekleştirme hem de bölgesel hedefleri için zemin hazırlama yoluna gidebilir mi? Güneydoğu'dan İstanbul'a kadar uzanan "klasik terör" örnekleri zamanla Kuzey Irak sınırından Karadeniz'e kadar yayılabilir mi?

Etrafımızdaki ülkeler hızla çözülüyor. Irak, etnik savaştan mezhep krizine kadar, çatışmanın her türünü yaşıyor. Suriye -Kamışlı örneği dışında- Nusayriler, Sünni Araplar ve Dürziler gibi farklı grupları ayrıştırma politikalarına muhatap. S. Arabistan ve Körfez ülkelerinde Şii-Sünni ayrışma çizgileri kalınlaşıyor. İran, topyekün bir savaşla karşı karşıya. Ülke nüfusunun yüzde 7'sini oluşturan Kürtler açıktan bir savaş yürütüyor. Irak'ın işgalinden sonra ABD desteğiyle harekete geçen "Özgür Kürdistan Hareketi" İran askerlerini öldürüyor. Arapları, Sünnileri ve Azerileri hareketlendirmeye yönelik çalışmalar yapılıyor. İran'ın birçok bölgesi (Huzistan ve Belucistan) bombalarla sarsılıyor, ABD-İngiliz istihbaratının terör eylemleriyle boğuşuyor. Karadeniz'in Kuzeyi ve Kafkaslar çok yakında Anglo-Amerikan blok ile Asyalı güçler arasındaki çatışmanın sıcak cephelerine dönüşecek; küçük ve orta ölçekli onlarca kriz ve iç çatışma örneği göreceğiz.

"Çevre"sindeki derin çözülme ve bölünme fırtınasının ortasında kalan Türkiye'yi nasıl bir gelecek bekliyor? Türkiye'nin bunların dışında kalacağını, Batılı siyasi ve askeri kurumlara ortaklığının ve geleneksel ittifak ilişkilerinin Türkiye'yi bu fırtınanın dışında tutacağını sananlar gerçekten yanılıyor ve çok yanlış hesaplar yapıyor. Soğuk Savaş çoktan sona erdi. Yepyeni bir dünyadayız. Korkunç derecede acımasız, arsız, açgözlü ve hiçbir ülkenin geleneksel dostluğunun para etmediği bir dünya bu. Her ülke hesabını kendine göre yapmak, kendi gerçekleriyle ayakta durmanın yolunu bulmak zorunda. 21. yüzyıla geçemedik, 19. yüzyıla geri döndük...

Bölgenin zaaflarına ayarlı Anglo-Amerikan politikalar, yaşadığımız ülkelerde toplumsal uzlaşma adına atılan bütün adımları boşa çıkarıyor. Türkiye'nin son yıllarda bu yönde attığı adımlara ne oldu? Birden bire aslında bu iyi niyetli reformların ve toplumsal uzlaşma arayışlarının bir el tarafından bir kenara itildiğini, çözülmeye ve çatışmaya ayarlı küresel stratejinin yerel barış arayışlarını yok etme konusunda nasıl da ısrarcı olduğunu anladık. Irak'ta yaşanan, Suriye ve İran'da yaşanması beklenen iç çatışma tezlerinin aslında Türkiye için de varolduğunu bir kez daha hatırladık. Ve korkumuz yine canlandı: Barışa değil, hesaplaşmacı bir çizgiye, gücün ve şiddetin belirleyici olduğu nihai çizgiye doğru sürüklendiğimiz korkusunu...

İran'a muhtemel saldırı, Türkiye topraklarındaki bu süreci hızlandıracak ve bir anda kendimizi iç savaşın eşiğinde bulacağız. *"İran bölgesel rakibimiz, burnu sürtülsün ve biz rahatlayalım"* diyenler bir adım sonrasına bakabilmeli. Bir adım sonrası; kaos, büyük çatışmalar, özgürlüklerin yok oluşu, savaş araçlarının ve güvenlik stratejilerinin yönetiminde bir bölge, işgallere bir de iç çatışmaların eklendiği topraklar... İran'a saldırıldıktan ve Suriye rehin alındıktan sonraki hedef, Türkiye. O zaman görün etnik çatışmaları bu ülkede. Daha İran'a saldırı aşamasında bunca iyi niyetli girişimi boşa çıkarıp sokakları ateşe verenlerin neler yapacağını. Nihai hesaplaşma o zaman kendini gösterecek. Bugün yaşananlar ne Türklerin ne de Kürtlerin yararına. Kimin yararına? Elbette bütün bölgeyi parçalara ayırıp kendi çıkarları için yeniden dizayn etmeye çalışanların. Bu açıkça ortada değil mi?

Bu ülkede halkın yüzde 95'i İran'a ve Suriye'ye yönelik Amerikan/İngiliz/İsrail saldırısına karşı iken, bölgenin nasıl bir tehdit altında olduğunu görmüşken, çatışma yerine uzlaşmayı ve kardeşliği öncelerken bazı aklıevveller şimdiden İran'a saldırıyı pazarlamaya başladı. Bir adım sonrasını gördükleri yok. Bir adım sonrasının, İran'ın parçalanmasının, İstanbul sokaklarını kan gölüne çevirecek çatışmalar demek olduğunu kavrayamıyorlar. Kavramak istemiyorlar.

Çünkü o zaman onların büyük bölümü bu ülkede olmayacak. Gidecek yerleri olacak. Bizim gidecek yerimiz yok ve burada, bu topraklarda mücadele edeceğiz. İstanbul için ettiğimiz kadar Bağdat için, Şam için, İsfahan için de mücadele edeceğiz.

Abdullah Öcalan'la pazarlık başladı mı?

Bölgemizde Celal Talabani üzerinden bir şov izliyoruz. Şovun doğrudan Türkiye'nin iç sorunlarıyla bağlantılı olması, Talabani'nin güvenilmezliğine rağmen, son derece ciddiye alınmasını zorunlu hale getiriyor.

Önce *"PKK ile anlaştık, birkaç gün içinde ateşkes ilan edecek"* diyor, Türkiye'ye güvenceler vermeye çalışıyor. Neden? Türkiye'nin ABD'ye yaptığı baskılar mı sonuç verdi? Irak yönetimine yazılan rica mektupları mı sonuç verdi?

Sonra bambaşka şeyler söylüyor. Türkiye'yi, İran'ı, Suriye'yi tehdit ediyor. Aslına bakarsak Kuveyt dışında Irak'ın bütün komşularını tehdit ediyor. Bu ülkelerin Irak'ın içişlerine karıştığını, devamı halinde Irak'ın da bu ülkelerdeki muhalif grupları destekleyeceğini, sorun çıkaracağını söylüyor. Yani *"Bu ülkelerdeki Kürtleri ayaklandırırız"* diyor. Türkiye'ye ve diğer bölge ülkelerine en fazla ürktükleri gerçeği işaret ediyor.

Bunlarla da kalmıyor, devam ediyor: *"Bizim de kartlarımız var. Özellikle Amerikan varlığı, bir dış işgali caydırıcı nitelikte. İşte bu yüzden gelecekteki olası müdahalelere karşı Irak'ta sembolik boyutta da olsa Amerikan gücü kalmasını istiyoruz."*

Birkaç gün önce *"PKK ile anlaştık, ateşkes ilan edecek"* diyen Talabani bu sözlerden birkaç gün sonra, *"Türkiye'yi yatıştırabilecekleri"*ni ve *"PKK'yı Türkiye ile çatışmaları durdurması konusunda ikna edebilecekleri"*ni söylüyor.

Tuhaf bir ortama sürükleniyoruz. Irak'ta Kürtlerden sonra Şiiler de federasyon istedi. Ülke dağılıyor. Kuzey Irak bölgesel anayasası, bütün güçleri aynı koalisyon içinde toplamaya dönük maddeler içeriyor. Nitekim aynı anayasa tarafından PKK'ya dokunulmazlık zırhı verildi ve PKK Kürt koalisyonunda yerini aldı. Bundan sonra Türkiye'nin ABD ile birlikte PKK'nın üzerine gitmesi, Kuzey Irak otoritesine bunu kabul ettirmesi diye bir seçenek hemen hemen kalmadı.

ABD, PKK ve Kürt liderliği arasındaki pazarlıklar, anlaşmalar şimdilerde uygulanıyor. Özellikle Türkiye'yi PKK ile masaya oturtma konusunda ısrarlı adımlar atılıyor ve kısmen başarılı sonuçlar alınıyor. Türkiye'deki etkin lobinin katılımıyla medya ve aydın imzalarıyla beslenen, ama aslında ABD tarafından dizayn edilen bir süreç bu. Talabani'nin son sözleri, bu sürecin önemli ayrıntılarını ortaya dökmekten başka bir anlam içermiyor.

Büyük pazarlık ABD/İngiltere tarafından hazırlandı, Kuzey Irak'ta pişiriliyor. Türkiye'de ise siyaset, medya ve sermaye ile destekleniyor. Ama sanıldığı gibi bir barış projesi değil. Keşke öyle olsaydı. Keşke bölgedeki sorunlar, bu sorunları istismar eden güçler devre dışı bırakılarak konuşulabilseydi. Ama izlediğimiz süreç, ABD'nin bölgesel dizaynının bir parçası. Bir çeşit "devrim" provası. Yeni Türkiye Planlaması. Bu da beni ürkütüyor gerçekten!

Hal böyle iken Türkiye'de bambaşka bir reaksiyon, saldırgan bir üslupla kendini hissettiriyor.

Bir tarafta ABD ile birlikte hareket eden, Türkiye'yi büyük pazarlığa hazırlayan, siyaset/aydın/sermaye desteğine sahip garip bir uzlaşma ya da "barış" süreci. Diğer tarafta, aşırı hassas, sert, reaksiyoner ve sorunu çatışma ve güçle çözmeye dayanan güçlerden oluşan bir direnç.

İki taraf arasındaki gerilimin ne kadar tırmanacağını kestirmek zor. Ama bir taraf, barış adına İmralı'daki Abdullah Öcalan'la pazarlık sürecini başlatırken; diğer taraf, ABD'ye rağmen, bölgeye müdahalenin yollarını arayabilecek, ilginç ittifaklara ve kendi halkına karşı yaptırımlara girişebilecek.

Bu kamplaşma tehlikeli. Çok tehlikeli...

Türkiye-İran Ortak Operasyonu

Başbakan Tayyip Erdoğan'ın son ABD gezisinin temel gündem maddeleri PKK, Lübnan ve İran/Suriye idi. İki ülke arasında "PKK ile ortak mücadele" gerilimi şimdilik "koordinatörlük" formülüyle ertelendi. Hemen belirtelim; "koordinatörlük", Türkiye'nin önüne sürülen bir aldatmacadan, krizi erteleme formülünden başka bir şey değil. Sadece PKK meselesine değil, Washington'un Ortadoğu'da, özellikle de Irak'ta, "terör" üzerinden ne gibi sonuçlar elde ettiğine dikkatle bakmak, "terör kartı"nın nasıl işlettiğini görmek, bunları "terörle mücadele" adı altında nasıl yapabildiğini iyi kavramak gerekiyor.

Şimdilerde İran'a karşı etkin biçimde kullanılan PJAK, bir ABD projesi. Irak'ta kuruldu, örgütlendi, silahlandırıldı, eğitildi ve şimdi İran'ı vuruyor. Aynı girişim Suriye içinde de söz konusu. Aynı yöntem İran'daki başka etnik gruplar üzerinde de uygulanıyor.

Ziyaret öncesi ilginç gelişmeler oldu. Türkiye Lübnan'a asker gönderme kararı aldı ve ABD'nin Lübnan için geliştirdiği "uluslararası güç" formülüne dahil oldu. Hizbullah'ın silahsızlandırılması için hem Lübnan'da rol aldı hem de kendi hava sahasında İran uçaklarına sıkı denetim uygulamaya başladı.

PKK konusunda Türkiye'nin çağrılarını yıllardır duymayan ABD bir anda harekete geçti ve Türkiye'nin PKK'ya yönelik politikalarını belirleme pozisyonuna geçti. Türkiye sadece ABD'nin açtığı yoldan yürümek durumunda kaldı. Dolayısıyla PKK da, ABD'nin Ortadoğu'daki "Kürt kartı" çerçevesinde oynanan oyunun malzemelerinden biri oldu.

Celal Talabani, "Saldırıları durdurması yönünde PKK'yı ikna ettiklerini, örgütün yakında ateşkes ilan edeceğini" söyledi. Garip bir şekilde, İran için kurulan PJAK daha da güçlendirilip İran topraklarına saldırtılırken, PKK için başka bir formül devreye sokuluyor. ABD-Türkiye-Irak arasında PKK üzerinden bir pazarlık sürecinin zemini oluşturuluyor.

Tam bu sırada ilginç bir iddia ortaya atılıyor.

İsrail istihbaratına yakın bir internet sitesi, Türkiye ile İran'ın Kuzey Irak'a ortak operasyon yapmaya hazırlandığını öne sürüyor. Daha çok İsrail ve İran kaynaklarına dayandırılan iddialara göre; operasyonun hedefi, Kandil dağı. Öncü birlikler Irak'ın 7-8 kilometre içerisinde hazır bekliyor. ABD'nin yarı resmî kurumlarında Türkiye topraklarının bölünmesine ilişkin haritalara da atıfta bulunulan iddialarda, Türkiye'nin Irak petrolünün yüzde 40'ını çıkaran Kerkük'ü ele geçirebileceği, Türkiye-İran ortak operasyonunun Ortadoğu Savaşı'na yol açacağı ifade ediliyor. İki ülkenin hava kuvvetleri, hava indirme birimleri, zırhlı birlikleri, özel harekat birlikleri (Son aylarda Kuzey Irak'ta yoğunlaşan özel harekat birlikleri ve Barzani birliklerinin Türkiye sınırına yaptığı yığınak hatırlanmalı) ve topçularının koordine bir operasyon için bekledikleri öne sürülüyor.

Bu durumun ABD-İsrail karşısına Türkiye-İran ortak gücünü çıkarmış olacağı, Kuzey Irak hava sahasının kapanmasının İran'ı vurmaya niyetli ABD ve İsrail uçakları için ciddi sorun teşkil edeceği söyleniyor.

İsrail'in Kürtleri eğitmesine de atıfta bulunulan haberde, BBC'nin konuya ilişkin son haberindeki görüntülerin, Türkiye tarafından verildiği iddia ediliyor. Yine ilginç bir iddia; ABD'nin PKK için koordinatör olarak tayin ettiği General Joseph Raltson'ın asıl görevi, Türkiye'nin Kuzey Irak'a müdahalesini engellemek. İran ise, müdahale için Türkiye'nin karar vermesini bekliyor. İlk Türk asker ve tankı harekete geçtikten sonra İran da harekete geçecek. Eğer böyleyse Suriye'yi de üçüncü bir aktör olarak nitelemek gerekiyor.

İsrail kaynaklı bu iddialar ne kadar gerçeği yansıtıyor? ABD ve İsrail'in İran'daki nükleer tesislerine saldırıya hazırlandığı; Türkiye'nin Irak işgalinden bu yana ABD ile ilk kez bu kadar yakın olduğu bir dönemde bu bilgiler ne kadar doğruyu yansıtabilir?

ABD, PKK konusunda Türkiye'ye hep yalan söyledi. Çağrılarını duymadı, önerilerini geri çevirdi. Şimdi birden PKK meselesine yoğunlaştı. Irak, Türkiye ve ABD üçgeninde belli çevreler Türkiye'yi bir müzakere masasına doğru sürüklüyor.

Ancak bu müzakereye direnç oldukça güçlü. Yakında ABD'nin yine yalan söylediği ortaya çıkacak ve müzakere süreci boşa çıkacak. Tabii Türkiye iç kamuoyunda ciddi bir gerilimin bizi beklediğini söylemek kehanet değil.

Ortada iki seçenek var. Sınıra yığılan binlerce asker ve aylardır süren hazırlıkların iki amacı olabilir: Ya ABD ve İsrail'le birlikte İran'a karşı bir operasyonun içinde yer alınacak. Ya da ABD'nin yalanlarına, 'Kürt kartı'na ve İsrail'in bölgedeki etkinliğine karşı belki İran ve Suriye ile büyük bir operasyona girişilecek. Türkiye'de her iki ihtimalin de müşterileri var.

Türkiye, PKK sonrası için strateji geliştirmeli

Irak'ta denetimi elinde tutan Amerika'nın PKK'yı himaye ettiği ve Türkiye'ye karşı bir "kart" olarak kullandığı konusunda şüphesi olan var mı? İran'a karşı Halkın Mücahitleri Örgütü'nü kullandığı gibi. İran'daki Kürt grupları Irak'ta toplayıp talimatlar verdiği gibi. Suriye'deki Kürt kökenlileri provoke ettiği, örgütlediği gibi...

ABD yönetiminin, askeri ve siyasi çevrelerinin ve "sivil girişimciler"inin ortaklığında yürütülen etnik çatışma senaryolarının, devlet-PKK savaşını halk çatışmasına dönüştürme, böylece Türkiye'nin enerjisini içeride tüketme, direncini kırma, ardından da hedef koridorlar üzerinden çözülme senaryosunu uygulama arzusu da artık bilinmeyen bir şey değil.

Türkiye'nin, karşı karşıya bulunduğu sorunu, sadece PKK, sadece güvenlik, sadece terör gibi dar alana hapsetmesi, sağlıklı bir bakış açısı değil. Dar anlamda güvenlik sorunlarına karşı geliştirilecek dar kapsamlı güvenlik stratejileri, sorunu çözmeyecek, daha da karmaşık hale getirecek.

Türkiye ile ABD arasındaki PKK pazarlığı işte böyle bir sağlıksız temel üzerinde seyrediyor. Kendi iç güvenliğini, Irak'ın geleceğini, komşularıyla ilişkilerini ve genel anlamda Ortadoğu'ya ilişkin vizyonunu PKK ve terörle sınırlı tutması, Türkiye'nin ufkunu daraltıyor.

Bunun sonuçlarını daha şimdiden görmeye başladık. Çünkü Ankara bugünden Washington'ın Kürt Kartı'na esir olmuş durumda. Aynı kart hem ABD, hem İngiltere, hem de İsrail tarafından Türkiye'ye karşı kullanılıyor ve son dönem Türk dış politikası bu zorunluluğa göre şekilleniyor.

İsrail'in Kuzey Irak'taki etkinliği bir zamanlar Türkiye'yi ayağa kaldırmıştı. Şimdi kimse bundan söz etmiyor. Sanki böyle bir şey yokmuş ya da ortadan kalkmış gibi. Türkiye Irak'la ilgili hiçbir inisiyatif geliştiremiyor. Telafer'deki gibi trajedilere karşı bir söz bile söyleyemiyor. Irak'taki etnik ve mezhep eksenli iç savaşa karşı sesini yükseltemiyor. PKK Kandil Dağı'ndan indirilsin talebini bile yüksek sesle dile getiremiyor.

PKK üzerinden yürütülen Kürt kartı, Güneydoğu'da, Doğu Anadolu'da, Karadeniz'de, Marmara ve Ege bölgesinde yaşananlara karşı da Ankara'nın sesini soluğunu kesti. Birlik çağrıları, terörle mücadele nutukları boşluğa savrulan sözlerden başka bir anlam taşımıyor. Mersin limanında yaşananları, İskenderun limanında yaşananları, bu iki bölgenin Türkiye'nin geleceğinde üstleneceği yıkıcı rolü kimse görmüyor.

Kuzey Irak'tan Doğu Akdeniz'e açılacak koridor için ne tür uygulamalar var, Karadeniz'e açılacak koridor için hangi bölgelerde toplumsal kaos tezgahlanacak, Hazar'a nasıl ulaşılacak? ABD askerlerinin merkez alacağı Kuzey Irak, sadece Kürt devleti olarak mı Ortadoğu'nun geleceğinde rol oynayacak, yoksa Türkiye, İran ve Suriye'deki 'rejim değişikliği' sonrası oluşturulacak yeni haritaların uygulama merkezi mi olacak?

Türkiye, bu meselenin sadece Kürt meselesi olmadığının farkına varamadı henüz. Sadece terör ve PKK meselesi olmadığını göremedi. Bunun Büyük Ortadoğu meselesi olduğunu, bu büyük harita değişikliğinden en ağır yarayı Türkiye'nin alacağını da.

Irak'ta, Kuzey Irak'ta birkaç şirketin kazanacağı dolarlara endekslenen bir Ortadoğu vizyonuna sahibiz. Romantik hayallerle beslenen bir Ortadoğu vizyonu. Gerçeklerden uzak, rüzgâr ne yöne savurursa oraya sürükleniyoruz. Ankara, bölge ile ilgili bütün beklentilerini, endişelerini, korkularını PKK pazarlığına endeksledi. Sadece İsrail'in "Kürt kartı" ile neler elde ettiğine bakın: Türkiye İran ve Suriye ile geliştirdiği güvenlik inisiyatifinden uzaklaşıyor. Dış politikasını yeniden ABD'deki Yahudi lobilerinin inisiyatifine bırakıyor. Bu nedenle İsrail'le her türlü işbirliğini yeniden canlandırıyor. Öte yandan diğer Müslüman ülkeleri de İsrail'le barıştırma görevini üstlendi. Barış nutuklarını geçin, bu, Türkiye'ye verilen bir görev ve zorunlu olarak bunu yapacak. Türk-İsrail askerî işbirliği yeniden güç kazanıyor. Bir süredir İsrail savaş uçaklarına kapatılan Türk hava sahası yeniden açılıyor. Biz de, Türkiye yeni bir Ortadoğu, yeni bir açılım stratejisi geliştirdi sanıyoruz. Hepsinin temelinde 'Kürt kartı'na endekslenen bir zorunluluk var.

Türkiye'yi yönetenler hâlâ "ABD Abdullah Öcalan'ı bize neden teslim etti?" sorusunun cevabını arıyor. Bu soruyu cevaplandırmadan yapılan PKK pazarlığının nereye varacağını da kestiremiyorlar. Evet, ABD PKK'yı himaye ediyor, Anadolu'daki etnik çözülme için kullanıyor. Ama yarın öbür gün çok kolay tasfiye eder, edecektir de... O zaman da Türkiye'den bakın daha neler koparacaklar.

ABD bunu Türkiye için yapmayacak, kendi planları için yapacak. Yeni Ortadoğu projeleri için yapacak. 1991'den beri Kürt meselesini Kuzey Irak üzerinden yürüten ABD, artık Türkiye'deki Kürtler konusunda da söz sahibi tek güç haline geliyor. Avrupa bölgeden dışlandı. Avrupa artık PKK'ya destek veremez. Avrupa Kürt konusunda denklem dışına itildi. ABD-İngiltere-İsrail ekseninin atacağı tek bir adım kaldı: PKK'yı Türkiye'nin isteğiyle uyumlu biçimde tasfiye etmek. Kürt meselesini yerleşip yıllarca kalacağı Kuzey Irak'tan yönetmek.

Türkiye o zaman ne yapacak? Bunun cevabı yok. Bunun cevabını Ankara'da kim biliyor? O zaman Kuzey Irak'tan Türkiye'ye, Karadeniz kıyılarına kadar yayılacak saldırıya karşı Ankara ne yapacak? Hiçbir şey... Kuzey Irak'a müdahale gücü olsa bile edemeyecek. Çünkü PKK o zaman Kandil Dağı'nda olmayacak. Türkiye'nin hiçbir gerekçesi kalmayacak. Çünkü o zaman Kuzey Irak'ta kurulan ve Türkiye'ye doğru yayılan yönetim, doğrudan Amerikan ordusunun kontrolünde olacak. Barzani'nin bir işaretiyle Sivas'a kadar birçok bölge karışabilecek.

Bugün bu süreç işletiliyor ve işler yolunda ilerliyor. PKK'yı devreden çıkarıp Kürtlerin kaderini Barzani'nin elinde toplama stratejisi. Kim bilir, belki de Türkiye'de birileri özellikle bunun için çaba harcıyordur. Ama Birinci Körfez Savaşı'ndan bu yana yapılan hatalar zincirine yeni bir halka ekleniyor. Yakında "ABD PKK'yı niye tasfiye etti bir türlü anlayamadık" diyenler bile çıkacak bu ülkede.

Terör Karadeniz'e yayılıyor, neden?

Terör, neden Karadeniz'e yerleşmeye ve burada tutunmaya, hatta yayılmaya çalışıyor? Trabzon'un Maçka ilçesindeki çatışma ya da başka örneklerini de görebileceğimiz bu çatışmalar etnik ya da mezhep eksenli mi? Yoksa bambaşka senaryolar mı uygulanıyor?

Neden Trabzon, Doğu Karadeniz giderek tırmanan bir güvenlik sorunuyla boğuşmaya başladı? Neden bölgenin hassas yapısı, zaafları kışkırtılıyor? Neden bölge insanı tahrik ediliyor ve bir öfke yaratılmaya çalışılıyor? Karadeniz'de hangi güç ne tür projeler uyguluyor ve amacına ulaşmak için terörü seçenek olarak kullanabiliyor? Bölgede kendini hissettirmeye çalışan terör, gerçekten Türkiye'nin sorunlarından mı besleniyor? Yoksa Türkiye'de belli örgütler, belli güçlerden terör ihalesi mi kaptı?

Maçka'daki çatışmanın Doğu Karadeniz'in Türkiye'nin ve bölgenin geleceğinde oynayacağı rolle ne tür bir ilgisi var? Bütün bunların küresel enerji projeleriyle ne ilgisi var? Bütün bunların Kafkaslara yönelik büyük hesaplarla ne ilgisi var? Bütün bunların giderek Amerikan gölü haline gelen Karadeniz çevresine ilişkin hesaplarla ne ilgisi var? Kuzey Irak-Karadeniz koridoru ile ne ilgisi var? Bütün bunların, Irak'ın parçalanması sonrası bölgede yürütülecek düzenlemelerle ne ilgisi var? Bütün bunların Kuzey Irak-İskenderun (Doğu Akdeniz) koridoru ile nasıl bir bağlantısı var? Kuzey Irak'ta düğümlenen bu senaryolar Kürtler'le ne kadar ilgili?

Orhan Doğan, *Radikal* gazetesinde yayınlanan söyleşisinde, PKK'nın Türkiye'ye ve Karadeniz'e yayılma projesi olduğunu, Karadeniz'e giden militanların bölgeye kadar hiçbir engelle karşılaşmadığını belirterek, Karadeniz'de milliyetçiliğin tahrik edildiğini söylüyor. Karadeniz'in Kürt sorunuyla ne ilgisi var? PKK Karadeniz'e sadece milliyetçiliği tahrik etmek için mi gidiyor?

PKK'nın ya da bir başka örgütün Trabzon'da yoğunlaşmasını Kürt sorunuyla ya da herhangi bir etnik ve kültürel sorunla açıklamak yeterli değil. Türkiye içinde birilerinin hesaplar yaptığı tezleriyle açıklamak da… Tam tersine, Kürt sorununu da, terörü de, etnik ve mezhep eksenli gerilimleri de Türkiye'nin başına yıkmaya çalışanların çok iyi planlanmış tezleriyle karşı karşıyayız.

Irak işgal edildiğinden bu yana üç konuya özellikle dikkat çekmeye çalıştım: Kuzey Irak'tan İskenderun Körfezi'ne, yani Doğu Akdeniz'e, yani Mersin'e kadar olan bölgede önemli gelişmelerin olabileceğini iddia ettim. Oluyor zaten. İşgal öncesi aynı koridoru bir tampon bölge gibi kontrol altına almaya çalışanlar, şimdi farklı biçimlerle bunu yapmaya çalışıyorlar.

Yine Kuzey Irak'tan Karadeniz'e uzanan bölgenin zayıf noktalarını istismar edecek gelişmelerin, endişe verici boyutlara çıkabileceğini iddia ettim. Üçüncü olarak da, Dicle ve Fırat nehirlerinin kaynağına kadar olan bölgelerin orta vadede istikrarsızlaştırılacağını iddia ettim. Zira Dicle ve Fırat suları, Irak ve Suriye ile Türkiye'nin arasında bir mesele iken, artık uluslararası bir soruna; Türkiye ile ABD ve İngiltere, hatta İsrail arasında bir soruna dönüşmek üzere... Irak'tan İsrail'e kadar uzanan su projeleri ve suyun Ortadoğu'nun geleceğinde oynayacağı stratejik rol göz önüne alındığında, bu sorunun giderek Türkiye'yi yoracağını söylemek, giderek bir iç güvenlik sorununa dönüşeceğini iddia etmek abartı olmayacak.

21. yüzyıl boyunca, Türkiye'nin güvenliğinde birinci dereceden belirleyici olacak iki bölge var: Doğu Akdeniz ve Doğu Karadeniz. Doğu Akdeniz bugün adeta bir hegemonya savaşına sahne oluyor. ABD, Avrupa, Rusya, İsrail, Türkiye, bölge ülkeleri, hatta Çin, 21. yüzyılın en stratejik enerji kavşaklarından biri olacak Doğu Akdeniz'de etkinlik kurmaya çalışıyor. ABD ile AB arasındaki nüfuz mücadelesi ise en şiddetlisi. Ben, Kıbrıs sorununu hep bu açıdan ele aldım. Türkiye'nin bu yüzyıla dönük en büyük projesi de Doğu Akdeniz merkezine açılan kapısını bir enerji kavşağına dönüştürmek, böylece küresel enerji projelerinde bir koridor olmak. Bu açıdan İskenderun ve Mersin limanları arasındaki bölgenin Türkiye açısından arz ettiği önem katlanarak artıyor.

Türkiye, ikinci bir Doğu Akdeniz'e sahip oluyor: Burası da Doğu Karadeniz. Bölge, tarihinde hiç olmadığı kadar Türkiye'nin ve dünyanın gündemine giriyor. Doğu Akdeniz gibi, küresel enerji projeleri açısından stratejik önemi artıyor. ABD ile Rusya arasındaki Kafkaslar mücadelesi, Hazar enerji kaynaklarını ve Karadeniz'i dünya siyasetinde çok kritik bir noktaya götürüyor. ABD'nin Romanya ve Bulgaristan'a 25 bin asker yığacak olması, Ukrayna ve Gürcistan'daki değişim, Rusya'yı Karadeniz'den uzaklaştırma stratejisi, burayı da dünya ölçeğinde bir nüfuz savaşına sürüklüyor.

Bu tezlerden hareketle, üç liman, Türkiye'nin ve bölgenin kaderinde önemli rol oynayacaktır. İskenderun, Mersin ve Trabzon limanları. Artık bu limanlar, giderek artan ekonomik değerlerinin yanı sıra, bölgesel güvenlik stratejilerinde de çok önemli misyonlar üstlenecek. Mersin ve İskenderun limanları, Ortadoğu, Doğu Akdeniz ve enerji koridorları için hayati önem kazanırken Trabzon limanı, Hazar enerji kaynakları, İran'ın geleceği, Kafkaslar'daki satranç ve Karadeniz'e yönelik bölgesel inisiyatiflerin merkezinde yer alacak. Üç liman, hem Türkiye'nin, hem yakın çevresinin, hem de bölgede birtakım düzenlemelere girişen güçlerin siyasi, ekonomik ve güvenlik stratejilerinde çok ciddi ağırlık kazanacak.

Bunlara bağlı olarak Doğu Karadeniz, giderek dünya politikasında daha önemli hale gelecek. Giderek belli güçler arasındaki nüfuz savaşlarına sahne olacak. Yaşanacak güvenlik sorunları, bölgenin hassas yapısından değil, bu nüfuz savaşlarından kaynaklanıyor. Karadeniz'e, Trabzon'a yönelen terörün, ne Kürt sorunuyla, ne de bir başka yerel sorunla bağlantısı var. Kürt sorunu çözülse bile bunlar devam edecek. Türkiye'nin içinde bulunduğu bölge, 20. yüzyılın başlarını yeniden yaşıyor. Birileri bu bölgeyi de, 20. yüzyılın başlarına döndürmeye çalışıyor. Suriye'ye müdahale edilirse, İran istikrarsızlaştırılırsa, siz o zaman görün Türkiye'nin nelerle boğuşacağını...

21. Yüzyılda İnsanlık Ayıbı
GİZLİ İŞKENCE MERKEZLERİ

CIA'nın hayalet uçakları ve köle ticareti

Off-Shore İşkence Merkezleri ve CIA'nın Hayalet Uçakları

> *"ABD kimseyi işkence yapılan bir ülkeye taşımamıştır, taşımayacaktır. ABD işkence yapmak için hiçbir ülkenin hava sahasını ve havaalanını kullanmaz."*
>
> ABD Dışişleri Bakanı
> Condoleezza Rice, 5 Aralık 2005

Sayısı bile bilinmeyen insanlar Avrupa'dan Güneydoğu Asya'ya, Orta Asya'dan Afrika'ya ve okyanuslara kadar yayılan gizli işkence merkezlerinde hayatlarını kaybederken, Avrupa ve Türkiye hava sahalarında uçan esrarengiz uçaklar, "21. yüzyılın köleleri"ni bu merkezlere taşırken, ABD Dışişleri Bakanı bütün dünyaya bu yalanı söylüyordu.

ABD Başkanı George Bush ise; *"Teröristlerle ilgili en önemli bilgilerin, nerelerde saklandıklarının, neler planladıklarının yine teröristlerin kendilerinden öğrenilebildiğini, dünyanın çeşitli ülkelerinde CIA'nın sorgulama merkezlerinde bu çalışmanın yapılmış olduğunu, bu kişilerin gizlice elde tutulabileceği, sorgulanabileceği yerlere ihtiyaç olduğunu"* söyledi.

Ne zaman? 7 Eylül 2006'da.

Bu tarihe kadar, bütün Amerikalı yetkililer, gizli cezaevleri, işkence ve CIA uçaklarına ilişkin iddiaları reddediyordu. İşgal edilen bölgelerdeki esirlere yönelik uygulamaları, dünya genelindeki esir ticaretini, terörle mücadele adı altında yürütülen vahşeti, hem ABD hem de müttefikleri ısrarla yalanlıyordu.

Ebu Gureyb ve Guantanamo gibi, insan ırkına yönelik en aşağılık yöntemlerin uygulandığı merkezler bir tarafa; dünya, aslında çok daha vahim bir örtülü operasyonun, gizli esir trafiğinin, kaçırılan insanlara uygulanan işkencelerin, Soğuk Savaş döneminden bile çok daha ürkütücü olan insan hakları ihlallerinin farkında bile değildi.

1995'ten bu yana devam eden, Afganistan işgaliyle devasa boyutlara ulaşan, Irak işgaliyle insanlık için tehdit haline gelen ama Ebu Gureyb ve Guantanamo ile kontrol edilebilir noktada tutulmaya çalışılan 21. yüzyıl köle ticaretinin hangi boyutlarda olduğunu yıllardır yazıp durdum. Bu konuda kaç yazı yazdığımı hatırlamıyorum bile. Hep yalanladılar. ABD yalanladı, elçilikleri yalanladı, bu "ticaret"te rolü olan ülkeler yalanladı, hava sahasını kullandıran ülkeler yalanladı, topraklarında gizli işkence merkezi kurduran ülkeler yalanladı, insan hakları şampiyonu ülkeler yalanladı ve Türkiye yalanladı. Uluslararası Af Örgütü, bağımsız gözlemciler, bu korkunç "ticaret"in mağdurları seslerini duyurmaya, biz de bu sese destek vermeye çalıştık. Şimdi, insanlık suçunun en büyük faili, işkence ve katliamların en büyük sorumlusu bizzat itiraf ediyor. Neleri itiraf etmediler ki? Yalanlayıp da sonradan itiraf etmedikleri ne kaldı ki!

Afganistan'ın işgalinden bu yana, ABD'nin küresel savaşında kullandığı işkence ve katliam örneklerinin listesi çok uzun. Birçok yerde kurulan gizli işkence merkezlerini, sayısı yüzlerle ifade edilen işkence uçuşlarını ve esir ticaretini, sayısı bilinmeyen insanların dünyanın gizli bölgelerine nakledilip bir daha kendilerinden haber alınamadığını, ABD önderliğindeki ittifakın insan neslini hedef alan korkunç uygulamaları gelenek haline getirdiğini, Soğuk Savaş döneminde Latin Amerika'da kurulan "Ölüm Mangaları"nın Irak'ta binlerce insanı katlettiğini çok zor ulaşılan bilgilerle öğrenebildik ve duyurduk. Dünya bu gelişmeleri bir yıl önce tartışmaya başladı. Ancak biz, 2001 yılından beri bu kirli ticaretin sicilini tutmaya çalıştık.

Şibirgan Cezaevi'nde asitle öldürülüp toplu mezarlara gömülen insanlarla, Felluce'de kimyasal silahlarla katledilenlerin kaderi aynıydı. Guantanamo'da sorgusuz sualsiz yıllarca tutulanlarla, dünyanın adlarını bile duymadığı masumlar ve kimsesizlerin kaderi aynıydı. Yine adresi bilinmeyen yerlerdeki gizli cezaevinde tutulanların, işkence ile öldürülenlerin, ABD üslerinde ve savaş gemilerinde sorgulananların kaderi aynıydı. Ne yazık ki dünya, bu zavallılar için adalet, hukuk ve temel haklarla ilgili hiçbir yükümlülük hissetmiyor; aslında insan ırkına yönelen bu şiddet dalgasının hangi noktalara ulaşacağına dair ciddi bir öngörüde bulunmaktan kaçınıyordu.

Guantanamo ve adı bilinmeyen gizli cezaevlerine götürülen esirlerin İncirlik'ten geçmesi, Türkiye'nin hava sahasının ve Diyarbakır gibi havaalanlarının CIA'nın gizli uçuşlarında kullanılması, birçok ülke istihbaratının kendi topraklarında CIA ile ortak operasyon yapıp insanları paketlemesi ve bilinmeyen yerlere göndermesi, kaçırılan insanların kimliğinin gizlenmesi gibi gerçekler duyulmuyor, duyanlar ilgilenmiyor, ilgilenenler tecrit ediliyordu. Hukuki güvenliğin, meşruiyetin, adaletin güvencesi olan kişi ve kurumlar bizzat bu kanlı operasyonda roller üstleniyor, temel hak ve özgürlüklere karşı şiddetli bir savaş yürütüyordu. Terörle mücadele konsepti, zihinleri o denli rehin almıştı ki, bu insanların insan olduğuna, hakları bulunduğuna, suçlandıkları konuların aslında ABD'nin küresel savaşının önünü açmaktan başka bir şey olmadığına inanılmıyordu. İnsanlık en azından bu tehlikeli süreci sorgulamıyor, belki de sorgulama cesareti bulamıyordu. İkinci Dünya Savaşı sırasında ilk kez İngiltere'nin Alman esirler için kullandığı gizli cezaevleri artık Avrupa'dan Afrika'ya ve Uzak Asya'ya kadar yeryüzünü çepeçevre sarmıştı.

CIA uçakları resmî raporda

Yaşananlar ilk kez, Uluslararası Af Örgütü'nün Nisan 2006'daki raporuyla geniş biçimde dünyaya duyuruldu. CIA uçaklarının yüzlerce uçuşu, kullanılan havaalanları, ortaklık yapılan ülkeler, uçakların özellikleri, bu amaçla kurulan veya kullanılan paravan şirketlerin listesi gibi bilgileri içeren rapor, nasıl bir tehditle karşı karşıya olduğumuzu, 21. yüzyıl için nasıl bir dünya kurulduğunu görmemiz açısından ibret vericiydi.

Birçok ülke, hava sahasının CIA tarafından kullanıldığını ya da kendi topraklarında gizli cezaevleri kurulduğunu gizlemeye çalıştı. Avrupa Konseyi, konu ile ilgili soruşturma açıp üye ülkelerden bilgi istedi. Ancak çoğu bu bilgileri gizledi, vermedi. Vermeyenler arasında Türkiye de vardı. Verenler de eksik verdi. Çünkü AB ülkeleri de suça ortak olmuştu. İspanya, İngiltere, Danimarka, Hollanda, Almanya, Bulgaristan, Çek Cumhuriyeti, İtalya gibi ülkeler insan ticaretinin tam merkezindeydi. Kosova, Ukrayna, Gürcistan, Azerbaycan, Özbekistan, Mısır, Ürdün, Tayland, Filipinler ve Ortadoğu ülkeleri de.

Hemen dünyanın tamamını kaplayan bir işkence ağı. Kaç ülke bundan uzak? Kaç ülke CIA'ya hayır diyebildi? Kaç ülke hukuk ve adaleti hatırlattı? Kaç ülke insan hakları ve hukuki güvenceyi aklına getirebildi? ABD ve Avrupa ülkeleri böyle bir insanlık suçuna ortak olmuşsa, hak ve özgürlükler adına kim, ne söyleyebilirdi? Demokrasi ve özgürlükleri dillerinden düşürmeyenler, bu değerler için dünyaya yeniden nizam verenler, Diago Garcia'da, Bağram ve Kandahar'da, Negev Çölü'nde, Irak'ın onlarca bölgesinde, Avrupa'nın birçok bölgesinde, Tayland'da, Orta Asya'da ve okyanuslardaki kimliği belirsiz gemilerde yaşanan insanlık suçlarını nasıl gizleyebilecek?

Avrupa Konseyi: CIA, küresel ağ kurdu

Af Örgütü'nün CIA raporundan sonra, Avrupa Konseyi de altmış yedi sayfalık bir rapor yayınladı. Af Örgütü'nün raporu gibi bu rapor da birkaç yıldan bu yana aktardığımız bilgileri doğruladı. Bir zamanlar, bu bilgileri "komplo" olarak değerlendirenler, terörle mücadele adı altında dünya genelinde yürütülen operasyonların büyük bölümünün CIA komploları olduğunu ne zaman öğrenecek acaba?

Avrupa Konseyi Parlamenterler Meclisi raporunda, terör zanlılarının yasa dışı transferi ve gözaltında tutulmaları için CIA'nın "küresel örümcek ağı" kurduğu belirtildi. CIA'nın bu operasyonunda yer alan Konsey üyesi on dört ülkeye suçlamalar yöneltildi. Bu ülkelerden biri de Türkiye. Listede ayrıca İsviçre, Bosna-Hersek, İngiltere, İtalya, Makedonya, Almanya, Polonya, Romanya, İspanya, Kıbrıs Rum Kesimi, İrlanda, Portekiz, Yunanistan da var. Bu ülkelerin gizli uçuşlara izin verdiği, Romanya ve Polonya gibi ülkelerde gizli cezaevleri bulunduğu ifade edildi. Polonya ve Romanya, rapora şiddetle karşı çıktı ve topraklarında gizli cezaevi bulunduğu iddiasını yalanladı. Buna kimsenin inanmadığı gibi, iki ülkenin kirli ticaretteki rolüne ilişkin ileride daha detaylı bilgiler ortaya çıkacaktır. Avrupa Konseyi raporunda olmayan Ukrayna ile Gürcistan'ın da bu konuda mercek altına alınması gerekiyor.

Kirli ticarette rol alan Kosova, Ukrayna, Azerbaycan, Özbekistan, Mısır, İsrail, Ürdün, Tayland ve Filipinler gibi onlarca ülkeyi burada tekrar saymaya gerek yok. Ama özellikle İsrail ve Ürdün'deki kampların insanlık adına dünya gündemine taşınması gerekiyor.

Benim bunları yazmamın siyasi bir amacı yok. Bir ülkeye taraf ya da karşıt olma mantığıyla da yazmıyorum. Bu iğrenç ticarette hayatları heba olan insanların siyasi kimlikleri için de yazmıyorum. Yıllardır dünya genelinde insan hak ve hürriyetlerinin korkutucu biçimde yok edildiğini, bireylerin can güvenliğinin yok olduğunu, yeryüzünün yaşanmaz bir gezegene dönüştürülmek istendiğini ve insanoğlunun geleceğini tehdit eden bir süreç yaşandığını vurgulamaya çalışıyorum. Bu karanlık sürece karşı durmak için de herkesin vicdanına sesleniyorum.

Türkiye, kirli ticaretin neresinde?

Batı ve Doğu Avrupa ülkeleriyle Ortadoğu/Kuzey Afrika ülkelerinde gizli cezaevleri olduğuna dair çok ciddi bilgiler var. Adı geçen yerler arasında Türkiye, Bosna, Kosova, Üsküp de bulunuyor. Bu merkezlerden geçenler, bulundukları ülkeleri uçuş saatleri, hava durumu, kıble, kendilerini sorgulayan insanların tipleri gibi ipuçlarını kullanarak tahmin etmeye çalışıyorlar. Burada İstanbul, Sabiha Gökçen, İncirlik ve Diyarbakır gibi isimlerin dışında Türkiye'nin kuzeyine ilişkin iddialar da var.

Türkiye, birçok ülke gibi, iddiaları ısrarla yalanladı. Daha doğrusu gizledi. Sadece bir uçaktan söz etti, onun da Türkiye'nin bilgisi dışında olduğunu söyledi. Buna inanılır mı? Avrupa Konseyi, elde ettiği bilgilerin tamamına yer vermedi aslında raporda. Türkiye, CIA'nın pis operasyonlarının merkezindeydi. Guantanamo'ya götürülen esirlerin İncirlik'te "ağırlandığını" bilmeyen kalmadı. Türkiye'nin üstlendiği role ilişkin ürkütücü bilgiler artık gizlenemez hale geldi. Israrlı çabalar, dünya kamuoyunun dikkatini geç de olsa bu soruna çekmeyi başardı.

Af Örgütü'nün ve Avrupa Konseyi'nin raporları bütün gerçekleri ortaya serdi. Ama sorumlu ülkelerden hiçbir ses çıkmadı. Afganistan'dan alınan bir kişinin Türkiye, Gürcistan, Bulgaristan, Romanya ya da Doğu Avrupa'da başka yerlere götürüldüğü; Yemen'den alınan bir kişinin İtalya, İspanya, İngiltere, Almanya ya da Kuzey Afrika ülkelerine götürüldüğü; Tayland, Singapur gibi ülkelerde, Diago Garcia'da, okyanuslarda yüzen gemilerde, ABD askeri üslerinde ne tür insanlık suçlarının işlendiği bilinmiyor muydu? Paris'teki merkez karargah, işbirlikçi ülkelerde yapılan ortak gizli operasyonlar, CIA merkezindeki eğitim birimi, hangi ülkeye ne kadar ABD özel birlik mensubu gönderildiği bilinmiyor muydu?

Bir çağrı yapmıştım o zamanlar. "*Yalanlamayın. Bir süre sonra ABD bütün bunları kabul eder. Siz yalanladığınızla kalırsınız. Bu bir insanlık suçu. Bu suçta yer almayın*" demiştim. "*İnsanlığın ortak hafızasını hafife almayın! İnsanlık suçlarını hafife almayın! Bir gün yakanıza yapışır, kurtulamazsınız. Tarihin en büyük insanlık suçu bu! Sayısız insanın şu anda nerede olduğu bile bilinmiyor. Yeryüzünün her yanı işkence merkezine dönüştürüldü. Off-shore işkence merkezleri ve modern köle ticareti size bir şey anlatmıyor mu?*" demiştim.

"*Gelin bu pis işten kurtulalım. Türkiye'yi bu ayıptan kurtaralım. Çünkü yarın Türkiye topraklarında neler yapıldığını, bu kirli ticaretin altında kimlerin imzası olduğunu, CIA'nın bu ülkedeki sorgu merkezlerine kimlerin izin verdiğini de açıklayacaklar. O zaman sizi kimse düşünmeyecek...*" dedim. Ama onlar kendilerine söylenenleri yapmaya devam ettiler. ABD Başkanı George Bush'un itirafından sonra ise ne diyeceklerini şaşırdılar. Yeni itiraflar gelecek, gerçekler çok daha çıplak biçimde ortaya serilecek. Türkiye'de ya da başka ülkelerde, kirli trafikte imzası olanlar bir şekilde deşifre edilecek. Acaba o zaman, uluslararası yargı mekanizmaları bu insanlar için soruşturma açabilecek mi? İnsanlık suçlarından yargılanabilecekler mi? Yargılanamazlarsa bile, bu kişiler, insanlığın ortak vicdanında çoktan mahkûm edilmiş olacaklar.

CIA'nın "gizli cezaevleri", "işkence uçuşları" ve kaçırılan insanlarla ilgili bilgileri yayınlayanlardan biri de *The Washington Post* gazetesi oldu, ancak birkaç yıl geçtikten sonra. Bu yayından sonra gazete yoğun baskı altına alındı. Hem iktidardaki Neo-Conlar, hem de Demokratlar; gizli bilgilerin ve işbirlikçi ülkelerin deşifre edilmesinden rahatsız oldu. ABD yönetimi gazeteye, *"sakın yayınlama"* baskısı yaptı. Kirli trafikte adı geçen ülkeler paniğe kapıldı.

CIA, Türkiye'de ne tür operasyonlar yapıyor?

Kirli operasyonun merkezinde yer alan, CIA ile her türlü işbirliği yollarını kullanan, askeri üslerini ve hava sahasını kullandıran Türkiye, topraklarında gizli işkence merkezleri bulunduruyor mu? Birçoklarına göre evet. Hatta bazıları gizli anlaşmaların altında kimlerin imzası olduğuna ilişkin iddialarda bile bulunuyor. Ancak kesinleşmediği için bu isimleri burada zikretmeyeceğiz.

7 Mart 2006'da İstanbul'dan kalkan bir uçak, Kopenhag Havaalanı'na indi. Yirmi üç saat sonra, tekrar havalanıp İzlanda'ya, oradan da ABD'ye yöneldi ve bilinmeyen bir adrese gitti. Danimarka Başbakanı sonunda bunun bir CIA uçağı olduğunu kabul etti. *"Türk güvenlik birimlerinin bazı kişileri yakalayarak hiç sorgulamadan CIA'ya teslim ettiği"* haberleri yayınlandı.

ABD Başkanı George Bush, 11 Kasım'da Amerikan Gaziler Günü nedeniyle yaptığı konuşmada, *"Zerkavi'nin kıdemli bir yardımcısının Türkiye'den ABD'ye nakledildiğini"* açıkladı. Guantanamo tecrübesi ve Irak'taki on esir kampında yaşananlar, Bush'un iddiasının ne kadar doğru olduğu konusunda bizi düşündürdü.

Söz konusu uçağın CIA'ya ait olduğu ortaya çıkınca Danimarka karıştı. Muhalefetteki sol eğilimli Birlik Partisi'nin Savunma Politikası Sözcüsü Frank Aen, Dışişleri Bakanı Per Stig Möller'den CIA uçağının başkente ne amaçla indiğine açıklık getirmesini istedi.

Danimarka Ulaştırma Bakanı, 7 Mart'ta İstanbul'dan gelen "N221SG" kuyruk numaralı uçağın, yerel saatle 09:00'da Kopenhag'a indiğini, ertesi sabah yine yerel saat ile 08:04'te İzlanda'nın Keflavik kentine gitmek için havalandığını ancak, uçağın iniş sebebi hakkında bilgi verilmediğini bildirdi. Bu uçakların 2001'den beri Danimarka hava sahasını kullandığı ortaya çıktı.

İsveç devlet televizyonu, Türk güvenlik birimlerinin, yurt içinde ve dışında yaptığı operasyonlarda ABD tarafından terörist olduklarından kuşkulanılan kişileri yakalayarak hiç sorgulamadan CIA'ya teslim ettiğini açıkladı ve Mart ayında yapılan operasyonu kaynak gösterdi. Haberde, *"Uçakta, ABD tarafından aranan ve Türkiye topraklarında yakalanan bir grup terörist vardı. Bu bir CIA kargosuydu. Türkiye üzerinden Kopenhag'a getirildikten sonra, buradan da CIA tarafından sorgulanmak üzere İzlanda üzerinden ABD'ye gönderildi"* ifadesi kullanıldı.

Gulfstream 5 tipi VIP uçaklarında götürülen kişilerin kimlikleri gizli tutuldu. Bu kişilerin hiçbir yasal hakları yok. Takip edilmeleri, nerede ve ne halde olduklarının öğrenilmesi mümkün değil. Devlet eliyle yapılan bir tür insan kaçakçılığı giderek dünyanın kâbusu haline geliyor.

Bu işi Premier Executive Transport Services adlı bir paravan şirket yürütüyor, aynı şirketin uçakları kullanılıyor. CIA'nın paravan şirketine bağlı uçaklar 2001'den bu yana, Bağdat'a, Kuveyt'e, Karaçi'ye, Riyad'a, Dubai'ye, Taşkent'e, Bakü'ye ve Fas/Rabat'a gizli seferler yaptı ve kaçırılan insanları götürdü. *The Washington Post* uçaklardan birinin kuyruk numarasını "N3779P" olarak açıkladı.

Bu gerçeklerden sonra gerek ABD basınında, gerekse dünya basınında, CIA'nın dünya genelindeki gizli işkence kamplarıyla ilgili çok sayıda haber yayınlandı. Dünyanın belli bölgelerinden kaçırılan insanların, çeşitli ülkelere götürülüp sorgulandığı, işkenceye maruz bırakıldığı, bazılarının öldürüldüğü, ABD üsleri ve savaş gemilerinin işkence kampları olarak kullanıldığı ve birçok ülkenin istihbarat teşkilatının bu insanlık suçunda CIA ile ortaklık yaptığı gizlenemez hale geldi.

Cinnet hali o dereceye vardı ki; İtalya'da bir imam, ABD'nin Roma Büyükelçisi'nin de içinde bulunduğu 12 kişilik bir CIA ekibi tarafından şehir merkezinde herkesin gözleri önünde kaçırıldı. Bir Büyükelçi, Roma'nın göbeğinden adam kaçırıyordu! İtalya soruşturma başlattı. Ancak kaçırma olayı, dönemin İtalya Başbakanı Silvio Berlusconi ile ABD arasındaki gizli anlaşmaya dayanıyordu. O an için yapılacak hiçbir şey yoktu. Zira dünya genelinde benzer anlaşmalarla yapılan o kadar çok insan kaçakçılığı örneği vardı ki! Daha sonra söz konusu kişinin Almanya'ya kaçırıldığı ortaya çıktı. Almanya soruşturma başlattı.

Doğu Avrupa'daki "yeni ABD müttefikleri" insanlık suçunun en gönüllü ülkeleri oldu. ABD'nin askeri üsler kurduğu Romanya ve Bulgaristan mercek altına alındı. Polonya ölüm kamplarına ev sahipliği yapıyor. Macaristan'ın adı cinayete karıştı. Ukrayna da öyle. Gürcistan da. İsrail'in Negev Çölü'ndeki esir kampları işkence turlarının en sık yapıldığı bölgelerden biri.

Son olarak, İspanya'nın da suça iştirak ettiği ortaya çıktı. İspanya Ulusal Mahkemesi, konuyu araştıran savcının şikayetini kabul etti. CIA'nın Akdeniz'deki Mallorca adasındaki Palma havaalanını kullandığı, buraya CIA uçaklarının özel güvenlikle inip kalktığı ortaya çıktı.

CIA'nın bu amaçla 23 uçak kullandığı, aynı amaçla 7 paravan şirket kurduğu biliniyor. Daha önce Özbekistan'dan Tayland'a, Afrika ülkelerinden Ürdün'e, Doğu Avrupa'dan Fas'a kadar gizli işkence merkezlerinin bulunduğu ülkelere insan kaçıran CIA, uçuşlarda Gulfstream 5 tipi VIP uçaklarını ve bu 7 paravan şirketi kullanmıştı. İstanbul'dan Kopenhag'a giden uçak da bu şirketler arasında bulunan Path Cooperation'a ait.

Türkiye'de neden kimse sesini yükseltmiyor? Bu ülkede CIA tarafından veya CIA adına yapılan operasyonları, kanunsuzlukları, insanlık suçlarını örtbas mı edeceğiz?

Türkiye'de gizli cezaevleri var mı?

Türkiye'de, İspanyol savcının yaptığını yapacak, konuyu soruşturacak, başta İncirlik olmak üzere ABD üslerini takibe alacak, insanlık adına, adalet adına cesaretle konunun üzerine gidecek bir savcı var mı? Kuzey Irak sınırından İncirlik Üssü'ne ve Mersin'e uzanan hatta neler döndüğünü sorgulayacak biri var mı?

Türkiye tarihinde utanç verici bir sayfa bu. Ne ağır bir suç! Afganistan'dan Guantanamo'ya götürülen esirlerin İncirlik Üssü üzerinden transfer edilmesi, Irak'tan alınıp Türkiye üzerinden bir yerlere kaçırılması!

Türkiye'den gizli adreslere ya da başka ülkelerden Türkiye'ye kaç uçuş yapıldığı hâlâ bilinmiyor. Kaç kişi taşındı? Kimdi bunlar? Türkiye neden bu işin içinde? Can alıcı soru şu: CIA'nın Türkiye'de de gizli cezaevi, işkence merkezi var mı? Bu konuda hiçbir yasal süreç izlenemedi. Ancak var olduğuna dair çok güçlü kanaat ve iddialar var.

Suça iştirak eden AB ülkeleri, Avrupa Konseyi'nin raporuna rağmen harekete geçmedi. Vatandaşlık yasalarını, göçmen yasalarını, terörle mücadele yasalarını yeni duruma göre değiştiren, faşizmi andıran maddelerle bireysel hak ve özgürlüklere adeta savaş açan AB ülkeleri için -tıpkı ABD gibi- birer güvenlik tedbiriydi bunlar. Avrupa Konseyi'nin ABD'nin gizli cezaevlerine ev sahipliği yapan ülkeleri kara listeye alması, bu ülkelere siyasi yaptırım uygulamaya karar vermesi bile hiçbir sonuç doğurmadı. Sadece Avrupa kamuoyunun hassasiyetini harekete geçirdi.

Afganistan işgali sırasında 'Kunduz-Mezar-ı Şerif/Şibirgan cezaevi hattı'ndaki "ölüm yolculuğu"nda katledilen üç bin esir de

AB ve BM gündemine gelmiş; ama bir gizli el, soruşturmaları durdurmuştu. Hatırlayalım:

Konteynırlara istif edilen, birbirlerinin terini içen, havasızlıktan boğulan, dışarıdan kurşun yağmuruna tutulan esirleri hatırlayalım. Kurşun deliklerinden kan sızıyordu. Şibirgan cezaevinde üzerlerine asit dökülerek öldürüldüler, kemikleri kırılarak öldürüldüler, boğularak öldürüldüler, gece karanlığında Mezar-ı Şerif dışına götürülüp ABD/İngiliz özel timleri ve Raşit Dostum'un adamları tarafından kurşuna dizilerek öldürüldüler. Toplu mezarları köpekler ortaya çıkardı. Delilleri içeren bir belgesel Avrupa Parlamentosu'nda ve Alman Meclisi'nde gösterildi. Ancak dünya bu vahşi cinayeti, insanlık suçunu çok sonra duyabildi. Hiç sorgulayamadı.

26 Ekim 2006'da Alman *Bild* gazetesinin yayınladığı, Alman askerlerini Afgan kafataslarıyla gösteren resimler ciddi tartışmalara neden olsa da, Irak ve Afganistan'da işlenen cinayetlere katılan askerlerin ortak yönlerini gösterdi. Ama asıl soru şuydu? O kafatasları kime aitti? Tabii ki Afgan esirlere!

İşte gizli işkence merkezleri bu katliamdan, Guantanamo'dan, Ebu Gureyb'deki işkence ve tecavüzlerden sonra ortaya çıkarılan bir başka alçaklıktı! ABD, İngiltere ve İsrail'in birlikte planladığı, yeni yetme müttefiklerin ortak olduğu bir başka canilikti.

İngiliz sömürge geleneğini yaşatıyorlar! İngiltere, II. Dünya Savaşı sırasında düşman esirleri sorgulamak için işkence merkezleri kurmuştu. 1940-45 arası 3 bin 573 esirin bu gizli merkezlerde tutulduğu belirtiliyor. Yirmi dört saat işkence, yirmi dört saat aşağılama, yirmi dört saat elektrik şoku, yirmi dört saat insanlık suçu!

CIA'nın kaçırdığı insanları okyanuslarda dolaşan gemilerde topladığı belirtiliyor. BM'nin özel işkence raportörü Manfred Nowak, *"ABD'nin, özellikle Hint okyanusunda seyreden hapishane gemileri gibi, gizli hapishaneleri bulunduğuna dair*

çok ciddi suçlamalar olduğunu" söyledi. Hayalet gemiler...
Uluslararası sular, ABD için hukuktan, kanundan, ahlaktan, insanlıktan kaçmak için birebir.

Diago Garcia'da, Afganistan'daki ölüm kamplarında, Irak'ta hâlâ kadın ve çocukların tutulduğu işkence merkezlerinde, Kuzey Irak'taki gizli yerlerde, okyanuslarda dolaşan hayalet gemilerde, İsrail'in Negev Çölü'nde, Kuzey ve Orta Afrika'nın ıssız bölgelerinde, Güneydoğu Asya'nın yağmur ormanlarında, savaş gemilerinde, askeri üslerde yaşananları kim ortaya çıkaracak? Bu barbarlığa karşı tüm insanlığı kim ayağa kaldıracak?

Yeraltındaki sorgu merkezlerinde, birçok ülkede apartman dairelerinde oluşturulan sorgu/işkence merkezlerinde CIA sorgucularının ellerindekilere hangi hukuk, adalet ve vicdan sahip çıkacak?

Türkiye, bu gelişmeleri duymazlıktan gelemez. Günün birinde, CIA'nın Türkiye'de neler yaptığını birileri ortaya çıkardığında bugün susanlar ne yapacak? Nereye kadar gizleyebileceksiniz? İncirlik'te ne oluyor? Ankara'da, Diyarbakır'da, İstanbul'da da gizli sorgu evleri var mı? CIA Türkiye'de ne tür operasyonlar yapıyor? Türkiye bu sorulara cevap bulmadan duramaz.

80 ülkeden 80 bin esir

İngiliz *Guardian* gazetesi, ABD'nin 11 Eylül'den bu yana 80 ülkede 80 bin kişiyi gözaltına aldığını, sorguladığını, tutukladığını yazdı. 14 bin 500 kişi ABD hapishanelerinde, 13 bin 814 kişi Irak'ta, 500 kişi Guantanamo'da. Peki diğer ülkelerde ve gizli cezaevlerinde kaç bin kişi var?

Tarih, bu merkezleri "Amerika'nın Auschwitz'leri" olarak kaydedecektir.

Aralık 2005'te FBI Başkanı'nın ziyaretinin hemen ardından Ankara'ya gelen CIA Başkanı Porter Goss'un gündemi sır gibi saklandı. Irak'taki direniş, PKK ve terörle mücadele gibi genel başlıkların ötesinde ziyaretle ilgili herhangi bir detay, kamuoyunun bilgisine ulaşmadı. 11 Eylül'den sonra birçok ülkede olduğu gibi Ankara'da da büro açan ABD iç güvenliğinden sorumlu FBI'ın Başkanı Robert Muller'ın, Ankara'dan önce Kuzey Irak'ta bulunması, CIA Başkanı'nın gündeminde de Irak olduğuna dair karine teşkil ediyordu. Gross'un gündemindeki en önemli konunun CIA uçakları olduğuna şüphe yoktu. İşkence uçuşları ve gizli cezaevleri konusunu ABD'de ve Avrupa'da gündeme taşıyanlar, nisbi bir başarı elde etti. Ancak Condoleezza Rice'ın ziyaretiyle Avrupa, dosyayı kapattı. Çünkü ABD ile AB üyeleri arasında 22 Ocak 2003'te Atina'da bu konuda gizli bir anlaşma yapılmıştı.

Devlet eliyle insan ticareti ve işkence giderek bir sektöre dönüştü. Tahmin edilenden daha derin ve yaygın. Uluslararası pazarlıklarda diplomasinin yerine geçmiş durumda. İlişkiler güvenlik, terör, pastadan pay alma üzerine kurulmuş ve öyle yürüyor. Terör üzerinden hesaplaşma, terör üzerinden koalisyon, terör üzerinden paylaşım... Yeni dünya düzeni işte böyle şekilleniyor. Kirli ticarete, esir ticaretine verilecek çok örnek var. ABD ile işbirliği, işgal edilen, yağmalanan bölgelerde menfaat dağıtılarak ödüllendirildi.

İnsan hakları alanında kimseye söz bırakmayan Finlandiya, İsveç ve Norveç gibi ülkelerin de CIA operasyonlarında yer almasını, sorgulamalara katılmasını, terörle mücadele adı altında insanlık suçlarına ortak olmasını nasıl açıklayacağız? Nobel Barış Ödülü mirasçılarını nereye koyacağız? Mesela, Norveç neden bu insanlık suçunun içinde? Cevabı son derece basit...

1 Aralık 2006'da Kuzey Irak yönetimi, Zaho'da petrol sondajlarına başladı. Törene Neçirvan Barzani de katıldı. Bağdat yönetimi şoke oldu. Irak Anayasası'nda bölge petrollerinin kaderinin Bağdat'la birlikte belirleneceği belirtilirken, Kürt yönetimi Bağdat'a danışmadı bile. Kürtler Bağdat yönetimini tanımadıklarını ortaya koymuş oldular. Ancak işin dikkat çekici tarafı, petrolü

Norveçliler'in çıkarması. Norveç, Oslo merkezli DNO şirketinin petrol araması karşılığında işkenceye ev sahipliği yapmıştı. ABD ile işkence ortaklığına giren her ülkenin benzer anlaşmaları var. İnsan kanı, onuru, özgürlüğü ve hayatı üzerinden bir ticaret böyle yürütülüyor.

Londra'da yayınlanan *El Kudüs El Arabi* gazetesi, 4 Temmuz 2006 tarihli haberinde, Amerika'nın Silopi'de yeni bir üs inşa ettiğini, üssün bir yıl içinde tamamlanacağını yazdı. Haberini Iraklı Kürt kaynaklara dayandıran gazete, yeni üssün, Habur sınır kapısı ile Silopi arasında, bin dönümlük bir alanda inşa edilmekte olduğunu belirti ve bazı ayrıntılar verdi.

4 Temmuz tarihli iki haberi daha arşivime atmışım. Şöyle: Türk Silahlı Kuvvetlerine bağlı tank ve zırhlı araçlardan oluşan askeri araçlar, Silopi'de konuşlanmaya başladı. Haberi, PKK'ya yakınlığı ile bilinen Fırat Haber Ajansı duyurdu. Ajans, Hac Konaklama Tesisleri ve Gıte köyü kırsalına sevk edilen tank ve zırhlı araçlardan dört tanesinin ise Habur Sınır Kapısı'nın sol tarafında yapılan çelik köprüden Kuzey Irak'a geçtiğini iddia etti. Yine ajansa göre, Silopi ile Kuzey Irak sınırına yapılan tank sevkıyatı, bir haftadan beri devam ediyordu.

Diğer haber ise şu: Kuzey Irak bölgesel hükümeti, Silopi'ye 16 kilometre uzakta, Kabaruk'ta petrol bulmuştu. Petrol çıkarma ve pompalama töreni ise bir gün sonra yapılacaktı. Petrolü, CIA'nın gizli uçakları ve işkence merkezleri konusunda ABD ile işbirliği yapma karşılığında bölgede petrol arama imtiyazı elde eden insan hakları savunucusu Norveç'in bulup işlettiğini yukarıda aktarmıştım.

Şirketin sorumluluğu, resmî olarak Irak'a giden "Türk kamyonlarının güvenliğini sağlamak" olarak gösteriliyor. Gerçek amacın bu olduğuna siz de inanmadınız değil mi? Emekli asker ve istihbaratçılardan oluşan kadrosu ile zırhlı konvoy güvenliği, savunma taktikleri, düşük yoğunluklu çatışma, terörle savaş, istihbarat, hava operasyonları ve rehine kurtarma gibi "görev"ler üslenecek bir merkezin "kamyon güvenliği" ile bu kadar yakından ilgilenmesi ne kadar da şaşırtıcı!

Ayrıca, bu üs ve Black Hawk şirketi ile ilgili çok ilginç detaylar yayınlandı. ABD'de kurulan şirketin ortakları ve Türkiye'deki şirketin ortakları hakkında bilgiler aktarıldı. En önemlisi de, ortaklardan birinin, Kuzey Irak'ta başlarına çuval geçirilen askerlerden sorumlu, dönemin Genelkurmay Harekat Dairesi Başkanı Korgeneral Köksal Karabay olması. Diğerleri; Gaffar Okan suikastının faillerinin Hizbullahçılar olduğunu açıklayan, devlet-Hizbullah ilişkilerine dair açıklamaları bulunun eski vali Cemil Serhadlı, eski Büyükelçi Mehmet Nuri Ezen ve benzer isimler. Bin dönüm arazi üzerine kurulan bir üs; MİT, CIA, FBI ve Özel Kuvvetler'den emekli kişilerden oluşan bir kadro. ABD'nin Irak işgalinin lojistik güzergâhı Silopi. Üssü, ABD ordusunun karanlık işlerini yürüten ve Irak'ı parselleyen ABD Başkan Yardımcısı Dick Cheney'nin şirketi Halliburton'a bağlı KBR şirketi inşa ediyor. Black Hawk tipi örgütlenmeler aslında özel güvenlik şirketi. Yani özel ordu. Yani paralı askerler. Bu güçlerin Irak'ta neler yaptığını biliyoruz. Daha önce Vietnam'da, S. Arabistan'da, Latin Amerika'da, Güneydoğu Asya'da on binlerce insanın kanına giren bir yapılanma bu. ABD ordusunun kirli işlerini yürüten, savaş suçu kanıtlarını gizleyen, kitle imha silahı izlerini temizleyen, ihale edilen katliamları yapan örgütlenmeler.

CIA'nın gizli insan kaçakçılığı, gizli işkence merkezleri de bu tür özel örgütler üzerinden yürütülüyor. Bugün Irak'ta sayısı binleri bulan suikastları, çok ölümlü bombalamaları, iç savaş provokasyonlarını, mezhep çatışması senaryolarını da bu tür örgütler yürütüyor.

İşkence uçaklarını neden indirmediniz!

Türkiye'nin hava sahasına ilişkin hassasiyetine ve bu hassasiyeti neden CIA'nın gizli uçakları için göstermediğine ilişkin çarpıcı bir gelişme daha aktarmak istiyorum.

2006 Eylül'ünün ikinci haftası BBC, İsrailli komandoların Kuzey Irak'taki Kürt birliklerini eğittiğine dair önemli bir haber yayınladı. İsrailli uzmanlar bölgeye Türkiye üzerinden geçiyormuş. Aynı bilgiler daha önce de yayınlanmıştı. İsrail reddetmiş, Türk Dışişleri Bakanlığı ise kabul etmişti. Aynı uygulama 1970'lerde de vardı. Ancak İsrailli uzmanlar Türkiye'den değil, Şah yönetimindeki İran'dan Kuzey Irak'a geçiyordu. Tabii silahlar da aynı yoldan bölgeye intikal ediyordu. Şimdi İsrail komandoları Türkiye'den geçiyor, acaba silahlar da geçiyor mu? Gerçi buna gerek yok. Irak; ABD, İngiliz ve İsrail denetiminde. Bu hatırlatmayı yaptıktan sonra asıl konuya dönelim ve biraz kafa karıştırıcı şeyler söyleyelim:

Lübnan'da Hizbullah-İsrail çatışması devam ederken Türkiye ile İran arasında "uçak krizi" yaşandı. Venezüella ziyaretinde İran Cumhurbaşkanı Mahmut Ahmedinejad'a eşlik eden Dışişleri yetkilileri, Sanayi Bakanlığı uzmanları ile gazetecilerden oluşan 90 kişiyi taşıyan Boeing 707 tipi yolcu uçağı, sabah 04:00 sıralarında İstanbul Atatürk Havalimanı'na indirildi. Uçağın Türk hava sahasını kullanmasına izin verilmedi. Türkiye'nin Tahran Büyükelçisi Hüsnü Gürcan Türkoğlu, İran Dışişleri Bakanlığı'na çağırıldı ve bu davranış protesto edildi.

Bir ülkenin güvenlik nedeniyle hava sahasında bu tür önlemler almasından daha doğal bir şey olamaz. Ama olay öyle mi? Özellikle İsrail'in Lübnan'a saldırısı sırasında ve sonrasında çok sayıda İran uçağının Türk hava sahasını kullanmasına izin verilmemesi dikkat çekici. İran uçaklarına kesin sınırlamalar getiriliyor, özellikle Suriye'ye giden uçaklar indirilip aranıyor. Şam'a gitmeye çalışan bazı İran uçakları Diyarbakır havaalanına indirilmiş ve aranmıştı.

Mesela 15 Temmuz 2006'da, İsrail saldırılarının başlamasından üç gün sonra, ABD istihbaratı harekete geçiyor, 19 Temmuz'da Mahrabat havaalanı uydudan kontrol altına alınıyor, 20 Temmuz'da Türkiye, Şam'a gitmek üzere havalanan Ilyushin Il-76 tipi kargo uçağına -ABD'nin baskısıyla- hava sahasını kapatıyor ve uçağı Tahran'a geri gönderiyor. 22 Temmuz'da ise iki İran uçağı Türkiye'de indirilip aranıyor. Oysa İran, kendi topraklarında PKK'ya karşı askeri operasyonlar için Türk uçak ve helikopterlerine hava sahasını açıyor, çok sayıda Türk askerine Van ve Hakkâri'den Urumiye'ye geçiş izni veriyor.

Daha önce İran, Suriye ve Irak sınırlarında İsrail'e dinleme üsleri izni veren Türkiye, aslında Lübnan'a yönelik ambargoya çoktan başladı. "Hizbullah'ın silahsızlandırılması"na savaş sırasında başladı. Uluslararası güç, Lübnan'ı çepeçevre kuşatıp kesin bir abluka uygularken Türkiye de İran'dan bölgeye giden uçaklara aynı ablukayı uyguluyor. ABD, İsrail ve müttefikleri İsrail'e askeri yardım koridorları oluştururken, İsrail'e füze taşıyan uçaklar birçok ülkenin hava sahasını kullanırken, Türkiye İncirlik'ten giden askeri mühimmata izin verirken, Hizbullah'a gidecek diye katı bir hava ambargosu uyguladı.

Aynı Türkiye, hava sahasını kullanan CIA'nın işkence uçaklarının hiçbirine müdahale etmedi. En son, ABD Başkanı George Bush'un itiraf ettiği gizli cezaevleri çerçevesinde hava sahasını, üslerini ABD uçaklarına kullandırttı. Kamuoyundan gelen yoğun tepkilere rağmen bir adım geri atmadı, bu uçakları sorgulamadı, indirip aramadı. Tam aksine, uygulamayı sürekli yalanladı. Tabii kimse inanmadı. Çünkü hepsi yavaş yavaş ortaya çıktı.

Ne garip? Mossad timleri Kuzey Irak'ta eğitim verirken, yine Mossad ve CIA'ya bağlı özel birimler, Türkiye'de, Kuzey Irak'ta, Lübnan'da ortak operasyonlar yapıyordu. Savaştan önce de sonra da bölgeye kontrgerilla timleri gönderildi. Hepsi İsrail istihbaratı ile koordinasyon içinde. Türkiye'de de bu koordinasyon devam ediyor.

Türk hava sahasını ABD ve İsrail mi kontrol ediyor? Hizbullah'a yönelik katı ambargo Türk hava sahasında başlarken, aynı hava sahası İsrail'in bütün faaliyetlerine açık. Dahası, karada ortak operasyonlar yapılıyor. Ama Lübnan halkına yardım gider korkusuyla İran uçakları indirilip aranıyor? O zaman biz, açıkça tarafımızı seçtik. Şimdi düşünelim: İsrail, Kürt birliklerini eğitiyor. Türk özel harpçileri Mossad'la birlikte eğitim yapıyor. Lübnan'da, Kuzey Irak'ta CIA ve Mossad'la birlikte çalışıyor. Kime karşı? ABD ve İsrail için Türkiye'nin üsleri ve hava sahaları kullanılıyor, silah sevkıyatı yapılıyor. Ama İran uçaklarına; Hizbullah'a silah gider korkusuyla ve ABD ile İsrail'in baskılarıyla hava sahası kapatılıyor, uçaklar indirilip aranıyor.

Mesele, İran'a yönelik uygulama değil. Burada rahatsız eden şey, kamuoyunun bilgisi dışında ve asla onaylamayacağı şekilde bir gizli ortaklık. Bu ülkenin bütün nimetlerinin ABD/İsrail çıkarlarına hasredilmesi...

Madem hava sahamız bütün şüpheli hareketlere karşı kesin kontrol altındaydı, CIA'nın işkence uçaklarından bari bir tanesini indirseydik ve bu insanlık suçuna ortak olmasaydık olmaz mıydı? İsrail'e giden silahları engelleseydik. Yapabilir miydik bunu?

Sonuç

Atlas Okyanusu'ndan Pasifik kıyılarına kadar, onlarca ülkeden kaçırılan sayısız insanın nerede olduğunu merak etmek, sormak, sorgulamak ve cevabını aramak zorundayız. ABD askeri üslerinin birer sorgu üssü, işkence üssü olarak kullanıldığını biliyoruz. Okyanus'ta dolaşan ABD donanmasına ait gemilerin sorgu merkezleri olarak kullanıldığını da. Kaybolan yüzlerce insan nerede? Bu insanların aileleri, eşleri, çocukları, ana babaları nasıl bir dram yaşıyor? Nereye başvurup, kimden bilgi alabilirler? Bu insanlar ne ile suçlanıyor?

Neden hiçbir şekilde haklarında yargı süreci başlatılmıyor? Neden hiçbiri hakkında resmî suçlama yapılmıyor? Yüzlerce asılsız senaryo var ve bu senaryolara bağlı olarak sayısı bilinmeyen insanlar evlerinden, sokaklarından, okullarından, işyerlerinden, camilerinden alınıp kimsenin bilmediği yerlere götürülüyor. Bazıları dükkânından, bazıları caddede yürürken kaçırıldı. İşkenceyi meşrulaştıranlar, devlet terörünü meşrulaştıranlar, adam kaçırmayı da yasallaştırdı. İşkence kurumsallaştığı gibi devlet eliyle korsanlık, devlet eliyle adam kaçırma da kurumsallaştı. Bunun için istihbarat birimleri kuruldu. Bunun için kadrolar yetiştirildi. Bunun için araçlar geliştirildi. Bunun için gizli bölgeler ayrıldı. Bütün insanlığı tehdit eden ve sonunun nerelere uzanacağı kestirilemeyen bu cinnet haline son vermek için, insan onurunu, özgürlüğünü önemseyenlerin el birliği içinde hep birlikte bir şeyler yapması gerekiyor.

Hedefler - Hedeftekiler
SUİKASTLAR

Suikastların izini takip edin...

Ahmet Şah Mesud Suikastı: Yüzyılın dönüm noktası

11 Eylül'den iki gün önce öldürülen Ahmet Şah Mesud'un öldürülmesinden sonra, uluslararası etkilere neden olan bütün suikastları dikkatle izliyorum. Suikastların dünya politikasına nasıl yön verdiğini tartışırken, *"Mesud'u öldürenler, Refik Hariri'yi öldürenler, Şeyh Yasin'i öldürenler, Yaser Arafat'ı ölümüne kadar tecrit edenler aynı güçlerin suikast politikalarına devam edecek"* diyerek, suikastlar üzerinden çıkar elde edip birçok ülkeyi, bölgeyi istikrarsızlığa, iç savaşlara sürükleyeceklerini hep söyledim.

Hemen her suikasttan sonra *"Başkalarını da öldürecekler!"* dedim. Bunda ısrarlıyım. Şah Mesud'dan sonra Afganistan ve Orta Asya'da dengeler kökünden değişti. Avrupa Birliği, Rusya ve Çin'in; ABD'nin bölgedeki nüfuzunu kırmaya dönük çıkışları hezimete uğradı.

Şeyh Ahmet Yasin'in şehit edilmesinden ve Yaser Arafat'ın tecrit edilip ölüme gönderilmesinden -bir iddiaya göre zehirlenmesinden- sonra ABD ve İsrail, Filistin'de yıllardır yapamadığı şeyi yaptı; yeni bir yönetici elit/rejim oluşturdu. Arafat'ın ve Şeyh Yasin'in sağlığında yapamadığı rejim değişikliğini Filistin halkının iki önderi öldürüldükten sonra yapma imkânını buldu. Nitelik olarak Afganistan'daki rejim değişikliğinden hiç de farklı olmayan bir dönüşümü dayattı ve başarılı oldu.

Lübnan'da eski Devlet Başkanı Refik Hariri öldürüldükten sonra bu ülkedeki Suriye varlığının sonu geldi. Şam, İsrail'e karşı en stratejik açılımı olan Lübnan'ı kaybetti. Ukrayna ve Gürcistan'da olduğu gibi Lübnan'da da renkli devrim senaryoları uygulandı ama başarılı olamadı. Hariri'nin Suriye tarafından öldürüldüğü yönünde küresel bir konsensüs oluştu. BM'nin ve birçok ülkenin uluslararası soruşturma taleplerine rağmen Hariri suikastıyla ilgili hiçbir ciddi veri elde edilemedi.

Hariri'nin öldürülmesinden sonra Beyrut'un, özellikle Hıristiyanlar'ın yaşadığı kesiminde hemen her hafta bombalar patladı, insanlar öldü. Dini ve etnik açıdan hassas olan Lübnan'ı karıştırmak için her türlü provokasyon denendi. 3 Haziran 2006'da Lübnan'da Suriye karşıtı gazeteci Samir Kasir bombalı saldırıyla öldürüldü. Genel seçimlerin ilk aşaması olan Beyrut'taki seçim gününden hemen önce Suriye karşıtı bir gazetecinin öldürülmesi, beklenen sonucu doğurdu ve Şam'a yönelik öfke biraz daha tırmandı. Lübnanlı seçmenler ABD ve İsrail ile yerli olanlar arasında bir tercih yaparken, Suriye öfkesi seçmenlerin tercihlerini yönlendirmek için kullanıldı.

Seçimlerin ikinci aşamasında Hizbullah-Emel koalisyonu, ülkenin güneyinde tam anlamıyla zafer kazandı. Suriye'ye yönlendirilen öfkenin yeterince etkili olup olmadığı, seçimin tamamlanmasıyla ortaya çıktı. Seçim sonrası Hizbullah'ın silahsızlandırılmasına yönelik süreç ivme kazanacak, yeni suikastlar işlenecek, yoğun siyasi, askeri ve psikolojik operasyonlar yapılacaktı. ABD-İngiltere-İsrail cephesinin Irak'tan sonra Suriye ve İran'ı hedef aldığı, her gün yeni stratejilerle bu iki ülkeyi yıprattığı ortada. Aynı dönemde özellikle Türkiye'de Suriye'ye yönelik yıpratıcı kamuoyu çalışması da dikkat çekiciydi.

Suriyeli Kürt kökenli Şeyh Muhammed Maşuk el Haznevi'nin öldürülmesi öncekilerden çok da farklı olmayan bir suikast olarak beklenen etkiyi gösterdi. Laikliği ve dinler arası diyaloğu savunan, Irak'taki direnişçileri terörist olarak nitelendiren Haznevi'nin 10 Mayıs 2005'te Suriye istihbaratı tarafından kaçırıldığı, 30 Mayıs'ta da işkenceyle öldürüldüğü iddia edildi. Bazıları, cinayetin "aile için sorunlar"dan kaynaklandığını ileri sürdü. Suriye ise Haznevi'yi kaçıran beş kişinin yakalandığını duyurdu. ABD ve BM yine soruşturma istedi. Suikasttan sonra dünyanın birçok ülkesinde Kürtler gösteriler yaptı. Suriye'nin Kamışlı bölgesinde yoğun karışıklıklar yaşandı. Bir yıl önce de Kamışlı'da bir ayaklanma girişimi patlak vermiş, Türkiye-Suriye sınırı bile kapatılmıştı.

Ebu Gureyb Cezaevi'ndeki işkence ve tecavüzlerle ilgili şok bilgileri vererek dikkatleri üzerine çeken Seymour Hersh, *New Yorker* dergisinde 21 Haziran 2004'te dikkat çekici bir yazı yazmıştı. İsrail'in Kuzey Irak'taki çalışmalarını konu alan sekiz sayfalık yazı, Türk-Amerikan ve Türk-İsrail ilişkilerinde ciddi gerilimlere neden oldu. Amerikalı, İsrailli, Avrupalı ve Türkiyeli istihbarat kaynaklarına dayanan Hersh özetle, İsrail'in İran ve Suriye'de operasyonlar yaptığını, bunun için yüzlerce istihbarat mensubunu ve askeri yetkiliyi Kuzey Irak'a gönderdiğini, Suriye/Kamışlı'daki ayaklanmaları İsrail'in tezgâhladığını, Kuzey Irak'ı büyük bir askeri merkez olarak düşündüğünü, İsrail'in seçkin komando birliği Mistaravim'in Kürt komandoları eğittiğini, bu birimleri Irak içindeki direniş liderlerine yönelik saldırıda kullanmayı amaçladığını, Kürtler'i Şii ve Sünni direnişine karşı bir güç olarak gördüğünü, "B Planı" adıyla yürüttüğü Kuzey Irak'taki faaliyetlerinin Türkiye, İran ve Suriye'yi rahatsız ettiğini, İsrail'in bölgede bağımsız ve kendine yakın bir Kürt devleti için çalıştığını, bu tezinin ABD yönetiminde Paul Wolfowitz'in başını çektiği birimlerce desteklendiğini, aslında bu çalışmalara 1996-97'lerde başladığını (Türk-İsrail ekseni ile), İsrail'in eğittiği birimleri İran, Suriye ve Türkiye'ye karşı kullanmayı amaçladığını belirtmişti.

Suikastları Suriye'ye bağlamak için ilk bakışta ciddi göstergeler mevcut. Ancak, tıpkı Şah Mesud suikastında olduğu gibi, yine yanılmayalım. Suikastların sonuçlarının Suriye'ye zarar verdiğinin apaçık ortada olması, ABD ve İsrail'in politikalarıyla örtüşmesi tuhaf değil mi? Burada kimseyi günahlarından arındırmaya çalışmıyorum. Ancak, Beşşar Esad'ın eşi Esma Esad'ın internet yazışmalarını bile izleyen, Şayh Yasin ve Abdülaziz Rantisi gibi liderleri dünyanın sessiz bakışları arasında öldüren ve hiçbir tepkiyle karşılaşmayan, Arafat'ı ABD ile birlikte mezara gönderen, Kamışlı ve K. Irak'taki çalışmaları herkesçe malum olan ve dünyayı Suriye'yi yok etmeye çağıran İsrail istihbaratının suikastlarda hiç mi rolü yok? Suikastları izleyin ve sorgulayın! Çünkü, işgalin her yeni aşamasından önce yeni suikastlar geliyor!

Şimdi Ahmed Şah Mesud suikastına tekrar dönelim.

Bir suikast ve terör diplomasisi

Mesud suikastı, küresel savaşın, Afganistan işgalinin, yeni küresel sistem arayışının şifresini çözen en önemli suikastlardan biri. AB'nin karşılaştığı en büyük siyasi krizle, 11 Eylül saldırılarıyla, ABD'nin küresel işgal harekâtıyla, enerji ve küresel paylaşım kavgalarıyla, hatta Büyük Ortadoğu Projesi'yle bu suikast arasında çok yakın ilişki var. Öyle bir suikast ki, gelecekte 21. yüzyılın dünya sistemini sorgulayanlar birçok şeyi buradan başlatacak. Bu öyle bir suikast ki, Ortadoğu/Orta Asya hattında kimlerin ne tür bir savaşın içinde olduğunu tüm çıplaklığıyla ortaya koyuyor. Bu öyle bir suikast ki, hem AB'nin genişlemesinin hem de ABD'nin küresel hegemonyasına karşı oluşturulmak istenen küresel dayanışma hattının niteliğini ortaya koyuyor.

Afganistan'ın eski Devlet Başkanı Burhaneddin Rabbani'nin geç gelen itirafları bile öteden beri savunduğum tezi destekliyor.

Haritanın, gerçeğin bütününü görmek isteyenler için, dünyada aslında nasıl bir savaş yaşandığını kavramak isteyenler için, kimin kimlerin oyuncağı olduğunu ortaya koymak için bu siukasti dikkatle incelemek gerekiyor.

Afganistan'da ABD-Pakistan-Suudi Arabistan'ın kurduğu Taliban'a karşı direnen tek güç ve komutan olan Mesud öldürülünce dünya, *"El Kaide öldürdü"* diyerek suikastın üstünü örttü. ABD-İngiliz-İsrail cephesi, Orta Asya ile ilgili bütün planları da bu suikastla birlikte gizlemeye çalıştı. Mesud'un öldürülmesiyle 11 Eylül saldırıları ve Afganistan işgali arasındaki bağlantıyı ısrarla sorguladım. Afganistan'ın işgalinden beş yıl sonra Türkiye'ye gelen Rabbani ilk kez, Mesud'un öldürülmesiyle ABD arasındaki bağlantıyı ortaya koyan ifadeler sarf etti. Afganistan işgalinde ABD'ye destek veren, sonra da bir kenara atılan eski Devlet Başkanı Rabbani, ABD'nin Mesud'un direnişini kırmak istediğini, kendilerine elçiler gönderdiğini, bunun suikastın nedenlerinden biri olabileceğini, ABD için Mesud'u öldürmenin direnişi bitirmek anlamına geldiğini söyledi. Tam ifade etmese de gerçeğe oldukça yaklaşan sözler bunlar.

1997'lerde AB (Almanya-Fransa) ile Rusya, Çin ve İran arasında oluşturulan, Berlin'den Moskova'ya ve Basra Körfezi'ne uzanan dayanışma hattı, Orta Asya ve Kafkaslar'da ABD-İngiliz-İsrail tezlerine büyük darbe vurdu. ABD eksenindeki Türkiye de bundan nasibini aldı. Amerika'nın dünya liderliğine ilk meydan okuma olan bu gelişme ile söz konusu güçler Taliban'ı devirip Afganistan'ı da ele geçirerek, Orta Asya'dan ABD'yi silmeye hazırlanıyorlardı.

Taliban'a karşı savaşan Ahmed Şah Mesud, Afganistan Devlet Başkanı Yardımcısı sıfatıyla AB tarafından Strasbourg'a davet edildi ve en üst düzeyde ilgi gördü. Başta Fransa Dışişleri Bakanı Hubert Vedrine, Fransa Meclis Başkanı Raymond Forni ve Senato Başkanı Christian Poncelet ve Avrupa Parlamentosu Başkanı

Nicole Fontaine olmak üzere, hem Fransız yönetimi hem de AB'nin üst düzey yöneticileriyle bir araya gelen Mesud, Taliban'ın devrilmesi için Avrupa'dan destek istedi. AB ise Pakistan'a çağrıda bulunarak, Taliban'ı desteklememesini istedi. AB'den siyasi, ekonomik ve askeri destek sözü alan Mesud'a, aynı zamanda Rusya da askeri yardım yapmaya başladı. Taliban'ı devirmek için Yeni Delhi'de bir toplantı bile yapıldı. Rusya, İran ve Avrupa gezisinden dönen Mesud, 9 Eylül 2001'de öldürüldü. Belçika'dan iki Arap gazeteci, Tacikistan içlerindeki Hoca Bahuiddin'deki merkezde Mesud'la görüşmek üzere izin aldı. Beş gün bekletildikten sonra, 9 Eylül 2001'de Mesud'la görüştürüldüler. Görüşme odasında kameraman hazırlık yaparken, teçhizat arasına gizlenmiş güçlü bir bomba infilak etti. Kameraman ve muhabirin saldırısında, Mesud göğsüne saplanan şarapnellerle olay yerinde hayatını kaybetti. Dikkat edin, Mesud'un ölümünden sadece iki gün sonra 11 Eylül saldırıları oldu.

Mesud'un, bugün Ortadoğu/Orta Asya'yı ele geçiren ABD-İngiliz/İsrail cephesi tarafından öldürüldüğüne ve suikastın Avrupa-Rusya-İran-Çin dayanışmasına karşı yapıldığına ilişkin ilki 8 Nisan 2001 tarihinde olmak üzere çok sayıda yazı yazdım. Ama birçok hayati gerçek gibi kimse buna dikkat etmedi. Şimdi Rabbani de yarım ağız da olsa aynı şeyleri söylüyor.

Bu suikast, AB'yi Kafkaslarda ve Orta Asya'da on yıl geriye götürdü ve süper güç hedefine büyük darbe vurdu. AB'nin bölgeye ilişkin bütün tezleri donduruldu. Fransa'daki hayır kararı ise, AB'yi, Mesud suikastından sonra ikinci kez geriye itti. Mesud öldürülmeseydi ABD bugün Afganistan'da ve Orta Asya'da olamayacaktı. Onun yerinde AB olacaktı, üyelik yolunda giden Türkiye olacaktı. O dönemde ABD'nin tetikçiliğini yapan Türkiye şimdi yeni arayışlar içinde. Bu büyük savaşı bize gösterilenlerle değil ancak ve ancak gerçeklerin peşine düşerek anlayabiliriz. AB'yi ve Türk dış politikasındaki eğilimleri de.

Mesud suikastının şifresi çözüldüğünde bütün pislikler çevreye saçılacak. İnsanlığı rehin alan büyük yalanlar ve küresel savaşın gerçek boyutu ancak o zaman ortaya çıkacak. Belki bunları yıllar sonra öğreneceğiz. Ancak o zaman öğrenmenin hiçbir anlamı kalmayacak. Şifreleri bugünden çözmek zorundayız. Yoksa çok şey kaybedeceğiz.

Mesud Suikastı ve 11 Eylül Saldırısı

Mesud suikastı, bu yönleriyle 11 Eylül saldırıları kadar önemli bir dönüm noktası. En az 11 Eylül saldırıları kadar üzerinde durulması gerekiyor. 11 Eylül kadar, 9 Eylül 2001 tarihi üzerinde de durulması gerekiyor. Küresel istila harekâtı kapsamında on beş yıldır üretilen kavramlar çok çabuk aşınırken, yeni bir kavram olarak "İslamcı faşistlerle savaş" doktrinini dünyaya kanıksatmaya çalışan ABD Başkanı George Bush'un, 11 Eylül'ün yıldönümünde sarf ettiği sorumsuz cümleleri okurken, yalan ve senaryolarla geçen son beş yıla ilişkin bazı gerçeklerin hatırlatılmasının zaruretini bir kez daha düşündüm.

"Özgür ulusların yaşam standardını güvence altına alacak yeni bir yüzyıl için" savaş verildiğini söyleyen ABD Başkanı, bunun bir "medeniyet mücadelesi" olduğunu ifade etti. 11 Eylül sonrası oluşturulan ideolojik kamplaşma, "medeniyetler çatışması", "medeniyet için çatışma", "Haçlı savaşı" gibi çok farklı kavramlarla ifade edildi. Bu kavramlar ve onlara bağlı süreç, gündelik yaşamımızın her alanında etkili oldu. Enerji savaşından işgallere, güvenlik paranoyasından ekonomik baskılara, demokrasi nutuklarından kadife devrimlere, rejim değişikliklerinden bireysel özgürlüklerin sınırlanmasına kadar, aynı merkezlerden üretilen çok yoğun zihinsel dayatmalarla, güvenlik operasyonlarıyla boğuşuyoruz.

İşgallerin, örtülü operasyonların, esir kamplarının, gizli gündemlerin, suikastların, boru hatlarının, bölgesel istikrarsızlaştırma senaryolarının ve tanık olduğumuz daha birçok şeyin aslında aynı büyük amacın parçaları olduğu ortada.

Her olayı diğerinden bağımsız değerlendirmenin bizi hiçbir sonuca ulaştırmadığını bu beş yıl içinde gördük. İşte bu bütünün çok önemli bir parçalarından biri de, 11 Eylül'le çok bağlantılı bu suikasttır. Mesud'u öldüren, kendileri de ölen kişilerin, aslında bombadan haberdar bile olmadığı daha sonra ortaya çıktı. Bu gazetecilerden birinin eşi, yıllarca gizlendikten sonra Fransa'da gerçekleri zor da olsa aktardı.

Kuzey İttifakı ve Batı basınına göre Pakistan istihbaratının (ISI) bu suikastla bağlantısı vardı. Aynı tarihte ISI'nin başındaki kişi, Washington'daydı. Bush yönetiminin önde gelen isimleriyle görüşmeler yapıyordu: Colin Powell, Richard Armitage, CIA Başkanı George Tenet ve Senato yetkilileriyle. Suikastte ABD ve Pakistan'ın rolüne ilişkin daha somut veriler yavaş yavaş ortaya çıkmaya başladı. Tabii yıllar sonra.

Mesud öldürülmeseydi ABD Afganistan'ı bu kadar rahat işgal edip Hamit Karzai gibi bir kuklayı iktidara taşıyamayacaktı. Çünkü Mesud, ABD ve İngiltere ile değil, Avrupa ve Rusya ile iş tutuyordu. Yıllardır Mesud'u zayıflatıp Taliban'ı güçlendirmeye çalışan ABD, bu suikastla amacına erişti. Ve yeni Afganistan'ı dizayn etti. Suikasttan iki gün sonra 11 Eylül saldırıları gerçekleşti ve ABD'nin Afganistan işgali başladı.

11 Eylül saldırılarından sonra nitelik değişimine uğrayan, barış arayışlarını tamamen dışlayıp şiddeti merkeze alan İsrail'in Filistin politikası, Filistin sınırlarını aşan bir boyut kazanarak ABD'nin küresel savaşı ile bütünleşti. Ariel Şaron ve aşırı sağcıların uluslararası camiayı endişelendiren uygulamaları, Filistin'i dize getirme politikasının ötesine geçerek, "ABD-İngiliz-İsrail cephesi"nin Büyük Ortadoğu Projesi kapsamında yeni bir cephe olarak öne çıktı.

Şeyh Yasin Suikastı

Kral Abdullah, Şaron'la suikastı mı görüştü?

22 Mart 2004'te Şeyh Ahmed Yasin'i, 16 Nisan 2004'te de Abdülaziz Rantisi'yi hedef alan devlet terörünün, Şaron'un kişisel şiddet anlayışı ile tanımlanması mümkün değildi. Ortada Şaron'un kanlı kimliğinin ötesinde bir strateji vardı: ABD ve İsrail, Filistin ve Lübnan merkezli yeni bir operasyonun hazırlıklarını yapıyordu. Daha doğrusu, bir operasyon yürütüyorlardı.

Afganistan işgaliyle Orta Asya, Irak işgaliyle Ortadoğu cephesini açan ABD, Şaron'un politikalarıyla birlikte Ortadoğu'da bir cephe daha açtı. Bu cephe ile, Hamas, İslami Cihad ve Hizbullah tasfiye edilerek, Basra Körfezi ile Doğu Akdeniz arasındaki bütün bölgenin kontrol altına alınması hedefleniyordu. Irak işgalinden hemen sonra Filistin'de bu amaca yönelik süreç başlatılmıştı.

İsrail'in suikast politikalarına destek veren tek ülke olan ABD, aynı zamanda Suriye'yi de etkileyecek süreci başlatarak bölgedeki direnç merkezlerini tasfiye edip, Dicle ile Fırat arasına yerleşerek başlattığı istilayı, Doğu Akdeniz'e kadar genişletmenin hesaplarını yapıyor. Plan uygulanabilirse Doğu Akdeniz'den Basra Körfezi'ne uzanan kuşakta İsrail'i ve ABD çıkarlarını tehdit eden hiçbir güç kalmayacak.

Suikastların devam edeceğini açıklayan İsrail'in yeni hedefi, Hamas'ın siyasi lideri Halid Meşal'di. İsrailli Bakan Gideon Ezra, *"Halid Meşal'in kaderi, Rantisi'nin kaderidir. Operasyon fırsatı yakaladığımız an bunu yapacağız"* dedi.

Suriye'ye ambargo yasası çıkaran, Lübnan'daki Suriye askerlerinin çekilmesini isteyen ABD ile İsrail'in operasyonlarının birbirini tamamlaması son derece dikkat çekici.

5 Ekim 2005'te, İsrail savaş uçakları, Suriye'nin başkenti Şam'ın 15 kilometre kuzey batısındaki Ain el Sahip adlı kampa

hava bombardımanı düzenlemiş, dünya sessizliğe bürünmüştü. Bush yönetimi, bu saldırıdan iki gün önce Temsilciler Meclisi'nden Suriye'ye ambargo sürecini başlatacak yasa tasarısını gündeme almasını istedi. Tasarı daha sonra kabul edildi ve onaylandı. 6 Ekim'de ise Bush, Şaron'u arayarak Suriye saldırısına desteğini bildirdi. Ve 7 Ekim'de "İsrail bizim dünya genelinde yaptığımızı yapıyor" dedi. 5 Ekim'deki saldırı Suriye'yi provoke edememiş olacak ki, yeni saldırı hazırlığına gerek duyuldu.

Hamas, Hizbullah ve İslami Cihad'a yönelik saldırıların "teröre karşı" yapıldığı tezini işleyen ABD ve İsrail, Hamas, İslami Cihad ve El Fetih'in ilan ettiği ateşkesi başarılı bir şekilde boşa çıkardı ve suikast günlerini hazırladı.

Filistin'i savunmasız bırakmayı, Filistin halkını silahsızlandırmayı, direniş geleneğinin temsilcisi olan grup ve kadroları devreden çıkarmayı, ABD ve İsrail'in çıkarlarını önceleyecek yeni bir yönetici elit oluşturmayı ve bu ekibi ekonomik açıdan desteklemeyi öngören ABD ve İsrail'in, bu çerçevede, Mahmud Abbas ile yaptığı ilk deneme başarısız oldu. Abbas formülü ile Filistin'in bütün yönetici kadroları değiştirilmek istendi. Ancak Filistin halkı buna şiddetle direndi.

Bush, Avrupa Birliği'ne de, Hamas ve İslami Cihad'a yönelik finansal destek yollarını kapatması çağrısı yaptı. AB, bu çağrıyı reddetti. Avrupa Komisyonu Sözcüsü Reijo Kemppinen, AB'nin Hamas'ın askeri kanadını yasakladığını, ancak grubun siyasi kanadına sınırlama getirmeyeceğini, AB'nin bu grubun askeri kanadı ile siyasi kanadını birbirinden ayrı tuttuğunu, Hamas'ı bir bütün olarak terörist örgüt olarak görmediğini ve bu konuda ABD'nin görüşlerini paylaşmadığını açıkladı.

Cenin katliamı dahil, Filistin'de bütün saldırı ve suikastların altında imzası olan ABD, gerçek niyetini ilk kez Dışişleri Sözcüsü Richard Boucher'in ağzından açıkladı: "Hamas'ı işlemez duruma getirecek kişiler" arıyorlardı. Filistinliler'in ateşkes kararını boşa çıkaran, barış adımlarını sabote eden, BM ve AB ile birlikte hazırlanan Yol Haritası'nı katleden, Mahmud Abbas denemesi başarısız olan ABD, bu sefer yeni bir politika deniyordu.

O gün Hamas'a yönelen, sonra Hizbullah'ı hedef alacak saldırıların başarısızlığa uğraması kuvvetle muhtemeldi. Çünkü Hamas, örgüt sınırlarını aşıp bir direniş kimliğine bürünmüş durumdaydı. Devlet terörü üzerinden yürütülen bölgesel strateji netleştikçe, bunun yeni bir cephe olduğu anlaşıldıkça, Irak'taki direniş güç kazandıkça, ABD-İsrail stratejisinin geri tepme ihtimali çok yüksekti.

Söz söylemenin ve yazı yazmanın çok zor olduğu anlar vardır. Gerçek yerine yalanın, onur yerine alçaklığın, adalet yerine zulmün, insan olma yerine hayvanlaşmanın tercih edildiği; köleleştirilmeye karşı onuru, direnişi ve özgürlüğü seçenlerin yok edildiği; milletlerin toptan imhasına yönelik senaryoların çizildiği; bütün bu vahşi planların gözlerinizin önünde ve apaçık yapıldığı ve herkesin sustuğu dönemlerde olduğu gibi. Filistin halkının durduğu yer gibi...

67 yaşında, bütün vücudu felç olan, hemen hiç görmeyen ve duyma sorunu çeken, yıllarca İsrail hapishanelerinde işkence gören, tekerlekli sandalyeye mahkûm olan Filistin direnişinin sembol öncüsü Şeyh Ahmed Yasin vahşice şehit edildi. Sabah namazından çıkarken yorgun bedenini füzelerle parçalara ayırdılar. Tıpkı Yemen'de, Irak'ta yaptıkları gibi...

Sabra ve Şatilla katliamının sorumlusu Ariel Şaron'un bizzat planladığı ve yönettiği saldırı, Şeyh Yasin'in bedenini ortadan kaldırdı. Ama Yasin artık sadece Filistin halkının değil, Fas'tan Endonezya'ya kadar Amerikan-İngiliz-İsrail saldırganlığı ile mücadele eden bütün İslam dünyası için bir direniş öncüsü, bir özgürlük sembolü oldu. Şeyh Yasin'i şehit ederek Filistin direnişini susturacaklarını zanneden ırkçı kadro, onun Endonezya'da, Irak'ta, Kafkaslar'da, Yemen'de, Orta Afrika'da karşılarına çıkacağını görmüyor mu?

Amerikan-İngiliz-İsrail üçlüsü'nün yeni dünya tasarımı, coğrafi sınır tanımayan bir savaşa dönüşürken Afganistan, Irak ve Filistin merkezli olarak bütün İslam coğrafyasını istilaya kalkışanlar, amaçlarına ulaşmak için işgalden yağmaya, devlet teröründen sivil katliamlara, iç çatışmalardan etnik ve mezhep krizlerine kadar her yolu deniyorlar. Sanki Fas'tan Endonezya'ya uzanan geniş coğrafyaya yönelik topyekun bir imha harekatına hazırlanıyorlar.

Hıristiyan-Yahudi ırkçıların yönettiği bu savaş, Hamas'ın manevi lideri Şeyh Ahmed Yasin'in şehit edilmesiyle yeni bir aşamaya girdi. Demokratik yollarla seçilen, geçmişi insanlık suçlarıyla dolu bir adamın bizzat organize edip yönettiği, en yalın anlamıyla bir devlet terörü örneği var karşımızda. Olayın vahim tarafı, "öldürülecekler listesi" hazırlayan, masum kadın ve çocukları bile füzelerle havaya uçuran bu adamın yöntemlerinin Filistin sınırlarını aşıp uluslararası kabul görmesi, dünyanın terörist bir adamın önünde eğilmesi, onun ihtiraslarına teslim olmasıdır. Şaron'un yöntemi Amerika'nın en etkin uluslararası yaptırım yöntemi haline geldi. CIA'ya suikast izni veren ABD yönetimi de Irak ve Yemen'in yanı sıra, birçok bölgede suikastlar yapıyor, insanlar öldürüyor.

Tıpkı Şeyh Yasin'in ölümünü Şaron'la birlikte planlaması gibi, Cenin katliamında ABD özel timlerinin yer alması gibi, Irak işgalinde İsrail terör timlerinin nokta operasyonlar düzenlemesi gibi, İsrail ordusunun, ABD özel timlerini Irak için eğitmesi gibi, Irak'ta yüzlerce insanın suikastlarla öldürülmesi gibi, Somali'den Endonezya'ya kadar birçok bölgede Amerika-İsrail ortak yapımı operasyonların yürütülmesi gibi... Suikastlar, örtülü operasyonlar her yerde.

Yasin'e saldırı planı sadece Şaron ve dar çevresinin bildiği, Amerika'nın bile haberdar olmadığı bir operasyon muydu? İsrail, Amerika'nın ve bazı bölge ülkelerinin tavrını ölçmeden bütün

Ortadoğu'yu ateşe verecek böyle bir saldırıyı yapar mı? ABD'nin haberinin olmaması ihtimal dışı. Ancak acaba saldırıdan bölgedeki başka ülkelerin haberi var mıydı? Mesela Ürdün'ün...

Saldırıdan önce Ürdün Kralı Abdullah ile Şaron arasında hiç beklenmedik ve içeriği gizli tutulan bir görüşme yapıldı. Kral Abdullah, 16 Mart'ta Türkiye'ye geldi. 19 Mart'ta Şaron'un İsrail'in güneyindeki çiftlik evine giderek gizli bir görüşme yaptı. 22 Mart'ta ise Şeyh Yasin şehit edildi. Ürdün'ün de dahil olduğu "Türk-İsrail ekseni"nin güvenlik/istihbarat ortaklığı, Ürdün'ün Filistin kökenli nüfusunun kontrolünün zorluğu, Irak'ın bölünmesi ve Filistinlilerin Ürdün ile birleştirilmesi formülü, ABD'nin bölgedeki üç müttefiki arasındaki terörle mücadele ortaklığı, Şeyh Yasin'in öldürülmesinin bölgede yol açacağı güvenlik sorunu ve daha birçok sebep bir araya getirildiğinde, saldırının gizli tutulmasının mümkün olmadığı ortaya çıkıyor. Öyleyse bölge ülkeleri, küresel işgalin uzantısı olarak yeni bir ön çalışmanın içinde mi yer alıyor?

Hamas'ın, İslami Cihad'ın ve Hizbullah'ın tasfiyesine yönelik sürecin başlatılması uzun süredir bekleniyordu zaten. Bu güçlerin yok edilmesi Amerika ve İsrail için Irak'ın işgalini içeren projenin bir unsuru olarak görülüyordu. Eğer böyle bir süreç başlatıldıysa Şeyh Yasin suikastından Ürdün'ün de, Türkiye'nin de, Mısır'ın da haberi var demektir. O zaman, gelişmeyi sadece "Şaron terörü" ekseninde tartışmak yetmeyecektir. Eğer suikastlar devam ederse, Afganistan ve Irak'tan sonra "Filistin-Lübnan cephesi" de açılıyor demektir.

Filistin lideri Yaser Arafat'ın ölümü
Şüpheler - Şüpheliler

Yaser Arafat'ın ölüm haberi tam 36 saat gizlendi. Filistin yönetiminin talebi üzerine 11 Kasım 2004'te Türkiye saatiyle sabah saat 04:30'da öldüğü açıklandı. Oysa Filistin lideri 7 Kasım'da ölmüştü. Yirminci yüzyılın en büyük mücadele adamlarından biri olan Filistin lideri Yaser Arafat bu dünyadan göçtü. 45 yıldır bütün yaşamını Filistin'in özgürlüğüne ve Kudüs'ün kurtuluşuna adayan Arafat'ın ölümü, tedavi yöntemi ve hastalığının teşhis edilememesi şaibelere neden olsa da, daha ölmeden hem Filistin yönetimi içindeki hem de bölgeye müdahil güçler arasındaki pazarlıklar hoş olmayan görüntüler ortaya çıkarsa da, cenazesi pazarlık malzemesine dönüştürülse de, hiçbir şey onun bu coğrafyanın yetiştirdiği en büyük isimlerinden biri olduğu gerçeğini örtemez.

Filistin halkının bir ferdinin bile gözyaşının akmasına neden olan her şey saygıya layıktır. Onun ölümü bütün Filistinlileri gözyaşına boğdu. Filistin halkıyla birlikte İslam dünyası ve özgürlüğe değer veren insanlar derin bir üzüntüye düştü. Mücadele yöntemlerini, düşüncelerini, uyguladığı politikaları, kişiliğini sorgulayabilir, onu yargılayabilirsiniz. Bunların hiçbiri onun liderliğini, Filistin halkına verdiklerini gölgeleyemez. O, insanlığa bir ömrün bir davaya nasıl adanacağını gösterdi, kendini yargılayanların bile saygısını kazandı.

Ölümü iki ülkeyi sevindirdi: İsrail ve Amerika'yı... Onlar sevinçlerini gizleme gereği bile duymadılar. Ancak cenaze töreni, bu iki ülkenin aslında ne kadar yalnız olduğunu, ne kadar sevilmediğini, dünyanın ne kadar dışında olduğunu gösterdi. Taziyelerini bildiren, bayraklarını yarıya indiren, cenaze törenine katılan, Filistin halkının acılarını paylaşan dünya, sadece Arafat'a değil, Filistin halkına da sevgi ve desteğini gösterdi.

Arafat'ın tedavi süreci soru işaretleriyle dolu. Hastalığı teşhis edilemedi. Filistin halkının bir bölümü zehirlendiğine inanıyor. Bazı kaynaklar, Fransa'ya götürülmeden önce zehirlendiğini, kanına karışan bir zehrin yavaş yavaş etki ettiğini, sonra da yaşlı politikacıyı komaya sokup öldürdüğünü iddia ediyor. Aynı kaynaklar, Filistin güvenliğinin Arafat'ın zehirlenmesiyle ilgili soruşturma başlattığını bildirdi. Hamas'ın siyasi lideri Halid Meş'al'in bu konudaki açıklamaları dikkat çekici. Çünkü Meş'al 1997'de Mossad ajanları tarafından Ürdün'de zehirlenmişti. Ürdün Kralı Hüseyin, İsrail'den Meş'al'i zehirleyen zehrin panzehirini istemiş, aksi takdirde yakalanan iki Mossad ajanının idam edileceğini söylemişti. Bunun üzerine İsrail panzehiri vermiş ve Meş'al kurtulmuştu.

Şimdi İsrail'in Arafat'ı zehirlediğini söyleyenlerden biri Meş'al. Arafat'ın doktorlarından Dr. Eşref Kurdi de, *El Cezire* televizyonuna, zehirlenme ihtimalinin oldukça güçlü olduğunu söyledi. Filistinli bazı örgütler, Arafat'ın ölümünden İsrail'i sorumlu tutan açıklamalar yaptı.

Cenazesi bile kalkmadan Filistin'de Arafat sonrası için ABD ve İsrail'in istediği tarzda yeni bir iktidar yapılanmasına başlandı. "Rejim değişikliği" projesi çerçevesinde bir yıl önce ABD ve İsrail'in desteğiyle Başbakan yapılan ve Filistin'in Karzaisi olarak gösterilen Mahmud Abbas yine öne çıkarıldı.

Yaser Arafat'ı devreden çıkarmayı, Hamas ve İslami Cihad gibi silahlı güçleri tasfiye etmeyi, Filistin halkının özgürlük/bağımsızlık ruhunu yok etmeyi, direnen güçleri dağıtarak Filistin'i savunmasız bırakmayı, Abbas'ın öncülüğünde yeni bir yönetici elit oluşturmayı hedefleyen ABD ve İsrail'in, Filistin halkının iradesini yok sayarak başlattığı yeniden yapılandırma süreci dört ay sürdü ve Abbas istifa etmek zorunda kaldı. Abbas iktidara gelir gelmez, kendisinden istendiği gibi, direniş örgütlerini, özellikle de Hamas ve İslami Cihad'ı tasfiye etmeye yönelik girişimler başlattı.

Abbas formülünün Filistin için intihar anlamına geldiğine inanan gruplar, bu devrede İsrail'e ve Abbas'a barış adına bir seçenek sundu. Hamas, İslami Cihad ve El Fetih, tek taraflı ve şartlı olarak ateşkes ilan etti. Filistin halkının iskeletini oluşturan güçler, böylece barışı kimin istemediğini dünyaya göstermek ve Abbas'a bir şans vermek istediler. Ateşkes şartları kısaca şöyleydi:

"İsrail, Filistin halkına yönelik bütün saldırıları durduracak. Suikastlara, katliamlara ve devlet terörüne son verecek. Arafat'a yönelik baskı kaldırılacak. Mahkûmlar ile tutuklular serbest bırakılacak. İsrail bu şartları ihlal ettiği andan itibaren Hamas ve İslami Cihad, ateşkes kararından sorumlu olamayacak."

ABD ve İsrail bu ateşkesi de boşa çıkardı. Çünkü hedefleri, bu güçleri tamamen yok etmekti. Abbas'ın istifasıyla da ABD ve İsrail'in Arafat'ı devre dışı bırakma, Filistin'in silahlı güçlerini yok etme, barış adı altında Filistin halkını teslim alma planı suya düştü. İsrail'in Şeyh Ahmet Yasin, Abdülaziz Rantisi gibi Hamas önderlerine yönelik iğrenç saldırıları aynı amaca yönelikti. Suikastlar, Hamas'ı devre dışı bırakmak, özellikle de Arafat sonrası oluşturulacak Mahmud Abbas modelinin önünü açmak için yapıldı. ABD ve İsrail'in planı yine aynıydı: Arafat'ın cenazesi dahi kaldırılmadan planı kaldığı yerden devam ettirmek.

İsrail'in düşürdüğü Suriye MİG'leri ve Refik Hariri suikastı

Tarih, 14 Eylül 2004. İsrail F-16'ları, Doğu Akdeniz üzerinde Suriye savaş uçaklarıyla kapışır. Bu olay, İsrail ve Suriye savaş uçakları arasında 1980'den bu yana yaşanan ilk çatışmadır. Olay, İsrail savaş uçaklarının tazyikiyle başlar. İsrail uçakları Doğu Akdeniz'in kuzeyine ilerler ve Suriye hava sahasına girer. İran'ın, Suriye'nin Lazkiye limanından Hizbullah'a silah sevkıyatı yaptığını iddia eden İsrail, bölgeden yoğun uçuşlar yapmaktadır. 14 Eylül'de yaşanan çatışmada İsrail F-16'ları Suriye'ye ait iki adet MİG-29'u düşürür. Uçaklardan biri, İsrail yapımı Python-4 füzesiyle; diğeri de Amerikan yapımı AIM-9M Sidewinder füzesiyle düşürülür. Düşen uçakların pilotları Yüzbaşı Ahmed El Hatib ile Binbaşı Erşad Mithat Suriye helikopterleri tarafından kurtarılır. Haberin kaynağı, Washington'da üslenen Suriye muhalefeti, yani Reform Partisi'dir...

Bu olayın ardından Suriye Devlet Başkanı Beşşar Esad, hava savunma sistemini güçlendirmek için Rusya ile görüşmeleri başlatır. Şam yönetimi Rusya'dan, SA-18, TOR M1, S-300PMU2 ve S-400 sistemleri ister. Ocak 2005'te ise Suriye ile Rusya, ABD ve İsrail'in tepkilerine rağmen, SA-18 kısa menzilli füze sistemin satışı konusunda anlaşır. Ocak ayında Esad'ın ziyareti öncesi ABD ve İsrail'in Moskova'ya yönelik tazyiklerinin nedeni de bu satıştır.

2005 başlarında ABD'de bir kitap yayınlandı. "Code Names: Deciphering U.S. Military Plans, Programs and Operations in the 9/11 World (Kod Adları: 11 Eylül Sonrası ABD Askeri Plan, Program ve Operasyonlarının Şifrelerini Çözmek) adlı kitapta, birçoğunu hepimizin duyduğu/bildiği kodların ne anlama geldiği sorgulanıyor. 608 sayfalık kitapta üç bin civarında güvenlik şifresinin ne anlama geldiği belirtiliyor. Mesela bunlardan birkaçı:

West Wing: Irak işgali ve Ortadoğu'daki terörle mücadele operasyonlarında kullanılan, Ürdün'deki iki gizli askeri üssü ve bu çerçevede Ürdün'de beş bin ABD askerinin konuşlanmasını ifade ediyor.

OPLAN 4305: İsrail'i savunmak için hazırlanmış bir plan. ABD'nin gizlice İsrail topraklarında yürüttüğü askeri hazırlıklar.

CONPLAN 8022: Gizli pre-emptive (önleyici) saldırı planları. ABD bu plan çerçevesinde İran, Suriye ve Kuzey Kore'nin kitle imha silahları üzerinde çalışıyor. ABD'nin gizli askeri üslerinden gizli operasyonlarına, terörle mücadeleden gizli ittifaklara kadar heyecan verici bilgiler var kitapta.

Kitabın yazarı William M. Arkin, *"11 Eylül sonrası birçok ülke ABD'ye destek verdi, ona topraklarını açtı. Türkiye de bunlardan birisi. CIA'nın Batman ve Diyarbakır üslerini kullanmasında olağanüstü bir şey yok. Şu anda Türkiye'nin doğusunda Amerikan faaliyetlerinde ciddi artış var. CIA ve Amerikan Özel Kuvvetleri, başta Batman olmak üzere bölgedeki tesislerde İran'a yönelik çalışmalarını yoğunlaştırmış durumda. Özellikle Batman, İran'daki ABD yanlısı unsurlarla irtibatta kilit bir rol oynuyor. Bunların çoğu da İran Kürdü"* diyor. İran-ABD ve Suriye-ABD arasında tansiyonun yükseldiği, ABD'nin bu iki ülkeye yönelik saldırgan planlarını açıkça ilan ettiği, İran hava sahasında ABD casus uçaklarının tespit edildiği bir dönemde bu ne anlama geliyor? ABD Dışişleri Bakanı Condoleezza Rice'ın 2004 yılındaki Ankara ziyareti sadece Türkiye'nin Irak ve Kerkük endişelerinin giderilmesini mi amaçlıyordu? ABD Savunma Bakan Yardımcısı Paul Wolfowitz'in Irak işgalinin hemen ardından Türkiye-ABD ilişkilerinin düzelmesi için İran ve Suriye'ye karşı ittifak şartı koymasını hatırlayalım. O zamandan bu yana iki ülkeye saldırı planlarında çok mesafe alındı.

Bölgedeki gelişmeler bildiklerimizden çok bilmediklerimiz gerçekler tarafından yönlendiriliyor. İsrail'in Suriye uçaklarını düşürmesini bilmediğimiz gibi, ABD'nin Dicle ve Fırat'ın Türkiye'deki havzasında, Kuzey Irak'tan İskenderun'a uzanan kuşakta, Doğu Karadeniz'de neler planladığına dair çok az şey biliyoruz. Dünya medyasının en önemli gündem maddesi olan Irak konusunda bile gerçeklerden daha çok gerçek olarak yansıtılanlara göre düşünüyoruz. Mesela Google'da Irak seçimleriyle ilgili yapılan aramada tam 2 bin 237 makale adı geçiyor. Bunların yüzde 99'u Propaganda! ABD, İngiltere ve İsrail'in istediği şekilde yazılmış yazılar...

Refik Hariri'yi kim öldürdü?

Irak'lı Sünnilerin durumu artık Irak içi dengelere göre değil, bölgenin genel dönüşümü paralelinde ele alınıyor. Suriye ve Ürdün'deki Sünnilerin kaderiyle Iraklı Sünnilerin kaderi birleşiyor. Bölge bir bütün olarak değerlendiriliyor ve yeni harita taslakları buna göre hazırlanıyor. Irak'ın bölünmesi, Suriye-Lübnan hattında ateşin giderek büyümesi, Hamas ve Hizbullah'a karşı savaş hazırlıkları, Ariel Şaron'a "ortağım" diyen Mahmud Abbas'ın Filistin'de iktidar yapılması ve İran'ın stratejik hedeflerinin vurulması planları...

Hiçbiri birbirinden bağımsız değil. Bölgenin tamamına dönük bir savaş var. Gözlerimizi açma zamanı geçiyor. Şii-Sünni ayrışması ve etnik ayrışma zemininde yeni bir Ortadoğu tasarımı açıkça önümüzde. Palavralarla, dezenformasyonlarla harcanacak bir saat bile yok. Richard Perle, David Wurmser ve Douglas Feith gibilerin hazırladığı "A Clean Break: A New Strategy for Securing the Realm" (Net Kırılma: Güvenli Devlet İçin Yeni Strateji) başlıklı çalışmada ne öngörülmüşse gerçekleşiyor ve gerçekleşecek. ABD'nin elindeki plan bu. Suriye askerlerinin Lübnan'dan çekilmesi, Suriye yanlısı Lübnan yönetiminin devre dışı bırakılması ve Lübnan'da derin bir ayrışmanın tezgâhlanması ile Refik Hariri'nin öldürülmesi arasında ne tür bağ var? Hariri'yi de; Ahmet Şah Mesud'u öldürenler, Yaser Arafat'ı devre dışı bırakanlar, Şeyh Yasin'i öldürenler mi öldürdü? Hariri'nin öldürülmesindeki en önemli sonuç, Lübnan'da iç savaşın yeniden başlamasına yönelik. Bunu kim istiyor? Suriye ve İran'a saldırı planlarıyla Lübnan ve Filistin'deki direnişçi güçlere yönelik savaş hazırlıkları aynı planın parçaları. Tıpkı Irak'ın işgal edilip parçalanmasında olduğu gibi.

Hariri suikastının başka boyutları da var. Saddam rejiminin çökmesinden sonra kaybolan silahların, füzelerin ve askeri mühimmatın nerelere gittiği, kimler tarafından paylaşıldığı, kirli şebekenin kaç milyar dolarlık bir pastayı bölüştüğü, CIA, mafya ve Lübnanlı arabulucular arasında ne tür ilişkiler kurulduğu, bu büyük operasyonun bölge güvenliğini nasıl etkileyeceği, bazı ülkelerdeki etnik gerilimler ve suikastlarla birilerinin özel gündemi arasında nasıl bir bağlantı olduğu ve bu gizli operasyonun özellikle Suriye, Lübnan ve Türkiye'ye nasıl yansıyacağı, Irak'ın geleceğinin ne olacağı sorusu kadar önemli sorular. Zira bölgedeki birçok ülkenin güvenliğini, ABD-İsrail-İngiliz cephesinin yeni Ortadoğu tasarımı çerçevesindeki özel gündemlerini birebir ilgilendiren bir durum var ortada. Bu, ticaretle, iş bağlantılarıyla, yatırımla açıklanabilecek bir durum değil.

Hariri'yi gerçekten kim öldürdü? Hariri Lübnan'ın kuzeyinde inşa edilmesi planlanan ABD askeri üssüne karşı çıktığı için mi öldürüldü? Wayne Madsen imzalı "Hariri reportedly assassinated to make way for large US air base in Lebanon" (Hariri'nin ABD'nin Lübnan'daki büyük hava üssü uğruna öldürüldüğü söyleniyor) başlıklı bir habere dikkat çekmek istiyorum. Üst düzey Lübnanlı istihbarat kaynaklarına dayandırılan haberde, Hariri'nin Bush yönetimi ve Ariel Şaron'un Likud yönetimi tarafından taşeron ajanlar kullanılarak öldürüldüğü öne sürülüyor. İddianın özeti şöyle:

"Lübnanlı Hristiyan lider Elie Hobeika da 2002'de aynı yöntemle öldürüldü. Hobeika Brüksel'e gidip Ariel Şaron'un Sabra ve Şatilla katliamlarından sorumlu ve insanlık suçlusu olduğuna dair ifade verecekti. Arap ve Lübnan milliyetçisi olan Hariri de, Amerika'nın Lübnan'ın kuzeyinde büyük bir askeri üs inşa etme planlarına karşı çıktığı için öldürüldü. Amerika bu üssü inşa etmek için Suriye askerlerinin derhal Lübnan'ın kuzeyinden çekilmesini istedi. Ayrıca, öldürülmeden hemen önce yapılan Hariri-Hizbullah görüşmesi, ABD ve İsrail yönetimini çok kızdırdı."

Aynı kaynaklar, herhangi bir anlaşma imzalanmamasına rağmen bölgede inşa edilecek ABD üssü için ihalelerin yapıldığını belirtiyor. Buna göre üs inşası, Pentagon tarafından California merkezli Jacobs Engineering Group of Pasadena adlı şirkete verildi. Bir başka ünlü firma olan Bechtel Corporation'ın ise inşaata destek olması kararlaştırıldı. Jacobs Engineering ve Jacobs Sverdrup, Aramco için Suudi Arabistan'da işler yapıyor. Bu kadar da değil. Aynı şirket, Irak'ta ABD işgal yönetiminden ihaleler aldı. Yine Türkiye ve Bosna dahil, hemen bütün Ortadoğu ülkelerinde iş yaptığı belirtiliyor.

Hariri'nin aracı uzaktan kumandalı patlayıcılara karşı korumalıydı. Bu nedenle telle patlatılan patlayıcılarla öldürüldü. Tıpkı 2002'deki Elie Hobeika suikastında olduğu gibi... Devam ediliyor: *"Bu suikastler, yabancı liderlere yönelik cinayetler, iki Beyaz Saray görevlisi tarafından organize ediliyor. Bush'un yakın danışma halkasındaki iki isim; Karl Rove ve Elliot Abrams..."*

Şimdi iki soru: Hariri, ABD'nin bu üs planına, Lübnan merkezli olarak Suriye'ye müdahale planlarına karşı olduğu için mi cinayete kurban gitti? Ölmeden önce Hizbullah yetkilileriyle bu çerçevede mi görüşme yaptı? ABD ve Fransa ile arası çok iyi olan, Suudi ailesine bağlı Hariri'nin, ABD'ye bu kadar karşı çıkması pek olası görünmese de, suikastta ABD ve İsrail'in parmağı olması, dünyadaki kara paranın önemli bir bölümün dolaştığı Ortadoğu'daki para trafiği ile bağlantısı olması kuvvetle muhtemel.

Lübnan'ın kuzeyinde yapılması planlanan bölgenin en büyük askeri üssü, İncirlik üssünün bir alternatifi mi olacak? Lübnan üssü ile Irak petrollerini Doğu Akdeniz'e akıtacak yeni boru hatları projesi arasında ne tür bir bağlantı var? Eğer bu sorular önemliyse Doğu Akdeniz'e çok daha dikkatlice bakmak gerekiyor. Özellikle Kıbrıs konusuna... ABD'nin o zamanki Ankara Büyükelçisi Eric Edelman'ın Cumhurbaşkanı A. Necdet Sezer'in Şam ziyaretine yönelik "uyarısına ya da tehdidi"ne de bu çerçeveden bakmak gerekiyor. Ne de olsa, ABD ve İsrail ile Türkiye'nin bölgesel politikaları artık örtüşmüyor. ABD ve İsrail'in Lübnan ve Suriye'ye dönük planlarının, Türkiye'ye, Irak işgalinden çok daha ağır faturalar ödeteceği, hatta Türkiye'nin güvenlik endişelerini artıracağı ortada. Türkiye'nin ABD-İsrail merkezli bölgesel tasarrufa karşı bir direnç merkezi olmasından mı endişe ediliyor?

Hariri suikastı fotoğrafın neresinde?

Lübnan eski Başbakanı Refik Hariri'nin kim/kimler tarafından ve neden öldürüldüğüne ilişkin soruşturma ne aşamada? Hariri'yi gerçekten kim öldürdü? Bu sorunun cevabı artık merak edilmiyor. ABD ve İsrail, *"Hariri'yi Suriye öldürdü"* dedi, herkes sustu. Ardından Lübnan yönetimi ve Suriye üzerine korkunç bir baskı başlatıldı. Lübnan'da insanlar sokaklara çıkarıldı. Günlerce Suriye aleyhine gösteriler yaptırıldı. Hizbullah ve Lübnan'ın özgürlüğünü savunan yüz binlerce kişinin katıldığı gösteriler medyada yer bulamazken, birkaç bin kişilik gösteriler Lübnan'ın gerçek iradesi olarak pazarlandı.

Kuşatılmış, saldırı tehdidi altında bulunan, kendini savunacak gücü olmayan, doğudan ve batıdan ABD ve İsrail tarafından sıkıştırılan Suriye, Hariri'yi öldürüp sonuçlarını göğüsleme riskini göze alabilir mi? Nitekim suikastın sonuçları Suriye'yi işgalle yüz yüze getirdi.

Lübnan'ın istikrarını kim bozmak ister? Nüfusunun yüzde 35'i Sünni Müslüman, yüzde 38'i Hıristiyan ve yüzde 27'si Şii Müslüman olan (bu eski veriler bugün büyük oranda değişti. Müslümanlar'ın nüfusu çok daha fazla), ayrıca 700 bin Filistinli barındıran, küçük bir kıvılcımın kanlı bir iç savaşa sürükleyebileceği Lübnan'ı kim karıştırmak isteyebilir? "Lübnan Modeli"nden kim rahatsızlık duyar? Devlet Başkanlığını Hıristiyanlara, Başbakanlığı Sünni Müslümanlara ve Meclis Başkanlığını Şii Müslümanlara vererek çok hassas bir denge kuran ve bunu uzunca bir süre korumayı başaran Lübnan'da safların ayrışmaya başladığı; Sünnilerin hareketlendiği, Şiilerle Filistinlilerin Lübnan yönetimi ve Suriye'nin yanında yer aldığı, ülkedeki sağcı Hıristiyanların dış destekle harekete geçmek üzere olduğu belirtiliyor. Bu senaryoyu kim yazar?

Filistin'de bağımsızlık isteyen güçlere savaş açanlar, Lübnan'da Hizbullah ve Filistinliler gibi güçleri tasfiye etmek isteyenler, bu güçlerle İran ve Suriye arasındaki ilişkiyi kesmek isteyenler, Irak'ta olduğu gibi Lübnan ve Suriye'de mezhep ayrışmasına yatırım yapanlar, bölgesel direnç merkezlerini yok edip bütün bölgeyi ellerine geçirmek isteyenler, en azından "barış gücü" adı altında bölgeye yerleşmek isteyenler suikastın neresinde?

Hariri'yi kimin öldürdüğünü belki de hiç öğrenemeyeceğiz. Ama bu suikastın nelere yol açacağını biliyoruz. Kıvılcımın Lübnan'ı nasıl ateşe atacağını, Suriye'yi nasıl yakacağını, Doğu Akdeniz ile Basra Körfezi arasında yol açacağı yıkımları biliyoruz.

Suikasttan hemen sonra *El Cezire* televizyonunda bir video kaydı yayınlandı. Ahmed Teysir Ebu Ades adlı 21 yaşındaki bir kişi, Hariri'yi kendilerinin öldürdüğünü belirterek sebebini Suudi Arabistan'la bağlantısı olarak açıkladı. Sanki Suudi yönetimiyle dost olan herkes hedefmiş gibi. Ne saçma bir gerekçe! *El Arabiya*, görüntüdeki kişinin Lübnan'da şeytana tapanlar grubu içindeki sorumlulardan biri olduğunu ortaya çıkardı. İki ay önce "tevbe etmiş" ve bu saldırıyı gerçekleştirmiş! Ne senaryo!

Kırgızistan örneğini özellikle hatırlatıyorum. Pakistan ve Türkiye örneğini de. Senaryoların benzerliğine dikkat çekiyorum. Yarın İran'a, Suriye'ye veya başka bölgelere saldırı olunca kimse o ülkenin özel durumlarını gerekçe göstermeye kalkışmasın!

ABD Beyrut'ta 243 askerin ölümünü ne çabuk unuttu?

Kırgızistan, ABD'nin topraklarına AWACS erken uyarı uçakları yerleştirme isteğini reddetti. Afganistan işgalinden sonra başkent Bişkek'in hemen yanındaki Manas askeri üssünde binden fazla asker barındıran ABD, operasyon alanını genişletmek için buraya AWACS uçakları getirmek istedi. Kırgız yönetimi; Moskova, Pekin ve Şanghay İşbirliği Teşkilatı üyeleriyle yaptığı istişareler sonucu talebi reddetti.

CIA'nın yayınladığı 2020'de dünyanın görüntüsüne ilişkin raporda, 2015'te Pakistan'ın parçalanacağı, ülkede iç savaş çıkacağı, Pakistan'ın nükleer gücünün İslamcı grupların eline geçeceği öngörülüyor. Yani bu tarihe kadar Pakistan'ın nükleer gücü tasfiye edilecek, kontrol altına alınacak. Hindistan ve İsrail'in çalışmaları sonuca yaklaşıyor.

Nükleer çalışmaları gerekçe gösterilerek İran'a saldırı hazırlıkları yapılıyor. Ülke içinde tespit edilen 3 bin 500 hedefin bombalanacağı belirtiliyor. ABD özel birliklerinin Afganistan, Azerbaycan ve Irak'tan bu ülkeye girmeleri planlanırken, İsrail uçaklarının Irak'taki üslerden kalkması, ayrıca İsrail'den kalkacak uçakların Ürdün üzerinden İran'ı bombalaması planlanıyor.

Bölge Amerika'nın Ortadoğu operasyonlarının merkezi haline getirilecek. Sadece Kuzey Irak'ın geleceğini değil, bütün bölgenin geleceğini etkileyecek bir Amerikan-İngiliz-İsrail gücünün Kuzey Irak'ta yıllarca kalması planlanıyor. Yine aynı güçler, Kuzey Irak'tan İskenderun Körfezi'ne uzanan kuşağı istikrarsızlaştıracak planlara sahip. Türkiye, özellikle bu noktaya dikkat etmeli, bölgeyi yüzlerce yıl elinde tutacak şekilde güçlendirmeli. Ancak Suriye'nin işgali, tehlikeyi Türkiye topraklarının dışına taşıyabilir. Bu durum ise, Türkiye'yi bütün tehditlere açık hale getirecek. Aynı güçler, Dicle ve Fırat'ı kontrolleri altına almak istiyor. Irak işgaliyle bunu büyük ölçüde başardılar. Şimdi suyun kaynağına giden yollar tehdit altında.

ABD'nin Suriye'ye yönelik tehditleri önceden bu ülkenin İsrail'le savaşan güçlere destek vermesine, işgal altındaki Golan Tepeleri'ni geri istemesine dayanıyordu. Irak işgalinden sonra direnişe destek verdiği iddiası öne çıktı. Hariri'nin öldürülmesinden sonra yeni bir gerekçe bulundu. Artık daha başka gerekçe aranmayacak. Dahası, Amerika Irak işgalinde karşısına aldığı Fransa'yı, Suriye ve Lübnan konusunda yanında buldu. Hariri'nin öldürülmesi bir gün sonra sonuçlarını gösterdi. Amerika ve İsrail, derhal Suriye'yi ve Lübnan yönetimini hedef aldı. Tabii Fransa da... Lübnanlı sağcı Hıristiyanların Amerika'da kurduğu "The Defense of Democracy" (Demokrasinin Korunması) adlı kuruluş da... BM Güvenlik Konseyi harekete geçirildi. Lübnan sokaklarında "Suriye defol" sloganları attırıldı.

Ekim 1983'te Lübnanlı bir kızın ABD askeri üssüne bombalı araçla düzenlediği saldırıda, 243 Amerikalı deniz piyadesi öldürülmüş, ABD Lübnan'ı terk etmek zorunda kalmıştı. Aynı gün Beyrut'taki Fransız askeri üssüne düzenlenen saldırıda ise 58 Fransız askeri ölmüştü. Aradan 22 yıl geçti. ABD-Fransız ortaklığı buna mı dayanıyor? Lübnan'a girerlerse şüphesiz aynı sahneler yeniden yaşanacak?

Gazi Kenan: Suriye derin devletinin kilit ismi
İntihar mı, suikast mı, işaret mi?

Irak'ta yapılacak Anayasa referandumuna paralel biçimde Suriye'ye yönelik baskılar tırmanırken, ABD'nin "Şam'da yeni yönetim" ve "yeni lider" arayışı sürerken, bölge ülkeleri nefeslerini tutmuş Suriye ile ilgili süreci izlerken, Şam'dan gelen haber heyecanı artırdı. Suriye İçişleri Bakanı Gazi Kenan, makam odasında intihar etti. Bakan'ın, Birleşmiş Milletler'in Refik Hariri suikastıyla ilgili raporunu açıklamasına az bir süre kala intihar etmesi kafaları karıştırdı.

Yirmi yılını Lübnan'da geçiren, Suriye ordusunu komuta eden, Lübnan'da iktidarları değiştiren, Hariri'yi iki kez başbakan yapan Kenan, eski ekibin, Suriye derin devletinin önemli isimlerindendi. İntiharından hemen sonra iki soru akla geldi:

1- Hariri suikastında Kenan'ın bir rolü var mıydı? BM Raporunda suçlanacağı için mi intihar etti? Ya da Şam yönetiminin kendini yargılamasından veya teslim etmesinden korktuğu için mi intihar etti?

2- Devlet Başkanı Beşşar Esad'ın reformlarına direnen ekibin içinde olması, Lübnan'da kazandığı gücün ve imtiyazlı konumunun yeni Suriye için tehlike teşkil etmesi, hatta değişimi tehdit etmesi nedeniyle ortadan kaldırılmış olabilir mi? Öldürülmüş ya da intihara zorlanmış olabilir mi?

Kenan'ın ölümünden birkaç saat önce *Lübnan'ın Sesi* radyosuna konuştuğu kaydediliyor. Buna göre Kenan, ölümünden az önce Hariri suikastıyla hiçbir ilgisi olmadığını, yirmi yıl boyunca Lübnan'a hizmet ettiğini, iç savaşı durdurduğunu, 12 bin şehit verdiklerini ama Lübnan'ın bütün bunların karşılığında nankörlük yaptığını söyledi, hayal kırıklıklarını ortaya koydu, sitemlerini ifade etti. Ve bunu "son açıklaması" olarak niteledi. Medyada fazla görünmeyen, açıklamalar yapmayan Kenan'ın bu sözleri Hariri konusundaki son sözleri olarak mı, yoksa yaşamının son sözleri olarak mı söylediği bilinmiyor ama bu yayından birkaç saat sonra odasında öldü.

İntihar mı etti? Öldürüldü mü? İntihara mı zorlandı? Neden?

Kendisini tanıyanlar kolay kolay intihar etmeyecek bir kişiliğe sahip olduğunu, ancak gururu nedeniyle böyle bir yola başvurmuş olabileceğini söylüyorlar. Gazi Kenan, Hariri soruşturmasıyla ilgili BM komisyonuna ifade vermişti. Orada da Lübnan radyosuna söylediği gibi, suikastla ilgisi olmadığını söylemişti. Ancak Lübnan'daki pozisyonu, suikastla ilgili suçlanma ihtimalini ortaya koyuyordu. Bu nedenle ABD'deki malvarlığı dondurulmuştu.

Gazi Kenan, Beşşar Esad'ın önündeki engellerden biriydi. Kendisi Lübnan radyosuna konuştuğu sırada Beşşar Esad da, *CNN International*'da, Christian Amanpour'a demeç veriyordu. Oldukça kapsamlı bir söyleşi yayınlandı. Esad hiçbir Suriye'linin Hariri suikastına karışmadığını, karışan varsa da onun vatana ihanet içinde sayılacağını ve yargılanacağını söyledi.

Bazıları intiharın arkasında bu açıklamanın olabileceğini söylüyor. Lübnan radyosunda Kenan, *CNN*'de Beşşar Esad... İkisi de aynı konuda açıklama yaptı. Kenan suikastla ilgisi olmadığını, Beşşar ise ilgisi olan varsa vatana ihanetle yargılanacağını söyledi. *CNN*, bu açıklamayı, İçişleri Bakanı'nın suikastla bağlantısı olduğuna yordu.

Beşşar Esad'ın Gazi Kenan'ı tasfiye etmek istediği, ondan kurtulmak istediği biliniyordu. Suriye ordusu yirmi dokuz yıl sonra Lübnan'dan çekilince, Esad Gazi Kenan'ı İstihbarat Daire Başkanı, sonra da İçişleri Bakanı yaptı. BM soruşturması olmasaydı bir sonraki Baas Kongresi'nde yönetimden uzaklaştırılacaktı. Ama soruşturma bunu engelledi.

Esad'ın kendini teslim edeceğinden mi korktu? Temizleneceğinden, ortadan kaldırılacağından mı korktu? Eski gücünü kaybetmesini mi hazmedemedi?

En önemlisi de hayatının önemli bir bölümünü verdiği Lübnan davasını kaybetmeye, bunca savaş ve kayıplardan sonra Lübnan'dan adeta kovulmaya, üstelik suikast soruşturmalarına konu olmaya mı tahammül edemedi?

Ölümünün Hariri suikastıyla, Suriye'deki değişimin kendisini ve kendisi gibileri dışlamasıyla, Esad'ın CNN'deki açıklamasıyla belki de hiç ilgisi yok. Onuruna düşkün bir adam, gurur yüzünden de intihar edebilir. Kim bilir? Hariri suikasti gibi Ortadoğu'da bir garip intihar/suikast daha yaşandı.

İsrail kaynakları, -zaten ABD'nin Lübnan ve Suriye ile ilgili bütün iddiaları İsrail kaynaklıdır- Gazi Kenan'la birlikte Cumhurbaşkanlığı Muhafız Alayı Komutanı ve Beşar Esad'ın kardeşi Mahir Esad, Esad'ın eniştesi Asıf Şevket, Suriye İçişleri Bakanı General Gazi Kenan ile Özel İstihbarat Birimi Şefi General Rusum Gazali hakkındaki iddiaların BM raporunda yer aldığını öne sürüyor. Gerçekten bir kanıt var mı?

Ya da dünya, yeni bir mizansenle mi karşı karşıya? Bence öyle. BM, Hariri suikastını çözemeyecek. Sadece Suriye'yi suçlayacak. Bu da bir ülkeye saldırı için gerekçe olacak. Irak için böyle yapmadılar mı? Peki ne oldu Irak'la ilgili iddialara? Hani kitle imha silahları? Suriyeli birkaç kişi suikasttan sorumlu olsa ve bu kanıtlansa bile bir ülkeye müdahale sebebi sayılmaz ama bunlar sayacak.

Biz yine Lübnan'a dönelim ve suikastları izlemeye devam edelim...

Kime suikast yapılacak?

30 Ağustos 2006'da Lübnan'da suikastların devam edeceğine dair bir yazı yazdım. Çünkü bölgenin geleceğine yönelik beklentiler, Lübnan'da çok kötü bir 'uluslararası güç fiyaskosu'nun yaşanacağına işaret ediyordu. Güney Lübnan için ilan edilen ateşkesin ne kadar kırılgan olduğuyla sınırlı değil bu endişe. Bazı ülkeler reddetse de, uluslararası gücün asıl hedefinin İsrail'le birlikte Hizbullah'ı silahsızlandırmak ve Lübnan'ı abluka altında tutmak olduğu bir gerçek. Bunun yanında giderek tırmanan İran-ABD/İsrail krizi, İsrail-Suriye krizi, Lübnan iç siyasetinde beklenen kriz, ABD/İngiltere ve İsrail'in bölgesel dizaynı çerçevesindeki son gelişmeler... Bölgesel düzeyde çok ciddi bir gerilimin yaklaşmakta olduğunu, siyasi müdahalelerin yanında askeri operasyonların ve suikast planlarının yapıldığını görmek zorundayız.

Lübnan'a Türk askeri gönderilmesi yönünde çalışanların -her ne kadar vizyonlarına toz kondurmasalar da- bu gerçekleri kavradıklarını pek sanmıyoruz. Çünkü bugüne kadar kavramadıklarını defalarca gördük. Hesaplarının büyük çoğunluğu yanlış çıktı. Hâlâ resmin bütününü görmemekte, bölgenin nasıl bir kamplaşmaya doğru sürüklendiğini anlamamakta ısrar ediyorlar. Lübnan'daki çatışmanın ABD/İsrail ile İran/Suriye arasında yaşandığını ve savaşın asıl bundan sonra başlayacağını görmüyorlar. Ateşkes sürecinin Güney Lübnan'daki krizi, Suriye-Lübnan sınırına taşıyacağını, Lübnan-Suriye sınırının yeni kriz hattı olarak öne çıktığını görmek istemiyorlar. Yazıdaki öngörüler şöyleydi :

ABD ve İsrail kaynakları, Lübnan'daki savaşın yeniden başlayacağına ama özellikle bir kısmı İsrail işgali altında olan Golan'a sıçrayacağına inanıyor. İran ve Suriye'nin, Hizbullah'ın başarısını örnek alıp, İsrail'e karşı yeni bir savaş yöntemi uygulayacağı,

İran'ın nükleer silah edinmesine kadar dünyayı bu şekilde oyalayacağı belirtiliyor.

İki ülkenin, uluslararası gücün Suriye ve İran'ın etki alanını daraltmak ve Hizbullah'ı kontrol altına almak için geleceği gerçeğinden hareketle, Lübnan'daki bu gücü işlevsizleştirmeye çalışacağı ifade ediliyor. Dolayısıyla bölgede her an yeni bir çatışmanın başlayabileceği ve BM gücü formülünün suya düşebileceği, düşmese bile kısa zamanda zor durumda bırakılacağı vurgulanıyor.

BM gücü Hizbullah'ı hareket edemez hale getirirken, ABD ve İsrail'in Suriye sınırına yoğunlaşacağı, aynı zamanda BM güçlerinin de desteğiyle Suriye-Lübnan sınırını kontrol altına alacağı, iki ülke arasında tehlikeli bir düşmanlık dönemi başlatılacağı, sınırın Suriye tarafına müdahaleler yapılacağı ifade ediliyor. Şam yönetimi bu tehdide karşı *"Yabancı güç yerleştirilirse sınırları kapatırız"* diye açıklama yaptı.

Lübnan krizi, dünyanın müdahalesiyle Ortadoğu'da derin bir kamplaşmaya yol açıyor. İran-Suriye'ye karşı Batılı güçler ve bölgedeki yandaşları etkin bir savaş yürütüyor. Hizbullah'ın bölgedeki etkisinden çekinen bu rejimler, asker göndermenin siyasi intihar olacağı kanaatinde.

Dikkat edilecek bir başka nokta, ABD ve İsrail'in İran'a karşı yürüttükleri saldırgan süreç. İran'dan gelecek füze saldırılarına hazırlanmakta olduğunu açıklayan İsrail, kendi saldırganlığını gizlemeye çalışırken, Genelkurmay Başkanı Dan Halutz, Hava Kuvvetleri Komutanı General Elyezer Shkedy'yi İran'la savaşacak güçlerin başına getirdi. Diğer askeri hazırlıkları tekrar etmeye gerek yok.

Muhalifler Lübnan hükümetinin istifasını istiyor, Beyrut'ta siyasi kriz başlayabilir. Dahası, ülkedeki etnik ve dini gruplar birbirine düşebilir. Fuad Sinyora hükümeti devrilebilir.

Ve en tehlikeli ihtimal: Refik Hariri Suikastı'na benzer yeni bir suikastla karşı karşıya kalabiliriz. Hizbullah'a ve Suriye'ye karşı sert tavırlarıyla bilinen Velid Canbulat, son olarak Suriye ile savaşacağını açıkladı. ABD ve İsrail için bulunmaz bir fırsat bu. Suriye'ye saldırının gerekçesini oluşturmak için suikast yapılacak en doğru kişiyi buldular. Böyle bir suikast gerçekleşirse, bu bölgede hiçbir ülke güvende olmayacak.

Bu yazıdan hemen sonra öngörülerin hızla gerçekleştiğini gördük. Hizbullah, Sünniler'in önemli bir kesimi ve Hıristiyanlar, Beyrut'taki ABD destekli hükümeti düşürmek için sokaklara döküldü. Milyonlarca insan gösteri yaptı. Ama en önemlisi de suikastlar devam etti. Yazıdan üç ay sonra 9 Kasım 2006'da Hıristiyan Sanayi Bakanı Pierre Cemayel öldürüldü. Bu cinayet, Lübnan'daki beşinci suikast olarak kayda geçti. Hariri'den sonra Samir Kasır, George Hawi ve Cibran Tueyni, ardından da Cemayel öldürüldü.

Yine 31 Kasım'da 'Siyasi Suikastlar Cenneti' başlığı altında, Lübnan'daki suikastların niteliğini bir kez daha ortaya koymaya çalıştım ve aşağıdaki değerlendirmeyi yazdım:

İç yapısındaki hassas dengeler, yıllardır devam eden güç mücadelesi, etnik ve dini farklılıkların çok çabuk düşmanlığa ve çatışmaya dönüşebiliyor oluşu, bölgedeki her ülkenin bir uzantısını barındırması, ABD ve diğer merkez güçlerin müdahale alanı olması, yapay ve zoraki ayakta duran bir devlet oluşu, Ortadoğu'da yaşanan bütün krizlerin ve yeni Ortadoğu planlamasının merkezinde yer alması, yaşadığı işgaller, iç çatışmalar, siyasi suikastlar nedeniyle her an her şeyin değişebileceği, hesapların sıfırlanacağı bir ülke Lübnan. Dünyanın en hassas birkaç bölgesinden biri. Uluslararası ilişkileri izlemek için en verimli laboratuar. Ve kendi başına bırakılmayan, bırakılmayacak olan bir ülke. Beyrut'a yansıyanlar, dünyadaki gelişmeleri algılamak için yeter de artar bile.

Dolayısıyla akşam verilen kararların sabah bozulduğu bu ülkeye ilişkin uzun vadeli tek bir öngörü olabilir; istikrarsızlık. Yeni bir İsrail saldırısından henüz çıktığı, Hizbullah'ın Lübnan'daki en etkili güç haline geldiği, 1980'lerdeki kaosa dönüş konusunda güçlü işaretlerin bulunduğu bir dönemde, Lübnan'da her an sürprizler yaşanabilir.

Lübnan tarihi, bir çeşit siyasi suikastlar tarihi. 1977'de Dürzi lider Kemal Canbolat, 1982'de Hıristiyan Devlet Başkanı Beşir Cemayel, 1987'de Devlet Başkanı Reşit Kerimi, 1989'da Suriye destekli Maruni Devlet Başkanı Rene Muavid, 1992'de Hizbullah lideri Abbas Musavi ve son olarak 14 Şubat 2005'te eski Başbakan Refik Hariri. Devamında kimler olacak?

Suikastların hepsi, Lübnan'daki güç mücadelesi ile bağlantılı. Ama sadece Lübnan'la sınırlı değil; bölgesel niteliği olan, ABD, Fransa, İsrail, Suriye, İran ve Suudi Arabistan gibi güçlerin oynadığı oyun çerçevesinde gerçekleşti. O zaman sorun İsrail-Filistin kriziyle sınırlıydı. Bu krizin Lübnan'a yansımalarıydı.

Şimdi oyun çok daha büyük. Kuzey Afrika'dan Afganistan'a kadar bütün ülkelerin içinde olduğu, bölgesel istila ve harita çalışmalarının masada olduğu ölümcül bir satranç oynanıyor. Güney Lübnan'da sadece İsrail-Hizbullah savaşı yaşanmadığını, ABD/İsrail ile İran/Suriye arasında bir savaş yaşandığını hepimiz biliyoruz. Ve bu savaşın yayılacağını da.

1976'da Lübnan, Mısır, Kuveyt ve S. Arabistan'ın katılımıyla imzalanan Riyad Anlaşması gereği "Arap Gücü" olarak Lübnan'a konuşlandırılan Suriye askerleri, ABD ve İsrail'in suikastı istismar etmesi sonucu bölgeden çıkarıldı. Ama Hizbullah hâlâ orada duruyordu. Son ABD/İsrail saldırısıyla Hizbullah'ı dize getirmek istediler, başaramadılar. Şimdi bu görevi uluslararası güce havale ediyorlar. Bu güçler Hizbullah'la uğraşırken onlar daha önemli hedeflere yoğunlaşacaklar.

Uluslararası güç formülü tutmazsa, etkisiz kalırsa, yeni bir senaryo devreye sokulacak. Hariri suikastına benzer suikastları tekrar tekrar göreceğiz. Hem Lübnan'da iç çatışma çıkarmaya hem de Suriye üzerine yürümeye elverişli suikastlar.

Lübnan krizi daha yeni başlıyor. Sadece suikastlar çerçevesinde ele aldığımızdan, krizin detaylarını burada tartışmayacağız. Ancak suikastlar üzerinden bir ülkenin nasıl krizlere sürüklendiğini; siyasi çıkar için, emperyal projeler için nasıl cinayetler işlendiğini görmek isteyenlerin sadece Lübnan örneğine bakması yeter.

El Hakim suikastı ve Irak'ın parçalanması

Suikast örneklerine Irak'tan bir başka örnek verelim. Ayetullah Muhammed Bakır El Hakim'in öldürülmesi, en büyük darbeyi Irak'ın bütünlüğüne vurdu. Bu suikasttan sonra, ülkede suikastların ardı arkası kesilmedi. Dini liderler, siyasi liderler, akademisyenler, aydınlar... Ardından Şiiler ile Sünniler arasındaki kanlı çatışmalar, kitlesel katliamlar, toplu infazlar, binlerce kişinin işkence ile öldürülmesi geldi.

Saldırıyı planlayanların Irak'ın bütünlüğünden başka hedefleri de vardı: İran'ın Şiiler üzerindeki etkinliğinin kırılması, Saddam sonrası Irak'ta işgalcilerin çıkarlarına zarar verecek şekilde "aşırı güçlenen" bir ailenin sınırlanması, Şiiler içinde iktidar mücadelesinin tetiklenmesi, Sünni-Şii kavgasının ateşlenmesi, İran'ın kontrolündeki Şii dünyasına karşı Irak merkezli ve Arap kökenli bir Şii siyasi yapının oluşturulması. Bu yapıyla da Suudi Arabistan ve Körfez ülkelerindeki Şiiler'in harekete geçirilmesi ve İran'ın kontrol altında tutulması.

Amerika ve İngiltere, saldırıdan hemen sonra El Kaide ve Saddam Hüseyin yanlılarını hedef gösterdi. Amerikan/İngiliz/İsrail basını, Şii-Sünni, özellikle de Şii-Vahhabi çatışmasına vurgu yaptı. Bu kadar rafine hazırlanan saldırının sonuçlarına bakılırsa el Kaide ve Saddam yanlıları bir seçenek değil. Saldırıdan sonra el-Kaide üyelerinin yakalandığına dair iddialar da sonradan yalanlandı.

Aynı kaynaklar, işgale karşı direnen Sünni grupları hedef gösterdiler. Şiiler'in Irak'ta kontrolü ele almasından korktukları gerekçesiyle, direnişe katılmayan El Hakim ailesinin Bağdat'taki geçici Konsey'e üye vererek işgalcilerle işbirliği yaptığı için hedef seçildiğini öne sürdüler. Oysa direnişi sürdüren Sünni gruplar, daha önceki Ürdün Büyükelçiliği'nin bombalanması, Bağdat'taki BM merkezine saldırı, petrol boru hatları, elektrik santralleri ve su tesislerine yönelik saldırıları kendilerinin yaptığına dair iddiaları reddettiler.

ABD/İngiliz/İsrail kaynakları, El Hakim'e yönelik saldırıdan önce, Irak'ın önde gelen Sünni otoritesi Ahmed Kuseysi'nin geleneksel Şii liderlerin aksine işgale karşı sert tutumuyla bilinen Muktada es Sadr'a 50 milyon dolar para verdiğini öne sürmüşlerdi. İddialara göre, Sünniler böylece Şiiler içindeki iktidar mücadelesine destek veriyor, geleneksel Şii liderlerin otoritesini kırmaya çalışıyorlardı. Kubeysi'nin önderliğinde Sünni gruplarla Es Sadr arasında dayanışma tesis edilip Şiiler ikiye bölünmeye çalışılıyordu. Kubeysi bu iddiayı şiddetle reddetti ve iftira olarak niteledi. ABD istihbaratının ortaya attığı bu iddia bile, El Hakim'in öldürülmesinden kimlerin beklentileri olduğunu, ortamın nasıl hazırlandığını ortaya koyuyor.

Yine ABD/İngiliz/İsrail istihbarat kaynakları, saldırının faillerinden biri olarak Muktada Es Sadr'ın adını öne çıkardılar. Bağdat'taki Konsey'i tanımayan ve bunun Irak halkını temsil etmediğini söyleyen, yeni Irak yönetiminin ancak işgal sona erdirildikten sonra oluşturulabileceğini, bunun için de bir an önce işgalin sona erdirilmesi gerektiğini belirten, Şii liderlerin işgal yönetimiyle iş tutmasına karşı çıkan Büyük Ayetullah Muhammed Sadıg es Sadr'ın 30 yaşındaki oğlu Muktada es Sadr, Irak'ta gittikçe güçlenen bir isim. Ancak "popülerliği öne alan bir kişi olarak" böyle bir cinayetin kendisine Şiiler içinde hiç de taraftar kazandırmayacağını, aksine onu yalnız bırakacağını çok iyi biliyor. El Hakim'in öldürülmesiyle işgalden hemen sonra Londra'dan getirtilen Abdülmecid El Hoi'nin öldürülmesini aynı cinayetler silsilesinin devamı olarak görmek ve bunu Şiiler içindeki iktidar mücadelesiyle açıklamak, kaos pazarlayanların ekmeğine yağ sürmekten başka bir işe yaramayacaktır.

Saddam sonrası Irak'ta işgale farklı yöntemlerle de olsa karşı duruşun yanında tek bir gelişme var ki, hem işgalcileri hem de bölge ülkelerini endişelendiriyor. Irak'a asker göndermesi istenen ülkelerden de bu yeni gelişmenin kontrol altına alınması için yardım isteniyor. O da İslam. Saddam Hüseyin'in seküler yönetiminin devrilmesinden sonra Irak'ın yeni bir İslami devlet olarak öne çıkacağı korkusu, işgalciler için birçok kaygıyı bastırmış durumda. Bağımsızlık savaşı veren örgütler de, Sünni liderler de, Şii liderler de Irak'ın geleceğini sadece İslam'ın belirlemesi noktasında birleşiyor.

Muktada es Sadr da bunu söylüyor, öldürülen El-Hakim de aynı şeyi söylüyordu. Amerika ve İngiltere'nin Irak'ta "istikrarı sağlaması" için "yanıp tutuşanlar" da, ki onlar Türkiye'de de var, aynı korkuyla hareket ediyor. Bu güçler, Irak halkının ortak iradesine karşı işgalin yanında yeni bir savaş başlattılar: Irak'ta İran benzeri veya daha farklı bir İslam devletinin kurulmasını engellemek. Ne laik Kürt gruplar, ne de Bağdat'taki kukla yönetim bu gidişi durdurabilecek güce sahip. İşgalcilerin varlığı ve zamanla direnişin güçlenmesi ise süreci daha da hızlandıracak. Amerika'nın Türkiye'den ve Müslüman ülkelerden asker istemesinin altında da bu korku yatıyor.

Bağdat'ta kurulan Mossad merkezinin neler yaptığını izleyen var mı? Musul-Kerkük petrol boru hattını kim sabote ediyor? El Ubeydi aşiretinin lideri boru hattı sabotajları için mi tutuklandı? Musul-Hayfa petrol boru hattının açılmasıyla Musul-Kerkük hattının bombalanması arasında ne tür bir bağlantı var? Suikastları analiz ederken bu soruların cevabını aramak ve mümkün olduğunca bulmak gerekiyor.

KİRLİ İLİŞKİLER AĞI: STOFFEL DOSYASI

Silah kaçakçılığı ve Kuzey Irak'ta kurulan
karanlık ilişkiler

Kırk milyar dolarlık skandal

Bu bölümde; Irak'ın kayıp silahlarının akıbetine, nasıl yağmalandığına dair dehşet verici bir olaydan, on milyarlarca dolarlık yağmadan, Amerikan istihbaratıyla mafya arasındaki ilişkilerden, Bağdat'tan Washington'a, Lübnan'dan Türkiye'ye uzanan büyük kaçakçılık/yolsuzluk operasyonundan, dev silah ticaretinden, Irak'ın kaybolan füzelerinden suikastlara kadar uzanan bir dosya açacağım.

Beyaz Saray-CIA-Bağdat'taki kukla yönetim-mafya arasında nasıl bir menfaat paylaşımı olduğundan, 100 tıra yüklenen silahların Ürdün üzerinden nasıl İsrail'e kaçırıldığından, boşaltılan silah depolarının akıbetinden, CIA-Boeing-Ukrayna arasındaki X-31 füzesi operasyonunun öneminden, Irak Savunma Bakanlığı'nın açtığı dev tank ihalesinde dönen dolaplardan, CIA-kukla yönetim-silah tüccarları arasındaki gizli anlaşmalardan, 40 milyar dolarlık Saddam dönemi silahlarının kimler tarafından nasıl paylaşıldığından örnekler vereceğim.

Irak'tan kaçırılan füzelerin nerede olduğunu, milyarlarca doların nerelere transfer edildiğini, kimlerin bu büyük operasyonda rol aldığını, transferler sırasında kaybolan paraların nereye gittiğini ve en önemlisi de; Lübnan'daki suikastların bu kirli ticaretle bağlantılı olup olmadığını sorgulayacağım. Irak işgalinin göremediğimiz boyutlarını, küresel ölçekte bir menfaat şebekesinin işgal üzerinden nasıl beslendiğini tartışacağım.

Irak halkının kaderi üzerinde nasıl oyun oynandığını, bir ülkenin istihbarat örgütleri ve silah tüccarları arasında nasıl piyasa malzemesine dönüştürüldüğünü ve bu güçlerin Irak halkının kanı ile nasıl semirildiğini ele alacağım.

Bu dev trafiğin merkezindeki adamın hikâyesinden başlayalım. Skandal, Irak'ta çok duyduğumuz "contractor", yani müteahhitlerden birinin daha öldürülmesiyle ortaya çıktı. Ama olaydan "Irak'ta Amerikalı bir müteahhit daha öldürüldü" haberinden öte söz edilmedi. 8 Aralık 2004 tarihinde ortağıyla birlikte öldürülen bu Amerikalı müteahhidin adı Dale C. Stoffel idi!

Stoffel ve ortağı Joseph J. Wemple, Irak'ta ihale alan, iş yapan birçokları gibi kendi şirketleri Wye Oak ve CLI adına iş takibi yaparken öldürüldü. İki ortak Taci'de Amerikalı yetkililerle toplantıdan çıkıp Bağdat'taki Yeşil Bölge'de yine ABD'li üst düzey yetkililerle görüşmek üzere yola koyuldular. Fakat yolda araçları durduruldu ve maskeli kişiler tarafından kurşuna dizildiler. Öldürenler, Stoffel'in bilgisayarına el koydular ve elde ettikleri bilgileri (CIA-kukla yönetim-Irak'taki ABD askeri yönetimi-Lübnanlı aracılar arasındaki trafik, devlet ihaleleri, kayıp silahlar, özel yazışmalar, e-mailler) yayınlamaya başladılar.

Bilgiler açıklandıkça kirli trafiğin ürkütücü boyutları yavaş yavaş ortaya çıktı. Hâlâ aydınlanmamış çok konu olmakla birlikte ortaya saçılan bilgiler vahim tabloyu göstermek için yeterli. 24 Mart 2005'te yayınlanan videoda Stoffel'in kim olduğu ve neden öldürüldüğü ortaya kondu. İkinci videoda Stoffel'e ait iki dokümanın içeriği; CV'si ve ABD adına ticaret yapma yetkisi hakkında bilgi verildi. Altıncı videoda Irak Savunma Bakanlığı ile Stoffel arasındaki anlaşma gösterildi. Yedinci videoda Savunma Bakanlığı binasının ihalesi ve petrol konusunda Irak yönetiminin Stoffel'e verdiği yetkiler açıklandı. Onuncu videoda ise Gazi (İyad) Allavi, Dale Stoffel, Ahmet Çelebi ve Türkiye'den bir isim arasında yapılan, paranın nasıl paylaşılacağını içeren ve çok gizli tutulması istenen anlaşmanın metni gösterildi.

Stoffel, CIA'nın Irak'taki gölge başkanıydı ve "The Lawrence of Arabia" (Arap Lawrence) olarak tanımlanıyordu. Bush ailesiyle çok yakın bağlantısı vardı ve onlar adına iş takibi yapıyordu. Rafidan (Mücahitler Merkez Komutanlığı Siyasi Komitesi) tarafından şimdiye kadar Stoffel ile ilgili on adet video görüntüsü yayınlandı. Her videoda kirli trafiğin bir başka aşaması ifşa edildi. Ancak Stoffel ve ortağının cesetlerinin görüntüleri hiç yayınlanmadı. Sadece öldürüldükleri açıklandı ve ülkelerinde cenaze töreni yapıldı.

Stoffel kimlerle irtibat kurmuştu?

Stoffel çok ilginç ve karanlık ilişkileri olan bir isim. CIA adına dünya silah ticaretinde önemli işler yürütüyordu. Mesela Boeing'le Rus yapımı 'X-31 füzeleri'nin ABD'ye getirilmesi için 11.5 milyon dolarlık anlaşma yapmıştı. ABD Deniz Kuvvetleri bu füzelerin tedariki için 18.8 milyon dolar ayırmış, ancak füzeleri elde edememişti. Olay şöyle gelişmişti:

Stoffel, füzeleri Ukrayna (Kadife Devrim-silah ticareti ilişkisi), Macaristan, Çek Cumhuriyeti ve Rusya'dan transfer etme konusunda taahhütte bulunur. Ancak Boeing adına işi yürüten McDonnel Douglas şirketi ile Stoffel arasında anlaşmazlık çıkar. Stoffel sadece 5 füzeyi teslim edebilmiştir. Olay mahkemeye intikal eder ama dosya kapatılır. Para geri ödenmez. Stoffel, Bulgaristan'dan da ABD'ye silah transferleri yapar. Zambia'ya sattığı silahlar yüzünden Human Right Watch tarafından insan hakları ihlaliyle suçlanır.

Gemilere karşı kullanılan X-31 füzeleri ABD'nin yıllardır peşinde koştuğu, elde edemeyince de bunlara karşı Patriot füzelerini geliştirmek zorunda kaldığı, hâlâ teknolojisini elde edemediği füzelerden biridir. Bu uzun menzilli füzeler, hem çok uzak hedefleri isabetli biçimde vurmakta hem de radar sistemlerini tahrip etmektedir. Çevresindeki insanların idealist bir işadamı olarak tanıdığı Stoffel, Amerikan ordusunda özel birlikte görevliyken bu görevi bırakıp uluslararası silah tüccarları arasına katılır. Amerika ve İngiltere tarafından Irak'ın silahlarını yağmalamak ve gerekli yerlere transfer etmekle görevlendirilir. Söz konusu silahların değeri dudak uçuklatacak kadar büyüktür. Tamı tamına 40 milyar dolar!

Bu 40 milyar dolarlık silah, askeri mühimmat ve hurdaya çıkarılan malzemelerin paraya çevrilme görevi bizzat Stoffel'e verilir. Dev pazar içinde devletlerin, istihbarat örgütlerinin, silah tüccarlarının, mafyanın ve bankaların olduğu bir ağ oluşur. Bu ağın tam merkezinde, ABD ve İngiltere'yi, özellikle de Bush ailesini temsilen Stoffel bulunur. Irak kukla yönetiminden silah tüccarlarına ve Irak'ta iş yapanlara kadar herkes bir şekilde Stoffel ile bağlantılı olmak zorundadır. O, Irak'ta Washington'ın gayri resmî temsilcisidir. Tüm zamanını Irak'ta geçirir, çelik yeleğini hiç çıkarmaz ve sürekli Uzi ile gezer.

Türkiye Cumhuriyeti'ne Stoffel olayı ve bunun ülkemize yansımalarıyla ilgili soruşturma açması için çağrılar yaptım. Hiçbir ses çıkmadı. Türkiye-Irak sınırından geçirilen bazı malların dikkatle incelenmesi, bazı limanların denetim altına alınması gerekiyordu. Stoffel'e bağlı olan, aslında CIA tarafından yönetilen, ABD yönetimi tarafından 8-25-125-11-5D-01200 lisans numarasıyla uluslararası silah ticaretine yetkili kılınan, Ukrayna'dan Bulgaristan'a, Rusya'dan Irak'a kadar özellikle füze ve füze teknolojileri alanında faaliyet gösteren, devlet kurumlarıyla anlaşmalar yapan WYE OAK TECHNOLOGY ve aynı kişilerin sahibi olduğu CLI Corporation'ın Türkiye'de kimlerle iş tuttuğu, Kuzey Irak'ta ne tür çalışmalar yürüttüğü öğrenilmeliydi. Sadece eski bir özel birlik mensubu değil, sadece rasgele bir silah tüccarı değil.

Kendi CV'sinden öğrendiğimize göre, lazer silahları, istihbarat analizi, kontrol sistemleri, füze teknolojisi, füzelerin elektronik sistemleri gibi alanlar üzerinde uzman olarak yetiştirilen, bu alanda özel projelerde görev yapan Stoffel, öldürülmeden önce stoffel@clicorp.com adresini kullanıyordu. Nitekim Türkiye'ye getirilen 70 bin tonluk sevkıyatın pazarlıkları konusunda Türkiye Cumhuriyeti vatandaşı olan kişi (y) ile Stoffel arasındaki yazışmalar bu adres üzerinden yapılmış.

Yine Stoffel'in hikayesine geri dönelim. 1984'te fizik ve matematik eğitimini tamamlayan Stoffel, 1985'te Deniz Kuvvetleri'ne füze uzmanı olarak katılır. 1989'da elektronik savaş sistemleri ve Maverick füzelerin geliştirilmesinde görev alır. 1992'de Messa Envisioneering adlı bir şirkette uzman olarak çalışır. Çalışma alanı, ileri stratejik silahlar için sinyal toplama sistemleridir. 1995'te kendi şirketlerini kurar ve serüveni başlar. Bu şirketle Çin'den ve Rusya'dan ABD füze laboratuarları için füze kaçırır. 2003'te ABD yönetimi için istihbarat projelerinde görev yapar. Son olarak Beyaz Saray ve Pentagon tarafından Irak'ın askeri varlığını dağıtmak için görevlendirilir.

Stoffel'le Türk vatandaşı Y arasında 11 ve 12 Kasım 2004 tarihlerindeki e-mail yazışmalarında, Bağdat'ın doğusundaki ülkelere gönderilecek 70 bin ton bakır ve pirinç için pazarlık yapılıyor. (Y) burada iki alıcı adına pazarlık yapıyor. Iraklılar, bu satışın piyasa değerinin 350 milyon dolar olduğunu, malzemenin depolardan çalınıp 3 bin 500 araçla taşındığını, paranın Irak halkına gitmediğini, Stoffel'in başında bulunduğu şebeke tarafından paylaşıldığını, Irak'ın petrollerine el koyan, Irak ordusuna ait toplam 40 milyar dolarlık silah ve mühimmatı yağmalayan, Irak'ın dünya bankalarındaki rezervlerini çalan, müzeleri soyan, evlere baskın yapıp kadınların mücevherlerini alanların Pentagon tarafından organize edildiğini, bu ticaretin büyük oranda Kuzey Irak'taki yönetim üzerinden yürütüldüğünü söylüyor.

Stoffel ile Irak Savunma Bakanlığı Genel Sekreteri Bruska Noori Shaways arasındaki 1 Ocak 2004 tarihli yazışmalar, bu kişinin Irak'taki kontrol noktaları ve askeri üsleri kullanmada tam dokunulmazlığa sahip olduğunu ortaya koyuyor.

İsrail istihbaratına yakın çevreler Stoffel ve ortağının öldürülmesinden hemen sonra Irak Merkez Bankası'ndan 300 milyon dolar alındığını ve bir uçakla Lübnan'a götürüldüğünü iddia ediyor. İsrail kaynakları, Stoffel olayıyla ortaya çıkan kirli ticareti Lübnan eski yönetimi ve Suriye'ye yıkma telaşında. Bunun için Lübnan'da büyük bir skandalla batan ya da batırılan el Medina Bank'ı örnek veriyorlar. Ancak işgalin ilk gününden itibaren ABD ordusu, ABD'nin Bağdat'a yönetici olarak atadığı Allavi kadrosu, CIA, Kürt gruplar, bazı Şii gruplar, Güney'deki İngiliz ordusu, Lübnanlı silah tüccarları, Türkiye'den bazı kişiler ve bankaların oluşturduğu tamamen ABD denetiminde bir yağma şebekesi oluşturmuş. Bu şebekenin organizasyonu için de Stoffel atanmış. Suriye'nin buraya ne kadar nüfuz edebileceği sorgulanabilir.

Milyarlarca dolar uğruna Irak içinde örgütlerin beslendiğini, Irak-Lübnan hattındaki önemli gelişmelerin -bazılarının zannettiği gibi- demokrasi ve özgürlük uğruna ortaya çıkmadığını, Irak'ın paraları üzerinde büyük bir paylaşım savaşı yürütüldüğünü, bu uğurda ülkelerin ve milletlerin kaderiyle oynandığını, cinayetler/katliamlar yapıldığını, sürecin Türkiye'nin geleceği üzerinde etkileri olacağını anlatmaya çalıştım.

Bu ortaklığın pislikleri ileride daha net ortaya çıkacak ve biz de öğrenme fırsatı bulacağız. Ama şimdiden şu soruların cevabını aramak zorundayız:

Füzeler kimlere verildi? Askeri mühimmat hangi gruplara aktarıldı? Bu olay Türkiye'nin güvenliğini ne ölçüde ilgilendiriyor?

Kirli ticaretten elde edilen gelirle kimler, hangi örgütleri, oluşumları ve bölgeleri finanse ediyor?

Şebekenin her aşamasında karşımıza çıkan Lübnanlı arabulucular ve büyük pastanın paylaşılması ile Lübnan'daki suikastlar arasında ne tür bağlantılar var? Hariri suikastının Irak'ın paralarını paylaşmayla ilgisi ne? Stoffel'in parasını transfer eden Lübnanlı Raymond Zayna ve Muhammed Ebu Derviş kimleri temsil ediyor?

ABD ordusu, dolandırıcılıkla suçladığı Zayna ile, Stoffel öldürüldükten sonra da iş yapmaya neden devam etti?

Yüz milyonlarca dolar hangi bankalar üzerinden nerelere transfer ediliyor? Adı geçen Türklerden birinin bankacılık geçmişinden hareketle, Türkiye'de bu transferde kullanılan banka var mı?

Irak Savunma Bakanlığı için açılan tank ihalesinde kaybolan 24,7 milyon dolar nereye gitti?

Irak'ın kaynaklarından karşılanan 8,8 milyar dolar tutarındaki ihaleler ile silah kaçakçılığı arasında ne tür bir ilişki var?

Füzeler Kuzey Irak ve Türkiye'de mi?

Irak'ta ABD denetimindeki silah depolarının boşaltılmasıyla ilgili haberler gazetelerde yayınlandığı zaman bu depoları direnişçilerin boşalttığı iddia edilmişti. Herkes silahlara ne olduğunu sorguladı, ancak cevap bulamadı. Ana soru şuydu: Saddam rejimi devrildikten sonra Irak ordusuna ait silahlara ne oldu? Uçaklara, tanklara askeri mühimmata, en önemlisi de füzelere?

Şimdi anlıyoruz ki, bizzat ABD istihbaratı ve silah tüccarları, silah ve mühimmat depolarını boşaltıp, bu silahları öldürülen Dale Stoffel'in organizasyonuyla satmış. Ancak Irak ordusuna ait silahların, mühimmatın ve füzelerin nerelere satıldığı konusunda hâlâ net bilgiler yok. İşgal sonrası birkaç füze ile kuma gömülü birkaç tanktan başka hiçbir şey bulunamadı ya da silahlar birileri tarafından gizlendi.

Stoffel'in öldürülmesi, bu silahların akıbeti hakkında önemli ipuçlarına ulaşmamıza yaradı. İşgalin gölgesinde nasıl bir mafya ağının oluşturulduğunu, istihbarat mensuplarının ve bazı başkentlerdeki siyasetçilerin, işadamı kılığındaki mafya mensupları ve silah kaçakçılarıyla ne tür kirli ilişkiler kurduğunu, belli güçler arasında nasıl bir paylaşım savaşı yaşandığını, istihbarat örgütleri ve mafyanın direnişçi adı altında ne tür örgütleri beslediğini az da olsa görebilme şansı yakaladık. Peki Stoffel öldürülmeseydi ne olacaktı? Bu kanlı ilişkiler ağını ortaya çıkaracak bir başka olayı bekleyecektik.

CIA adına silah ticareti yapan Stoffel, Irak'ın her alanında var. Hükümet binalarının inşasından askeri üslerin yapımına, silah ticaretinden özel güvenlik şirketlerine kadar. "Contractor" kelimesinin ne anlama geldiğini merak edenlerin Stoffel'e bakmaları yeterli.

Stoffel, ABD Dışişleri Bakanlığı'na yazdığı mektupta; kendisine ait Wye Oak şirketinin Irak Savunma Bakanlığı ile anlaşma yapması konusunda izin istiyor. Ayrıca, "hurda" olarak tanımlanan Irak ordusuna ait mühimmatın ABD kontrolü altında olduğunu, şirketinin bu işi ABD ordusuyla işbirliği içinde yapacağını, bu mühimmatın Fransa, Rusya ve Çin malı olduğunu, bir miktar ABD ve İngiliz ürününün de bulunduğunu, anlaşmaya dahil olan mühimmatın 500 milyon dolar değerinde olduğunu belirtiyor.

(Stoffel Irak Savunma Bakanı Hazim Şahlan'a yazdığı mektupta ise, mühimmatın değerinin 1 milyar dolar olduğunu söylüyor! Hazim Şahlan, İyad Allavi, Ahmet Çelebi ve Kürt gruplarla da ayrı ayrı anlaşmalar yapıyor)

Mektupta, şirketinin Dışişleri Bakanlığı'nın izni olmadan iş yapmayacağını, anlaşma kopyalarını göndereceğini, Dışişleri'nin önerdiği şirketlerle işbirliği yapacağını, bu işlerde ABD vatandaşlarının kullanılmayacağını ve bir ABD vatandaşının değil, Irak Savunma Bakanlığı'nın kâr etmiş görüleceği için hukuk ihlali olmayacağını, işbirliği yapılan yabancı şirket ve arabulucuların gizli kalacağını belirterek onay istiyor. Şirketinin 2007'ye kadar böyle bir anlaşma yapmaya ruhsatı olduğunu belirtiyor ve kayıt numarasını da 592 olarak veriyor. Bu mektup sadece yapılan işin şekil şartlarını yerine getirmeye yönelik. Zira hem ABD yönetimi hem de Bush ailesi durumdan haberdar. Çünkü olayın merkezinde onlar var, Stoffel onlar adına hareket ediyor.

Stoffel'in Irak içinde ortaklarının Çelebi, Allavi, Talabani, Barzani ve İran lobisi olduğu, dışarıda ise Kuveyt, İsrail, İran ve Ukrayna ile birlikte bu işi yürüttüğü öne sürülüyor.

Stoffel'i öldürdüklerini açıklayan Iraklıların iddiaları ise şöyle:

– Füzeler, füze motorları, uçaklar büyük kargo uçakları ile götürüldü ve kayıplara karıştı.

– 100 konteyner dolusu mühimmat Ürdün ve İsrail'e götürüldü.

– Büyük miktarda mühimmat Iraklı Kürt grupların kontrolünde çalışan silah kaçakçıları tarafından Irak'ın kuzeyine ve Türkiye'ye götürüldü. (Türkiye'ye sokulan C-4'ler bu partinin içinde miydi ve ne amaçla Türkiye'ye sokuldu? Kimler ne için hazırlık yapıyor? CIA mensubu Stoffel'in bilgisi dahilinde yapılan bu transferi "Türkiye-ABD ilişkileri ve PKK" çerçevesinde değerlendirmek gerekmiyor mu?)

– Bu transferlerin hepsi Stoffel'le işbirliği içinde yapıldı.

– Büyük miktarda mühimmat, İranlı gruplar, Bedir Tugayları ve Dava Partisi tarafından kaçırıldı. Bunun için Munteriya ve Shlamcha sınır kapıları kullanıldı. Askeri fabrikalar bile sökülüp götürüldü.

Şimdi bir anlaşmanın maddelerini vereceğim: Gazi (İyad) Allavi, Dale Stoffel, Muhammed el Çelebi ve Türkiye'den bir isim (X) arasında yapılan ve Irak'ın askeri varlığının satışıyla ilgili ortaklığı içeren anlaşmanın metni:

Yukarıda adları yazılan kişilerin hepsi Stoffel'in askeri teçhizatı organize etmesi için Irak Savunma Bakanlığı'na bağlı şirketin tek temsilcisi olarak atanması konusunda anlaşmışlardır.

1- X (Türk vatandaşı) Stoffel aracılığıyla "Newco" isimli bir şirket kuracak ve sözleşmeleri bu şirket yapacaktır.

2- "Newco" firması, Stoffel aracılığıyla, Irak Savunma Bakanlığı ile iş yapan tek şirket olacaktır.

3- "Newco" her işin bitişinde yüzde 10 pay alacaktır.

4- Sözleşmeler "Newco" partnerleri arasında imzalanacaktır. Bunun içeriği de memorandumda belirtilmiştir.

5- Kârların yüzde 50'si idari harcamalar olarak Newco'ya verilir.

6- Kalanın yüzde 60'ı, yani toplam kârın yüzde 30'u Stoffel'in payıdır.

7- Taraflar memorandumun içeriğinin çok gizli tutulması konusunda anlaşmaya varmış ve hiçbir koşulda ifşa edilemez ve yayımlanamaz kaydı düşmüşlerdir.

Bu gizli anlaşma çerçevesinde ne kadar mühimmat nerelere sevk edildi? Ne tür işler yapıldı? Hangi ihaleler alındı? Bu ticaret Irak'taki hangi ABD üssünden yönlendirildi? Bakır ve pirinç (metal) adı altında Türkiye'ye getirilen ve piyasa değeri 350 milyon dolar olan 70 bin ton malzemenin bu anlaşmalarla bir ilgisi var mı? Stoffel'le e-mail yazışmaları olan işadamının kirli ticarette bir rolü var mı? Lübnanlı arabulucular gibi, bu ekibin Türkiye içinde de uzantıları var mı?

İkinci Dünya Savaşı'nda Alman altınlarının trenlerle taşınması gibi, Irak'ın bütün zenginliklerini yağmalayan, Bush'un Irak'taki temsilcisi tarafından yönetilen bu ekibin çalışmaları Türkiye'de kimseyi ilgilendirmiyor mu? PKK'nın Türkiye'ye soktuğu C-4'ler bu operasyonun ne kadarını oluşturuyor?

Sadece bir kişinin öldürülmesini incelediğimizde karşımıza yukarıdaki gibi korkunç bir tablo çıkıyor. Yakın dönemde, geçtiğimiz birkaç yıl içindeki suikastları tek tek incelediğimizde, siyasetten askeri/güvenlik stratejilerine, uyuşturucu ticaretinden büyük para trafiğine, işgallerden iç savaşlara kadar, akla hayale gelmedik derin, karanlık ve kirli ilişkiler ağı ortaya çıkıyor. Suikastların izini sürmek, dikkatle izlemek, karanlık yolları aydınlatıyor.

Yakın Tehlike
NÜKLEER SİLAHLANMA

Nükleer silah ticareti ve Türkiye'nin stratejisi

İncirlik'ten nükleer silah mı çıkarılıyor?

İran'ın nükleer silahlanmasına yönelik baskı, Hizbullah direnişi nedeniyle bir süre ertelendi. Ama BM Güvenlik Konseyi'nin Tahran'a verdiği süre Ağustos ayı sonunda doldu. Lübnan için alınan ateşkes kararı, Hizbullah'ın savunma kabiliyetini teslim etti, Lübnan halkının kitlesel ölümlerini şimdilik durdurdu. Ama bir çarpıklık var ortada. Bölgedeki uluslararası güç, İsrail için güvence oluşturabilecek mi? Daha doğrusu, ateşkes ne kadar uygulanabilecek? ABD ve İsrail bu ateşkesi neden kabul etti? Bu soruların cevabı olumsuz. Dolayısıyla nasıl bir sürprizle karşılaşacağımızı düşünmeliyiz! Lübnan'daki ateşkesi İran'ı merkeze almak için mi kabul ettiler? Çünkü dünyanın dikkati İran'a yoğunlaşmışken Hizbullah-İsrail savaşı çıktı. Ateşkesten sonra dikkatlerin yeniden İran'a yoğunlaşacağı düşüncesi mi etkili oldu? O zaman da Irak'taki Şiiler mi harekete geçecek?

Lübnan saldırılarının Suriye/İran yolunu açma girişimi olduğu biliniyor. İki ülke bir şekilde savaşın içine çekilecekti. Olmadı. Hem Hizbullah direnişi kırılamadı hem de İran ve Suriye dikkatli hareket etti. Şimdi yeni bir aşamaya geçildi. Hizbullah'ın savunduğu ve İsrail için en büyük tehlike olan G. Lübnan artık uluslararası gücün kontrolüne veriliyor. İsrail ve ABD, bölge ile uğraşmak zorunda kalmadan, doğrudan Suriye ve İran programını uygulayabilecek. Binlerce askerden oluşan uluslararası güç ise, her ne kadar Hizbullah'ı silahsızlandıramasa da, örgütü hareket edemez hale getirecek, İsrail'in elini rahatlatacak.

ABD ve İsrail'in; 34 gün süren ağır saldırılar sonrası, askeri ve siyasi açıdan hiçbir başarıya ulaşamadan Lübnan'da ateşkes ilan etmesini ya da ettirmesini bu açılardan sorgulamak gerekiyor. Ayaklarına dolanan G. Lübnan'ı "uluslararası taşeronlar"a havale eden ABD-İngiliz-İsrail cephesinin çok daha büyük bir hedefe kilitlendikleri ortada. Bu sefer Yeni Ortadoğu Dizaynı'nın bölgesel savaş karakteri gerçekten öne çıkacak. Hem de nükleer içerikli bir savaş ihtimali güç kazanıyor. ABD'nin Irak'ta yaptığı hazırlıklar, İsrail'e üç yıldır yapılan yığınak, diplomatik alanda yürütülen süreç, bölge ülkeleri arasında oluşturulmaya çalışılan kamplaşma gibi birçok faktör, bu tehlikeli sürece işaret ediyor.

Irak işgalinden hemen sonra yazdığım; Amerika'nın Irak'ın güneyine nükleer silahlar stokladığına, bunların B61 taktik nükleer silahlardan olduğuna, Güney Irak'taki ABD F16'larının bu silahları kullanacak şekilde yenilendiğine dair bilgilerin gerçek anlamı şimdi ortaya çıkıyor.

Bir kısmı İncirlik'te bulunan bu silahların akıbeti hakkındaki tartışmaların neden sonuçsuz kaldığı sorulmalı. İncirlik'ten Mersin'e taşınan, oradan da bir ABD gemisine yüklenen konteynırların içinde "patlayıcı" değil, nükleer silahlar olabilir mi? Türkiye'de bulunan 90 adet B61 nükleer bomba, bölgesel savaşta İncirlik bombalanır diye başka bir yere mi sevk ediliyor? İran için burada tutulan bombalar İsrail'e ya da Irak'a naklediliyor olabilir mi?

İsrail'in ABD'den 5 bin adet 500 BLU 109 bunker-buster bombası almasını, bunlarla yeraltındaki İran nükleer tesislerini vurmaya hazırlanmasını, saldırıların ABD'nin AWACS uçaklarının desteğiyle yapılacak olmasını da ekleyelim.

Üç yıl önce yine bu köşede birçok kez İsrail denizaltılarının nükleer füzelerle donatıldığını yazdım. Almanya'dan İsrail'e verilen Dolphin (Yunus) denizaltıları, nükleer başlık takılan Harpoon füzeleriyle donatılmıştı. Şimdi o denizaltılar Basra Körfezi'ne gönderildi. Alman mühendislerin de görev yaptığı denizaltılar neden Basra Körfezi'nde, neden nükleer füze yüklü? Bernard Lewis, *The Wall Street Journal*'da yayınlanan yazısında "*22 Ağustos'ta Ortadoğu'yu büyük bir kaos bekliyor*" çerçevesinde tam bir dehşet senaryosu çizdi.

İsrail'in İran nükleer tesislerine saldırısını, ABD'nin Basra Körfezi ve Irak'tan vereceği desteği, İran'ın misillemesini, bu kaos durumunda korkulan silahların kullanılmasını ve Türkiye'nin savaşın içine çekilmesini içeren senaryoyu hatırlayalım.

Hiroşima'ya atılan atom bombasından sonra ABD, nükleer silahlanma için 5 trilyon dolar harcadı. Ama 60 yıl boyunca nükleer silahlar kullanılabilir olamadı. ABD, askeri açıdan ihtiyacı olduğu için değil, bu silahların kullanılabilir olmasını istediği için nükleer soykırıma kadar varabilecek çılgınlıkları düşünebiliyor.

Ben ateşkese inanmıyorum. Kalıcı olacağına, uluslararası gücün bu imkânı sağlayabileceğine, krizin G. Lübnan'la sınırlı kalacağına inanmıyorum. Bana göre ateşkes; bölgesel savaş tezinin yeni bir aşaması. Lübnan'a asker göndermenin aslında Büyük Ortadoğu Savaşı'nın bir parçası olarak şekillendirildiği şimdiden belli değil mi?

Ya Türkiye de nükleer silahlanmaya giderse!

İran'ın nükleer çalışmalara yeniden başlaması, kaosla boğuşan bölgede, şimdi de bir nükleer krizin yaklaşmakta olduğuna işaret ediyor. Öteden beri küresel boyutta devam eden gerilim, üç Avrupalının (Almanya, Fransa ve İngiltere) İran'la yürüttüğü müzakerelerin sonuçsuz kalmasıyla tırmandı. Müzakerelerin sonuçlarını bekleyen ABD'nin -tabii İsrail'in de- bundan sonra krizi daha da tırmandırmaları, hatta askeri müdahale seçeneklerini gündeme taşımaları bekleniyor.

İran'ın nükleer kararlılığı, şimdiden Üçüncü Dünya Savaşı'na kapı aralayacağı şeklinde tartışmalara konu oluyor. Halen yaşanmakta olan düşük yoğunluklu dünya savaşının ivmesini artıracağı, İran'ı ve Ortadoğu'yu da aşan bunalımlara zemin hazırlayacağı belirtiliyor.

Şunu öncelikle tespit etmek gerekiyor: Ne İran nükleer güç olmaktan vazgeçecek ne de Batı, İran'ın nükleer güç olmasına izin verecek... Gerilimin tırmanmasının nedeni bu. İki taraf da geri adım atma niyetinde değil. Dolayısıyla önümüzde nükleer silahları da içeren büyük bir kriz var. İran dini lideri Ayetullah Ali Hamaney'in nükleer silah üretimini ve kullanımını yasaklayan fetvasının ne kadar geçerli olacağını zaman gösterecek. Ancak Tahran'ın nükleer silah edinme konusunda son derece kararlı olduğu, bu çalışmaların enerji amaçlı olmanın ötesine geçtiği, bütün planların İran'ı nükleer güç yapıp dokunulmaz hale getirmeye ayarlı olduğu bir gerçek.

Tahran'ın böyle bir niyeti olmasaydı bile Batı, bu ülkenin nükleer teknolojiye erişmesine yine izin vermeyecekti. Bütün coğrafyayı silahsızlandıran, Pakistan'ın nükleer gücünü kontrol altına almaya çalışan, bir zamanlar ambargo uyguladığı Hindistan'la nükleer ortaklığa girişen ABD için Tahran'ın böyle bir güce erişmesi, bölgedeki bütün planları kökünden değiştirecektir.

Gerçekten de İran'ın nükleer güç olması, Ortadoğu'da bütün dengeleri değiştirecek. İsrail açısından çok ciddi bir caydırıcı güç ortaya çıkacak. ABD'nin bütün planları İsrail için güvenlik tehditlerini ortadan kaldırmak değil mi? Irak biraz da bunun için işgal edilmedi mi? Suriye bunun için tehdit edilmiyor mu? Irak'taki yeni yapılanma bu öncelikten hareketle yapılmıyor mu? Öyleyse İran'ın kararlı tutumu, kapsamlı bir projenin sıfırdan ele alınmasını zorunlu hale getirecek.

İran kuşatılmış bir ülke. Oysa İsrail; ABD, İngiltere ve Fransa'nın desteğiyle dünyanın önde gelen nükleer güçlerinden biri haline getirildi. Üstelik nükleer klüp tarafından korunuyor, bütün uluslararası sözleşmelerden ve sınırlamalardan muaf tutuluyor. Dokunulmaz... İsrail'in nükleer silahlarını kimse ağzına bile alamıyor.

Irak'sa ABD, İngiltere ve İsrail kontrolü altında. Afganistan'da ABD var. Körfez ülkeleri ABD denetiminde. Basra Körfezi de öyle. Gürcistan ve Azerbaycan ABD denetimine girmiş durumda. Azerbaycan'daki üslerin İran'a saldırı amaçlı kullanılacağı açıkça dile getiriliyor. Türkiye'nin de ABD müttefiki olduğunu düşünürsek, dört yandan kuşatılmış bir ülkenin güvenlik kaygıları anlaşılabilir. Böyle bir ülke için nükleer güce erişmek tek seçenek gibi görülebilir. İsrail'in nükleer tehdidi ve ABD'nin bölgesel tasarrufları olmasaydı İran bu yola girer miydi? Tehdit arttıkça Tahran'ın bu yolda azmi de artıyor.

İran'ın nükleer silahlardan vazgeçmesini önermek için Ortadoğu'nun tamamının bu silahlardan arındırılmasını istemek, en mantıklı yol. Ama bunu kimse dile getiremez. Çünkü İsrail de Ortadoğu'da. Batı için güvenlik kaygıları her türlü silahlanmayı 'meşru' kılabiliyor. Hatta her türlü haksızlığı, ahlaksızlığı, devlet terörünü 'meşru' kılabiliyor. Ama kendileri dışındaki toplumların güvenlik ve savunma kaygıları cezalandırılıyor.

Yarın Türkiye de -güvenlik kaygıları arttığında- benzer arayışlara girmesi halinde aynı tehditlerle yüzleşecek. Nükleer silahlanma olmasa bile alternatif savunma sistemlerine yatırım yapan Türkiye, bir şekilde cezalandırılacak.

İran'ın bu şekilde silahlanması bölgede çok ciddi silahlanma yarışı başlatacaktır. Özellikle Türkiye ve Mısır gibi ülkeler, İran'a karşı hava savunma sistemleri alanında Batı'nın en büyük müşterileri haline gelecektir. Türkiye'nin hava savunma sistemleri üzerinde son yıllardaki arayışları bunun bir göstergesidir. ABD basınında Türkiye'nin de nükleer silahlanmaya gidebileceğine yönelik haberler çıkmaya başladı bile. ABD ve İsrail, İran'ı Türkiye için birinci tehdit olarak sunacaklar, Türkiye-İran arasında derin krizlere yatırım yapacaklardır. İsrail, aslında kendine yönelen tehdidi, çoğu zaman olduğu gibi, Türkiye'yi sahaya sürerek, hedef yaparak savuşturma yoluna gidecektir.

Nükleer silah çoğu zaman kullanma amacıyla üretilmez. Caydırıcı olması için üretilir. İran'ın uzun menzilli füzeler konusunda aldığı mesafe bile daha şimdiden oldukça caydırıcı rol oynuyor. 2 bin kilometre menzilli Şahap-3 füzeleri hedefini en fazla bir metre saptırıyor.

ABD'nin Güvenlik Konseyi'nden İran'a karşı bir karar çıkartması zor. Rusya ve Çin'in karar tasarısını veto etmeleri bekleniyor. Çünkü Asyalı iki güç, İran'ın arkasında ve geri adım atmaları zor. Onlara göre bu, İran meselesi değil; dünyanın paylaşımıyla ilgili, küresel denge ile ilgili bir mesele. ABD ve müttefikleri Konsey'i by-pass edecekler veya BM'de büyük bir kavga, çetin bir pazarlık yapılacak.

Artık askeri seçenekler dönemi başlıyor. Çok konuşulan İran nükleer tesislerine yönelik saldırı tehditleri artacak. Tahran böyle bir saldırı durumunda nükleer silahlarla ilgili daha önce imzaladığı bütün sözleşmelerden çekileceğini açıkladı, ki bu da saldırı tehdidini ciddileştiriyor. ABD ve İsrail'in planları hazır. İran ve Kuzey Kore'ye yönelik önleyici saldırı planı Kasım 2003'te tamamlandı. ABD Hava Kuvvetlerinin hazırladığı planda 450'den fazla hedef tespit edildi. İşin en tehlikeli boyutu, bu hedeflerin çoğunun yeraltında olduğu ve konvansiyonel silahlarla tahrip edilmesinin mümkün olmadığı, bunun için de nükleer silahların kullanılmasının zorunlu olduğu şeklindeki tespit.

Türkiye, nükleer güç mü oluyor?

Amerikan CBS televizyonu, 2005 yılın son günlerinde Türkiye'yi yakından ilgilendiren ilginç bir haber yayınladı. Fransız istihbaratına dayandırılan haberde, El Kaide'nin Çeçenistan'dan Rus yapımı 4 Sam füzesi aldığı, füzelerin Türkiye'ye getirildiği, ancak Türkiye'de kaybolduğu iddia edildi.

El Kaide'nin Paris'e ya da bir başka yere saldırı hazırlığı çerçevesinde aktarılan haber, Türkiye üzerinden yürütülen nükleer kaçakçılığı ve Türkiye'nin nükleer silahlara sahip olup olmadığını yeniden gündeme getirdi. Çünkü Türkiye, Sovyet sonrası nükleer kaçakçılıkta önemli bir güzergâh. Azerbaycan, Rusya, Kazakistan, Gürcistan, Romanya, Moldova gibi ülkelerden üçüncü ülkelere yönelen 104 kaçakçılık vakası tespit edildi. Bunlar genelde mafya üzerinden yürütülen kaçakçılık örnekleri.

Bu arada "Plame, Pakistan, a Nuclear Turkey…" başlıklı bir yazıya dikkat çekmek istiyorum. Yazıda, Türkiye, İsrail ve Pakistan'ın dahil olduğu kapsamlı "ticaret"ten, nükleer malzeme transferinden söz ediliyor.

Pakistan'ın nükleer gücünün öncüsü Abdülkadir Han ve sorgulanan onlarca bilim adamının gizli "ticaret"te önemli yeri olduğu belirtiliyor, ancak bunun bir kaçakçılık değil, devletlerarası ticaret olduğu ima ediliyor. Türk mühendislerin Libya'nın nükleer teknolojisinin bir kısmında rol almasına; İstanbul, Dubai, İspanya, Güney Afrika arasındaki transferlerde Giza Technologies adlı şirketin üslendiği role dikkat çekiliyor.

George Bush ekibini sarsan CIA skandalının merkezindeki isim Valerie Plame'in bu çerçevede birçok kez Türkiye'ye geldiği, bazı bilim adamlarıyla görüştüğü belirtiliyor. Hatta bazıları, Plame skandalının Türkiye'ye kadar uzandığını söylüyor.

Mafya bağlantılı nükleer kaçakçılık ve devletler arasındaki gizli nükleer trafik… El Kaide bunun neresinde? El Kaide adı altında yine bir şeyler mi gizleniyor?

Türkiye ve nükleer konusunda ilk iki nokta bu. Ama bir nokta daha var ki can alıcı ve dünyanın dikkatle izlediği konu bu. Türkiye nükleer silahlanmaya mı gidiyor?

Güney Kore'nin bir anda nükleer güç olduğunu açıklaması dünyayı şaşırtmıştı. Nükleer tartışmalarında adı geçmeyen bir ülkeydi çünkü Güney Kore. Soğuk Savaş döneminde Pakistan ve İran, Güney Kore gibi, ABD'nin askeri teknolojisinden en fazla yararlanan ülkelerdendi. Ama Türkiye'ye daha fazla askeri teknoloji aktarıldı. Pakistan nükleer güç. İran'ın nükleer çalışmaları bütün dünyanın gündeminde. Ya Türkiye?

Son aylarda, İran'ın nükleer güç olmasının Türkiye'yi de nükleer silaha yönelteceğine ilişkin haberler yayınlanıyor.

Türkiye'nin 12 Eylül darbesinden sonra Pakistan'la askeri yakınlaşmasına dikkat çekiliyor. Hatta Türkiye'nin Pakistan'a, nükleer çalışmalarında teknolojik destek verdiği söyleniyor. Şu an için, nükleer silah üretebilecek yerli teknolojiye sahip olan Türkiye'nin yakın gelecekte nükleer güç olduğunu ilan edebileceği; bunun sadece bölgede değil, dünyada birçok dengeyi radikal biçimde değiştireceği; Türkiye'nin bir anda dünyanın en önemli ülkelerinden biri haline geleceği ifade ediliyor.

Son on yıldır uzun menzilli füze teknolojisine yatırım yapan Türkiye'nin, bu amaçla Rusya, Çin ve Pakistan'la yürüttüğü işbirliğine, Güney Kore ve Güney Afrika ile ilişkilerine dikkat çekiliyor. Ancak dünya, füze teknolojisinden çok nükleer teknoloji ile ilgileniyor ve Türkiye'yi dikkatle izliyor.

İran ve Türkiye ile birlikte nükleer silah yarışı dramatik hale gelecek. ABD, Avrupa ve İsrail, Türkiye'yi bundan vazgeçirebilecek mi? İran'a ekonomik taahhütlerde bulundular. Ya Türkiye'ye ne önerecekler? Teklif mi, yoksa tehdit mi?

Amerika'nın İncirlik'teki 90 nükleer bombası ne olacak?

Türkiye, İran'a yönelik nükleer krizin merkezine mi yerleşiyor! ABD'nin ve İsrail'in 2004 yılından bu yana tırmandırdığı "İran krizi"nde ve bu ülkenin nükleer tesislerine yönelik alan saldırıları planlamasında Türkiye'ye merkezî bir rol önerdiklerini biliyoruz. Ankara bu rollere hep mesafeli oldu. Ama son dönemlerde "nükleer İran" tedirginliğini yaşadığı da bir gerçek ve bu tedirginliği artık açığa vuruyor. Her ne kadar ABD ve İsrail planlarına mesafeli dursa da kriz, Türkiye'nin önünde Irak işgalinden daha büyük bir tuzak olarak duruyor.

Enerji kaynakları sınırlı olan Türkiye'nin "nükleer enerji arayışı"nın İran krizine paralel biçimde dünyanın dikkatini çekmeye başladığına işaret etmek zorundayız. Son yıllarda ABD basınında Türkiye'nin de nükleer silah edinebileceğine dair çeşitli yorumlar çıktı. Nükleer santral projelerinde "uranyum zenginleştirme" programının da bulunması bu ilgiyi daha da artırıyor. Batı, Türkiye'nin nükleer çalışmalarını sorgulamaya başlar mı? Bu, önümüzde duran en yakıcı tartışmalardan biri olacak.

Peki Türkiye nükleer silah istiyor mu? Ya da ABD, İran'a karşı Türkiye'yi bu alanda teşvik eder ya da göz yumar mı? ABD ve İsrail'le yakınlığı, Uluslararası Atom Enerjisi Ajansı'yla şeffaf ilişkileri Türkiye'nin önünü açıyor gibi görünebilir. Ama bu ilişkilerin hep böyle kalacağına inanma saflığına düşmemek gerekiyor. Türk-İsrail ilişkileri bugün 1996'lardan çok farklı yerde. Türk-Amerikan ilişkilerinin geleceği, yeni Ortadoğu dizaynına göre seyredecek. 1996'larda bu üç ülke "yeni bir Ortadoğu" inşa etmeye girişmişlerdi. Sadece Irak işgalinin Türkiye'ye ne kadar ağır darbe indirdiği ve bu darbenin kendi müttefiklerinden geldiği düşünülürse ileriye o kadar rahat bakma lüksümüz olmadığı ortaya çıkar.

Bugün İran'ı vurmak isteyenlerin 30 yıl önce İran'ı nükleer güç yapmaya çalışıyor olduğunu unutmayalım. Dick Cheney,

Donald Rumsfeld ve diğerleri, 1975'lerde Gerald Ford ekibindeydi. O dönemde İran'ın nükleer enerji çalışmalarını desteklediler. Aynı zamanda bu ülkenin nükleer silah edinmesine imkân sağlayacak milyarlarca dolarlık plütonyum ve zenginleştirilmiş uranyum pazarlıkları yapıyorlardı. Nükleer Silahların Yayılmasını Önleme Anlaşması'nın imzacısı İran nükleer silaha yürüyordu. Onlar da bunu kabul etmişti. Aynı kişiler şimdi George Bush ekibinde ve 30 yıl sonra nükleer çalışmaları nedeniyle İran'a saldırmaya hazırlanıyorlar.

Son dönemde Ortadoğu'ya yönelik inisiyatifleriyle ciddi bir açılım sağlayan Türk Dışişleri, bu başarısını, nükleer krize yaklaşımıyla devam ettirebilir. Dışişleri Bakanı Abdullah Gül'ün Hindistan, Çin ve İsrail'in nükleer silahlara ilişkin sözleşmeleri imzalamamasına dikkat çekmesi, bu anlaşmayı imzalayan İran'ın hedef alınmasına yönelik çifte standardı gündeme getirmesi ve *"İran tehditse İsrail de tehdit"* sözü, ilkesel bir tavırdır. Türkiye'nin krize bakışındaki hareket noktası bu olmalı.

Polmark'ın *Yeni Şafak* için yaptığı kamuoyu anketindeki veriler, Türk dış politikasının son dönem açılımlarının kamuoyundan ciddi destek gördüğünü ortaya koydu. Gül'ün bu sözleri de aynı desteği görüyor, bu kesin! Buna karşılık, ABD'yi dünya için tehdit görenlerin oranı, yoğun kamuoyu çalışmalarına rağmen hâlâ yüzde 75 gibi çok yüksek bir seviyede. Kamuoyunu yönetilebilir/yönlendirilebilir bir faktör olarak algılama kolaycılığına düşülmemeli. Irak işgalinden bu yana bu yöndeki bütün girişimler başarısızlıkla sonuçlandı. İran ve nükleer krizde de böyle olacak.

Soğuk Savaş'tan sonra Avrupa'daki nükleer silahlarını büyük oranda çeken ABD, 2005 yılı itibariyle Avrupa topraklarında hâlâ 480 nükleer bomba bulunduruyordu. Sıkı durun, bu bombaların 90'ı Türkiye'de... İncirlik'te yani... [National Resources Defense Council, Nuclear Weapons in Europe, February 2005. (Ulusal Kaynakları Koruma Konseyi, Avrupa'daki Nükleer Silahlar, Şubat

2005) Yukarıda verilen kaynak, Balıkesir ve Akıncı üslerinin büyük oranda boşaltıldığını, ancak bu termonükleer B61 bunker buster bombalarının hâlâ İncirlik'te tutulduğunu; dahası, bu bombaların Soğuk Savaş dönemindeki gibi nükleer güçler için değil, nükleer silahı olmayan Ortadoğu ülkeleri için orada tutulduğunu söylüyor. Ve bir bilgi daha; aynı raporda, 1992 ve 1994 yıllarında Konya'da nükleer saldırı tatbikatları yapıldığı, ABD ve NATO pilotlarının bu silahları nasıl kullanacaklarına dair eğitildiği belirtiliyor. Türkiye nükleer silah üretebilir mi sorusundan önce bu silahların ne olacağını tartışmak zorunda değil miyiz?

Türkiye'nin nükleer silah arayışı var mı?

Irak'ın nükleer/kimyasal silahları ile ilgili resmî palavralar ortalıkta dolaşırken Amerika ve bazı Avrupa ülkelerinin bu ülkeye aktardığı nükleer teknoloji ve malzemelerle ilgili bilgiler önümüzde duruyordu. Hangi ülkenin Saddam yönetimine ne tür malzeme verdiğine dair uzun bir liste idi bu. Ne zaman ABD bir ülkeyi suçlarsa o listeye tekrar bakıyorum. Ama kimse bu listeyi hatırlamıyor bile.

Türkiye'nin Başbakanı o zaman "ABD ikna olmuşsa biz de ikna oluruz" diyebilmişti. Oysa bu ifadeye kaynaklık eden BM Güvenlik Konseyi'ndeki Colin Powell şovu, bizzat kendisi tarafından, "Hayatımda bir leke olarak kalacak" ifadesiyle utanç içinde yalanlandı. ABD, bölgesel nükleer güce dönüştürecek şekilde, bugün bile Irak'a nükleer malzeme transferi yaparken, birilerinin bu listeye tekrar bakması gerekiyor. Ama bunu yapması gerekenler, hâlâ aynı umursamaz tavırlarla ABD tezlerini tekrarlamaya devam ediyor.

Devletlerin her zaman doğru şeyler yaptığı, yönetimlerin her zaman isabetli kararlar aldığı kanaati, bizleri bu tür durumlarla yüz yüze bırakabiliyor. Türkiye'nin 1991 Körfez Savaşı'ndan bu yana izlediği yanlış, öngörüsüz, hatta akıldışı Irak politikasının başımıza neler getirdiğini görüyoruz. ABD'nin belirlediği, Türkiye'nin de uyguladığı politikalar, bizi Anadolu topraklarını bile tartışmaya açacak noktaya getirdi. Ne yazık ki aynı ufuksuzluk, hâlâ devam ediyor. Türkiye'nin merkezinde bulunduğu coğrafyada yaşanan kaosa, ayrışmaya, aşırı silahlanmaya, yeni harita projelerine Türkiye adına müdahale ettiği varsayılan aklın, on yıllık yanlışlıkları tekrar ettiğini, hatta birkaç yıl sonrasını bile öngörmediğini söylemek çok acı.

11 Eylül sonrası dünyayı askeri güvenlik stratejilerine mahkûm eden ABD, bizim coğrafyamızı silahsızlandırırken nükleer güce ayarlı bir dünya kuruyor. "Önleyici saldırı" ile devlet terörünün önünü açtı. Şimdi "önleyici nükleer saldırı"yla küresel ölçekli nükleer tehdidin önünü açıyor. Üniversite laboratuarlarında mini nükleer silahlar geliştiriyor. Saldırdığı bölgelerde kitle imha silahları kullanıyor. Ayakları balçığa saplanmış bu süper güç, Felluce ve Telafer'de kimyasal silah kullanan bu güç, İran'ın nükleer çalışmalarıyla ilgili de dünyayı kandırıyor. Irak'a malzeme ve teknoloji sağlayanların listesi gibi, İran'a yapılan nükleer teknoloji ve malzeme transferinin listesi de ortada.

Nükleer silahlarının bir gelişmiş aşamasını yapmak için yılda 27 milyar dolar harcayan ABD, 1950'lerden beri İran'a nükleer teknoloji veriyor. Tahran bugünkü noktaya ABD'nin desteğiyle geldi. Komünizme karşı ABD'nin model ülkesi olan, Henry Kissinger'ın "cephe ülkeleri"nden olan İran'da Musaddık'ı deviren ve Şah'ı yeniden iktidara getiren ABD, bu ülkeyi nükleer güce dönüştürmeyi amaçlamıştı. ABD, 1960 ile 1970 arası İran'ın nükleer programına destek verdi. İran, Kissinger'ın desteğiyle 1974'te nükleer reaktör inşasına başladı. Hem de ABD'li bilim adamları ve mühendislerinin öncülüğünde. 1977'de ABD'den 8 nükleer reaktör almak için anlaşma yaptı. Şah rejiminin devrilmesinden yedi ay önce, 10 Temmuz 1978'de Amerika-İran Atom

Enerjisi Anlaşması imzalandı. General Electric ve Westinghaus şirketleri İran'la nükleer reaktör satış anlaşmaları yaptı. 1976'da ABD Başkanı Gerald Ford, plütonyuma sahip olması için İran'la işbirliği yaptı.

İlginç bir durum var ortada: Bir zamanlar bölgesel bir blok amacıyla oluşturulan Sadabad Paktı'nın üyeleri, büyük gerilimler yaşıyor. Türkiye, İran, Irak ve Afganistan arasında oluşturulan Pakt'ın üyeleri bugün yeniden dizayn edilmeye, yeniden tanımlanmaya çalışılıyor. Hızla silahsızlandırılıyor. Siyasi, askeri ve sosyal birliktelikleri sorgulanıyor.

Oysa Sovyet tehdidi varken bu ülkeler Atlantik Bloku'nun yoğun desteğini alıyordu. İran, İslam devrimi öncesine kadar ABD tarafından el üstünde tutuluyordu. Daha da güçlenmesi için nükleer güce erişmesi bile planlanmıştı. Devrim'le bu destek kesildi. Şimdi Fars-Türk-Arap olarak bölünmeye çalışılıyor. ABD'nin başlattığı, Asyalı güçlerin desteğiyle devam eden nükleer teknolojisi şimdi kendisi için ölüm fermanına dönüştürülüyor. Ancak Tahran'ın Rusya, Çin, Hindistan üçgeninde oynadığı nükleer satranç, petrol ve doğalgaz stratejilerindeki merkezî rolü, ona dokunulmazlık sağlayacak gibi.

Yine Pakistan da nükleer güç. Bu alanda oldukça ileri seviyede ve nükleer teknoloji transferleri yapabiliyor. Böylece küresel dengelerde ciddi bir etkiye sahip. Ancak Afganistan işgaliyle Pakistan adeta ablukaya alındı. General Pervez Müşerref'in otoritesi Pakistan'ı bu ablukadan kurtarabilecek mi? Hem nükleer silahları kontrol altına alınıyor hem de Belucistan örneğinde olduğu gibi, içten bölünme sancıları yaşıyor. Müşerref iktidarı Pakistan için dönüm noktası olabilir.

Sadabat Paktı'nın bir diğer ortağı Irak'ın durumu da ortada. ABD ve müttefiklerin nükleer teknoloji desteği yine onlar tarafından yok edildi. Bununla da kalınmadı, ülke parçalandı. Artık Irak diye bir ülke yok.

Dördüncü ortak Türkiye. Pakt'ın diğer ortakları nükleer teknolojiye giderken, atom silahları üretirken ya da üretme aşamasına gelmişken, Soğuk Savaş'tan sonra da şaşmaz bir şekilde ABD yörüngesinde kalmaya karar veren Türkiye'nin nükleer silahlanma arayışı olmadı mı? Türkiye şu an bu teknolojiye sahip. Son yıllarda hava savunma sistemleri alanında da yoğun çalışmalar var. ABD basınında Türkiye'nin nükleer teknolojiye bakışı konusunda haberler yayınlanmaya başlandı. İncirlik gibi askeri üslere yerleştirilen atom bombalarını biliyoruz. Ama kendi nükleer teknolojisini üretmek anlamında Türkiye nerede?

Pakt'ın diğer üyeleri parçalanmakla yüz yüze? Ya Türkiye? Farklı mı? Nükleer silah edinseydi ABD, Irak'a saldıramayacaktı. Kuzey Kore'ye saldıramadığı gibi. Pakt'ın diğer üyeleri silahsızlandırılıyor. Irak silahsızlandırıldı ve parçalandı. Afganistan ve İran'ın durumu ortada. Son gelişmeleri biraz da bu açıdan değerlendirelim. Nükleer silah ve parçalanma....

Sonuç
İDAM VE PSİKOLOJİK SAVAŞ

Saddam Hüseyin'in idamı ve Ortadoğu'nun yarını

Saddam Hüseyin'in idamı

İnsanlığa karşı işledikleri suçlardan insanlığın vicdanında mahkum olanlar bir başkasını insanlık suçundan yargılayabilir mi? Ellerinde yüz binlerce insanın kanı olan bir cinayet şebekesi, hangi toplumun haklarını savunabilir? Hangi masumun vicdanını rahatlatabilir? Kötülüğe daha büyük kötülükle, cinayete daha çok cinayetle, katliama daha acı katliamla, insanlık suçuna daha çirkin insanlık suçuyla karşılık veren hangi toplum iflah olur?

Saddam Hüseyin'e idam cezası verildi. Asılarak öldürülmesi kararlaştırıldı. Kötülük her zaman kötülüktür. Cezasını bulur, bulmalıdır da. Ama daha büyük kötülükleri örtmek için toplumların acılarının istismar edilmesini anlayabilmek, adalet duygusunu ayakta tutabilmek için bazen zor olanı söylemek gerekiyor.

Saddam'ın yakalanması da, yargılama süreci de, idam kararı da ABD'nin Irak'taki durumuna ve iç politikasının seyrine göre gelişti. Bush yönetimi, Irak'ta zor durumda kaldığı zaman, iç politikada sıkıştığı zaman hep bu yöntemleri denedi.

Saddam için kurulan mahkeme yasal değildi. İşgal güçleri ve kuklaları tarafından yönetildi. Saddam, Slobodan Miloseviç gibi, bir uluslararası mahkemede yargılanmadı. Mahkemeyi yönetenlerin bazıları mezhep katliamından sorumlu isimler. Bazıları ise ölüm mangalarının yöneticileri. Uluslararası yargı süreci ve uluslararası hukuk, mesela Cenevre Sözleşmesi uygulanmadı. Son derece keyfi bir mahkeme idi bu. İntikam duyguları ile bir yargılama yapıldı.

Savunma hakkı verilmedi. Tanıklar tehditle ve cinayetlerle sindirildi. Saddam'ın avukatları öldürüldü. Avukatlardan Hamis el Ubeydi 21 Ocak 2006'da, Sadun el Cenabi Ekim 2005'te, Abdüzzübeydi Kasım 2005'te öldürüldü. Saddam'ın savunmasıyla bağlantılı dokuz kişi öldürüldü.

Bağdat sokaklarında ve ülkenin birçok bölgesinde kan ırmakları akarken, ülke alev alev yanarken ellerini kımıldatmayan Iraklı yöneticiler, katliamı daha da büyütmek için bütün çirkinliklerini sergileyenler, yarın kendilerinin de aynı şekilde yargılanacaklarını düşünmeden adalet dağıttılar!

Mahkemedeki iddiaların büyük çoğunluğu gerçek verilere dayanmıyordu. Alabildiğine abartılan rakamlar birer propaganda malzemesinden başka bir şey değildi. Halepçe katliamı ve idam kararına gerekçe olan Duceyl katliamından sonra görülecek olan Enfal Katliamı ile ilgili rakamlar gerçeği yansıtmıyordu. 1986-89 tarihlerinde gerçekleşen Enfal operasyonunda 200 bin Kürt'ün öldüğü iddia ediliyor. Ama katliamla ilgili tarafsız bir araştırma yok. Veriler çeşitli. Human Rights Watch'ın iki uzmanının yaptığı bir araştırmaya göre rakam 50 bin. Amnesty ise 17 bin kişilik bir isim listesi belirleyebildi. Düceyl'de Saddam'a suikast yüzünden yapılan katliamla ilgili iddialar daha o zaman *The New York Times* gazetesi tarafından yalanlanmıştı.

Rakamlar çok önemli değil, suç suçtur. Bir kişi bile olsa. Ama şunu söylemek gerekiyor: ABD, İngiltere, müttefikleri ve içerideki kuklaları, üç buçuk yılda aynı yerde 655 bin sivili öldürdü. Medya neden bundan söz etmedi? Onlar insan değil miydi? Bu suçu işleyenler nasıl başka suçları yargılayabilirdi? Irak'ın işgal edildiği Mart 2003'ten bu yana kaç kişi hayatını kaybetti?

20 Mayıs–10 Temmuz arası, Irak genelinde ev ev araştırma yapıldı. Proje, Massachusetts Teknoloji Enstitüsü'ne bağlı Uluslararası Çalışmalar Merkezi tarafından finanse edildi. John Hopkins Üniversitesi Kamu Sağlığı Bölümü mensupları ile Iraklı görevliler tarafından yapılan çalışma bir rapor olarak yayınlandı.

2004'te, işgalden 18 ay sonra yayınlanan ve Irak'ta 100 bin kişinin hayatını kaybettiğini açıklayan İngiliz tıp dergisi *Lancet,* 2006'da yayınladığı bir başka raporda 655 bin Iraklı'nın öldüğünü duyurdu. Ortaya çıkan sayı, ABD Başkanı George Bush'un verdiği 30 bin sayısının yirmi katı. İngiltere merkezli Iraq Body Count adlı kuruluşun verdiği 50 bin sayısının ise on katı. 2006 Haziran sonu itibariyle ülkede ölüm oranı binde 13.3 olmuş. İşgalden önce bu oran binde 5.5'ti. Colombiya Ünivirsetesi'nden Ronald Waldman rapordan "en iyi çalışma" sözleriyle bahsederken Human Right Watch yetkilisi, sonucun sorgulanacak bir yanı olmadığını söylüyor.

Ölümlerin büyük çoğunluğu silahlı saldırı, intihar bombaları, yol kenarlarına yerleştirilen bombalar ve araçlarla yapılan saldırılardan kaynaklanmış. Silahlı saldırıda ölenler, toplam ölümlerin yüzde 56'sını oluşturuyor. Sağlık sebeplerinden ölümler de inanılmaz ölçüde artış gösteriyor. Sadece bir günde 196 kişinin öldüğü, bir günde 30 patlamanın yaşandığı düşünülürse dehşet daha iyi anlaşılır. Bir yanda işgal ve direniş, diğer yanda iç savaş, adam kaçırmalar, sokaklarda bulunan cesetler, infazlar. Tam anlamıyla bir ölüm kapanı. Ve bunun sorumlusu, ABD ve İngiltere.

Lancet'in raporu en yüksek ölüm oranını verdi. Raporun ABD'deki Kongre seçimlerinden birkaç hafta önceye denk getirilmesi dikkat çekici oldu. Ceset sayımları ve evlerde yapılan birebir görüşmelerle orta çıkarılan 655 bin insan kaybında, ölenlerin büyük çoğunluğunun silahla öldürülmüş olması, işgal güçlerinin doğrudan sorumluluğunu işaret ediyor.

Soykırım bir ulusu toptan yok etmeye yönelik sistematik şiddeti gerekli kılar. Irak'ta böyle bir durum yok. Ama tartışmaları bir kenara bırakıp, raporu esas alalım. Ne diyeceğiz buna? Ve kimleri suçlayacağız? Hadi soykırım demeyelim. Bu kitlesel katliam değil mi? Bu, insan ırkına yönelik en ağır cürümlerden biri değil mi? Ne adına? Soykırımdan ne farkı var?

Saddam Hüseyin'le pazarlık

Mayıs 2005'te telaşla Irak'a giden Donald Rumsfeld, Bağdat havaalanındaki hücresinde, direnişi durdurma karşılığında Saddam'a ve ailesine güvenlik ve ekonomik destek taahhüt etti. Bu teklif reddedilmeseydi bugün mahkeme bile olmayacaktı. Aynı Rumsfeld'in yıllar önce silah satmak için Bağdat'ta Saddam'la yaptığı görüşmenin resimlerini hatırlayalım.

Bu bir tiyatro. Masumların cesetleri üzerinde oynanan bir oyun. Bugün sevinç çığlıkları atanlar, yarın kendilerini sanık sandalyesinde bulacaklar. Saddam'ın kaderini yaşayacaklar. Bugün sırtını ABD'ye verip sırıtanlar yarın Saddam gibi yalnız kalacak. Ve bugün on binlerce kurban üzerinden işgal politikası uygulayanlardan yarın 655 bin insanın hesabı sorulacak. Saddam da kendini idama götüren suçları ABD ile birlikte işlemişti. Şimdi ortakları onu yargılıyor. Yarın, ABD'nin bugünkü ortaklarını yargılayacaklar. Kim mi dersiniz? Birkaç yıl daha bekleyelim, göreceğiz!

Mazlum olanlar, ellerine iktidar geçince kendilerine zulmedenler kadar zalim olabiliyor. Adalet arayanlar, işte o zaman adaleti unutabiliyor. Değerleri için savaşanlar, güce ulaşınca bu değerlere düşmanları kadar zarar verebiliyor. Çıkarların, iktidarın, hırsın; inançlardan, değerlerden, adalet duygusundan daha belirleyici olduğuna dair çok örnek var. Kendilerini Allah yolunda şahadete adayanların, asıl hedeflerini nasıl şaşırdıklarını, küçücük hesapları için düşmanlarıyla nasıl işbirliği yaptıklarını, düşmanla aynı safta nasıl savaşabildiklerini gördük. Suçladıkları diktatörlerin yolunda gidip tiranlaşanları, azgınlaşanları, barbarlaşanları gördük.

ABD ve İngiltere, Irak halkına en büyük komployu kurdu. İslam dünyasının Kurban Bayramı'na başladığı 30 Aralık sabahı 04:55'te Saddam Hüseyin'i idam ederek, öteden beri yürüttüğü politikanın son adımını attı. Saddam'ın idam edildiği oda, ABD askerleri tarafından kordon altına alınmıştı. İçeriye kameralar sokulmadı. Kaydı kendileri yaptılar. Sadece bir kısmı yayınlandı. Ama cep telefonu ile "birileri" ayrı bir kayıt yaptı ve dünyaya bu "korsan" görüntü dağıtıldı. Tam bir kurgu. Irak halkını provoke etmek için her şey planlanmıştı. Daha sonra ipten indirilen Saddam'ın cesedinin tekmelendiğine, hakarete uğradığına ilişkin görüntüler yayınlandı. Bu da bir cep telefonu görüntüsüydü.

İdam üzerinden, görüntüler üzerinden keskin bir psikolojik operasyon başlatıldı. Ortadoğulu liderlere, ABD'nin kontrolünden çıktıkları anda başlarına neler geleceği gösterildi. Irak halkına ise, Saddam'ı Amerika'nın değil Şiilerin astığı, Sünni dünyanın Kurban Bayramı'na bile saygı gösterilmediği hissettirildi. Bu da doğru!

Psikolojik operasyon, Irak'la sınırlı değildi. Pakistan'dan Lübnan'a kadar, Şiilerle Sünniler arasında derin bir uçurum, sonra da kanlı bir çatışmanın temeli oluşturuldu. Şii Hilali ve Sünni Eksen kavramları için yeni bir adım daha atıldı. İslam dünyası, ABD/İngiliz işgallerini aratmayacak şekilde onlarca yıl sürecek bir hesaplaşmaya sürükleniyordu. Son sahne, bu strateji için yürütülen kamuoyu çalışmalarından biriydi.

İdam görüntüleri ABD ve İngiltere için Noel, bazı Müslümanlar içinse Bayram armağanı oldu. Şiiler için de, Sünniler için de, mezhep krizine taraftar olmayanlar için de, Bayram günü idam bir tezgahtı ve çirkin bir görüntüydü.

Amerika, Muktada es Sadr'dan kurtulmak istiyor. Çünkü o, ABD petrol şirketlerinin önündeki en büyük engellerden biri. İdam sırasında atılan "Muktada, Muktada, Muktada!" sloganlarıyla Sünnilerin silahlarını Sadr'a doğrultmasının yolu açıldı.

Şiilerle Sünniler arasındaki doktriner farklılık, 16. ve 17 yüzyılda Safavi-Osmanlı imparatorlukları arasındaki siyasi mücadele ile bir dönüm noktası yaşadı. Safaviler Şiiliği siyasi bir ideolojiye dönüştürerek İran ve çevresini kontrol altında tutarken, Osmanlı Sünnilik üzerinden bir mücadele verdi. Bu çatışma Türkiye'nin doğusu ile Irak topraklarındaki egemenlik mücadelesinde (1638, IV. Murad ile son buldu) yoğun biçimde kendini gösterdi. Osmanlı yönetimindeki Irak'ta mezhep savaşı yaşanmadı. İngiliz işgali altındaki Irak'ta Şiiler ve Sünniler işgale karşı birlikte savaştı. Baas yönetimi altında Şiiler ve Kürtler ezildi. Ama Irak-İran savaşında bile mezhep çatışması yaşanmadı. İran'a karşı Arap milliyetçiliği galip geldi. Şimdi bu tarihî farklılık, Irak'ı ve bölgeyi paramparça edenler tarafından kanlı bir savaşa dönüştürülüyor.

Saddam Hüseyin, halkına çok kötülük etti, katliamlar yaptı, savaş suçları işledi, ABD adına İran'a saldırarak bir milyon kişinin ölmesine yol açtı. Ülkesini harap etti. Şii din adamlarını, siyasi liderleri idam etti.

Bunların hepsi doğruydu.

Peki bu doğruları bilenler ne yaptı? Bu doğrulara karşı çıkanlar ne yaptı? 23 Kasım 2006'da bir intihar saldırısıyla 202 Şii'yi katledenler farklı bir şey mi yaptı? Bu şekilde sayısız saldırıya imza atanlar farklı bir şey mi yaptı? Sadece Sünni olduğu için sayısız insanı katleden Şiiler mi farklı bir şey yaptı? "Allah, Peygamber, Kur'an" adına hareket edenler, bu gerçekleri bilmelerine rağmen ne yaptı? Suudi Arabistan-İran üzerinden tezgahlanan mezhep savaşına, en az ABD kadar hizmet etmiyorlar mı? Hani akıllıydılar! Hani bu topraklara yönelen tehditlere karşıydılar! Neden bu planları boşa çıkarmak varken ondan yararlanma yoluna gittiler?

Saddam Hüseyin'in bayram günü alelacele idam edilmesini sorgularken "Kimler ne tür pazarlıklar içinde?", "Saddam'ın idamını isteyenler ABD'ye neler taahhüt etti?", "Son ana kadar neyin pazarlığı devam etti?" diye sormuştum ve çok yakından bunların ortaya çıkacağını söylemiştim.

İdamdan hemen sonra Irak petrol yasasına ilişin bilgiler ortaya çıktı. Petrol şirketlerinin hazırladığı ve bugünkü Bağdat yönetiminin parlamentodan geçirme yükümlülüğü altında bulunduğu tasarıya göre; BP, Shell ve Exxon gibi dev petrol şirketleri ülke petrollerine yasal olarak el koymaya hazırlanıyor. Otuz yıllık sözleşme içeren tasarı ile ABD ve İngiltere, hem ülkenin petrollerine el koyacak, hem de petrol gelirinden Iraklılara kalan çok az bölümü de yakıp yıktıkları ülkenin imarı için yapacakları yatırımla kasalarına akıtacak. Buraya kadar şaşırtıcı bir durum yok. Zaten bu bir talandı, böyle olacağı belliydi, Irak bir anlamda dev bir özelleştirme harekâtıydı. Bütün bölgeyi adım adım bu şekilde özelleştirmeye hazırlanmıyorlar mı? Şaşırtıcı olan başka şeyler. Anlatayım.

2007'nin hem Irak hem de bölge için deprem niteliğinde gelişmelere sahne olacağına ilişkin işaretler güçlendi. Saddam'ın idamından sonraki günlerde 2007 yılının Irak için bir kader yılı olacağını, Irak'ın petrol kaynakları için tasarrufun hangi istikamette geliştiğinin izlendiğini ifade eden Erdoğan, "Saddam Hüseyin'in idam görüntülerine yönelik tepkiler bizim kaygılarımızı doğrulamıştır. Irak'ta ve Arap dünyasında farklı kutuplaşmalar yaşanıyor. Etnik ve mezhep grupları arasında bir kan davası yaşanmasına izin verilmemeli. Küresel aktörleri birlikte çalışmaya davet ediyorum. Bu travmatik görüntüleri silmek için çok çaba harcanmalı. Irak'taki mezhep grupları bütün uyarılarımızı dikkate almalılar. Irak'ın bölünmesi ve Kerkük'te oldubitti peşinde olanlara bu uyarıyı bugünden yapmalıyız. Irak meselesi bizim için AB'den daha öncelikli bir hal aldı" dedi.

Saddam'ın idamı sadece barbarlık görüntüleriyle tartışılacak bir şey değil. Gizli pazarlıkların deşifre edilmesi gerekiyordu. Çok şaşırtıcı iddialar var: İdam'la Irak Petrol Yasası arasında ciddi bir bağlantı mevcut. Yasanın geçirilmesi için Saddam karşılığında Şii grupların desteğinin alındığı, bu çerçevede bir pazarlık yürütüldüğü belirtilerek, dikkatler Muktada es Sadr grubuna yöneltildi. Sadr grubu Irak parlamentosundan çekilmişti. Hatta Şii blokla arasının açılması ve Sünnilerle işbirliği ihtimali olduğu ifade ediliyordu. Böyle bir durumun hem ABD hem de İran için felaket olacağı, işgal güçlerinin petrol hesaplarını en az otuz yıl erteleyeceği, ABD'nin Irak üzerinde denetim kurma şansını tamamen yitirmesine sebep olacağı bir gerçekti.

Sadr burada kilit önemde bir güç ve Irak'ın geleceğini belirleme kudretine sahip. Sadr-Sünni koalisyonu oluşursa sadece Irak'ta değil, bütün Ortadoğu'da ABD için felaketlerin başlayacağı söyleniyor. Söz konusu tasarının yasalaşması ve bu korku senaryosunu boşa çıkarmak için Saddam'ın Sadr'a verildiği ve idam ettirildiği, karşılığında direnişten uzaklaştırılmaya, özellikle petrol yasasına karşı rezervini geri çekmeye teşvik edildiği, hatta bu yönde bir pazarlığın söz konusu olduğu öne sürüldü.

O zaman; Sadr grubunu parlamentoya yeniden katmak ve yasayı geçirmek için daha davaları bitmeden Saddam'ın idam edildiği düşüncesi akla geliyor. Suudi Arabistan'ın petrolü on-on beş yıl içinde azalacak ama Irak'ın petrolü hızla artacak. İşletilmeyen rezervleriyle Irak'ın dünyanın ikinci büyük petrol ülkesi olacağı söyleniyor. ABD, 1970'lerdeki petrol sıkıntısını Suudi Arabistan'la aştı ve yirmi yıl kendini güvenceye aldı. Şimdi bu açığı Irakla kapatmayı düşünüyor. İster petrol yasası olsun, ister Irak'ın bölünmesi ya da iç çatışmalar... 2007, sadece Irak için değil, Türkiye için de çok kritik bir yıl olacak. Sanıyoruz Irak'ın yol açtığı kaos, Türkiye'de tam anlamıyla yeni yeni anlaşılıyor. Bu seferki tehlike, öyle kırmızı çizgiler çizip sonra tekrar silmeye benzemeyecek gibi.

Son Söz: Üç ülke, üç kurban, üç ayrı iç savaş!..

ABD, İsrail'in 34 günlük Lübnan saldırısını finanse etti. İsrail'e her türlü füze ve mühimmatı verirken, ABD-İsrail arasında füze koridoru kurarken, birçok ülkenin hava sahasını bu amaçla kullanırken, ateşkese ilişkin girişimleri de durdurdu. Temsilciler Meclisi ve Senato, Lübnan savaşı için İsrail'e finansal destek veren bütün kararları hızla aldı ve onayladı.

İsrail istihbaratına yakın kaynaklar, benzer bir desteğin Filistin için de kullanıldığını söylüyor. Bu kaynaklara göre, Aralık ayı içinde hem ABD hem de İsrail'in, önemli miktarda silah ve mühimmatı Filistin Devlet Başkanı Mahmud Abbas'ın El Fetih grubuna transfer ettiği iddia ediliyor. Silahlar El Fetih lideri Muhammed Dahlan'a ulaştırıldı, buradan da El Fetih'in silahlı kanadı El Aksa Şehitleri Tugayı'na. Amaç, siyasi ambargonun yanında askeri alanda da Hamas hükümetini köşeye sıkıştırmaktı. Bu bilgiden kısa süre sonra ABD, İsrail ve Mısır, kamyonlar dolusu silahı Filistin topraklarına soktu ve iç savaşı tetiklemek için El Fetih Grubu'na ulaştırdı.

Lübnan saldırıları da ülkede iç savaş çıkarmayı amaçlıyordu. İsrail başarsaydı bu savaş çıkacaktı. Başarısız oldu. Hizbullah direnişi kırılamadı. Şimdi yeni komplolar peşinde koşuyorlar.

Washington Ortadoğu Politikaları Merkezi Başkanı Meyrav Wurmser, İsrail'in Lübnan'dan sonra Suriye'ye de saldırması için neo-conların girişimlerde bulunduğunu söyledi. Hatta başarısız olması sebebiyle İsrail'e kızdıklarını, bunun için Lübnan savaşını finanse ettiklerini, İsrail'in Suriye'ye saldırmasının hem Irak'taki direnişçiler hem de İran için sert bir darbe olacağını ifade etti.

Denklemi iyi okuyalım. Irak direnişi, Lübnan gerilimi, Filistin'de iç savaş senaryoları aynı merkezlerden besleniyor. Bunlara Somali'de yeniden başlatılan iç savaşı, ABD ve Etiyopya'nın Somali'ye saldırmasını da ekleyebiliriz.

İki Filistin mi olacak? Gazze Şeridi'nde Hamas, Batı Şeria'da El Fetih! Yani Filistin kendi içinde de mi bölünecek? Bunun sonucu olarak El Fetih'e milyonlarca dolar mı akıtılacak? Silah transferlerinden sonra neden olmasın? Filistin için çok hazin bir senaryo bu.

İşgallerin yerini iç savaşlar alıyor. Irak'ta bunu tetiklediler ve başardılar. Şimdi mezhep kıyımı yaşanıyor. Lübnan'da denediler, şu ana kadar başaramadılar. Denemeye devam ediyorlar. Geri adım atma niyetleri de yok. Filistin'de deniyorlar. Somali'de başlattılar. Suriye ve Lübnan için de planları giderek işgallerden iç savaş çıkarmaya doğru evriliyor. Bölgeyi azınlıklar ve otoriter rejimlerle yönetenler şimdi keskin ayrışmaları besliyor.

Evet, işgal yerini iç savaşa terk ediyor. Çünkü işgaller, Irak'ta görüldüğü gibi, başarısız oluyor. Suriye'yi işgal etmenin, İran'a saldırmanın faturasının ne kadar ağır olacağı görüldü. İç savaş daha etkili. Daha başarılı. Daha uzun ömürlü. Ayrılık, düşmanlık tohumlarını bir kez ekince, gerekli desteği verince amacına ulaşıyor. Sadece mezhep farklılığı değil, siyasi/ideolojik kamplaşma, ABD hegemonyasına direnme ya da karşı çıkma şeklindeki farklılıklar da kanlı çatışmalara dönüştürülüyor.

Şimdilik ülkelerin sınırları içinde yaşanan iç çatışmalar yakında bölgesel bir bölünmeye, yırtılmaya yol açacak. İngiltere Başbakanı Tony Blair'in Kuveyt'te yaptığı, "İran nüfuzunu dizginlemek için Ilımlılar İttifakı" önerisi, işte bu iç çatışmaların bölge düzeyine yayılmasının bir projesi. Şii yayılmasına karşı Sünni Blok da bunun bir başka formülü.

Filistin'e, Lübnan'a, Irak'a birlikte bakalım...

2007'ye işgallerle, iç savaşlarla, mezhep krizleriyle girdik. Talan ve kaos giderek genişliyor. Bölgenin direnci de yavaş yavaş harekete geçiyor. Bölge çok büyük bir dönüşümün hazırlık dönemini yaşıyor. Ama bu dönüşümü kim yönetecek? ABD ve müttefikleri mi, yoksa bölgenin direnci mi? Hep birlikte göreceğiz....